浙江省普通高校"十三五"新形态教材
纺织服装高等教育"十四五"部委级规划教材

# 时尚服饰营销

主 编：裘晓雯
副主编：茅淑桢 魏明

东华大学 出版社
·上海·

## 图书在版编目（CIP）数据

时尚服饰营销/裘晓雯 主编. —上海：东华大学出版社，2021.6

ISBN 978-7-5669-1893-2

Ⅰ.①时… Ⅱ.①裘… Ⅲ.①服饰－市场营销学－高等学校－教材 Ⅳ.①F724.783

中国版本图书馆 CIP 数据核字（2021）第 086616 号

---

**时尚服饰营销**
SHISHANG FUSHI YINGXIAO

裘晓雯 主编

责任编辑　曹晓虹
文字编辑　孙菲菲
封面设计　书研社

---

出版发行　东华大学出版社（上海市延安西路1882号　邮政编码：200051）

联系电话　编辑部　021-62379902

营销中心　021-62193056　62373056

天猫旗舰店　http：//dhdx.tmall.com

出版社网址　http：//dhupress.dhu.edu.cn

印　　刷　上海龙腾印务有限公司

开　本　787mm×1092mm　1/16　　印　张　13.75　　字　数　343千

版　次　2021年6月第1版　　印　次　2021年6月第1次印刷

书　号：ISBN 978-7-5669-1893-2　　　　定价：59.80元

# 前言

随着传统产业的转型升级,服装产业已进入时尚产业,时尚服饰产业的基础体系正在按时尚产业要求的新技术和专业体系引进、构建和加快完善,通过经营观念创新、设计开发创新、工艺流程创新、管理营销创新等来实现产业的升级。时尚服饰行业的产业链低端向全球产业链配置、传统商业向创新商业模式转变、服装制造向商业流通延伸等转型升级特征明显,时尚服饰产业市场营销人才的供需缺口明显。建设此项目就是为了服务"深入推进高校教育信息化工作,促进'互联网+教育'"背景下"十四五"教材建设的要求,用信息技术创新教材形态、丰富教学资源,充分发挥新形态教材在课堂教学改革和创新方面的作用,以期不断提高课程教学质量,培养为时尚服饰产业服务的高技能营销人才。

本书入选浙江省普通高校"十三五"新形态教材项目(首批),纺织服装高等教育"十四五"部委级规划教材。由从事一线教学的教学团队——浙江纺织服装职业技术学院的裘晓雯、茅淑桢和魏明等三位教师担任主讲,根据多年授课经验编写。它是教材与教学、线上与线下紧密结合的新形态教材。

本书的编写旨在深入推进高校教育信息化工作,促进"互联网+教育"背景下"十四五"教材建设,丰富教学资源,用信息技术创新教材形态,充分发挥新形态教材在课堂教学改革和创新方面的作用,不断提高课程教学质量。

本书具有以下特点:

1. 以"工作过程系统化"为指导,按照时尚服饰营销工作过程为导向,以工作任务为载体,进行工作过程系统化课程设计。本书把握住了当代职业教育的精髓,是一本集

"科学性、专业性、实战性、实用性、职业性"于一体的教材。

2.教材内容安排基于工作流程、以实战工作任务为主线，主要包括时尚服饰市场营销的认识、时尚服饰产业及其营销环境的认识与分析、时尚服饰市场调查与预测、时尚服饰消费心理与行为认识与分析、时尚服饰目标市场的分析与识别、时尚服饰产品策略的分析与制订、时尚服饰价格策略的分析与制订、时尚服饰分销渠道的设计与管理、时尚服饰促销策略的分析与制订及时尚服饰市场营销新发展十个项目，每个项目配套重难点、同步阅读、同步实训、项目小结、同步测试等内容，引导学生理论与实战相结合，学以致用。

3.教材中融合了互联网新技术，结合教学方法改革，创新教材形态，通过移动互联网技术，以二维码形式嵌入大量案例、微课、视频、测试等数字资源，不仅增加了教材的可读性和趣味性，还将教材、课堂与教学资源三者融合，实现线上线下结合的教材出版新模式。

本书由浙江纺织服装职业技术学院裘晓雯担任主编，茅淑桢、魏明担任副主编。其中，裘晓雯负责项目一至项目七的编写，茅淑桢负责项目八的编写，魏明负责项目九和项目十的编写，裘晓雯、茅淑桢负责课程资源建设。全书由裘晓雯组织、统稿。

在本书的编写过程中，参考了国内外相关文献，在此一并对其作者表示感谢。由于时间仓促，作者水平有限，书中难免存在不足，敬请广大读者批评指正。

裘晓雯

2021年2月

# 目 录

◎ 前言 …………………………………………………………………………………… 1

◎ 项目一　时尚服饰市场营销的认识 …………………………………………… 1

　任务 1　市场、市场营销和时尚服饰市场营销的认识　//2
　　　一、认识市场　//2
　　　二、认识市场营销　//3
　　　三、认识时尚服饰市场营销　//9

　任务 2　时尚服饰市场营销工作的认识　//11
　　　一、认识时尚服饰市场营销职业　//11
　　　二、认识时尚服饰市场营销职业工作　//12
　　　三、认识时尚服饰市场营销职业工作过程　//13

◎ 项目二　时尚服饰产业及其营销环境的认识与分析 ……………………… 16

　任务 1　认识时尚服饰产业链　//16
　　　一、时尚服饰产业链的构成　//17
　　　二、时尚服饰业及相关产业　//18
　　　三、全国时尚服饰行业现状　//19

　任务 2　时尚服饰市场营销微观环境的认识　//20
　　　一、企业内部环境　//21
　　　二、供应商　//21
　　　三、营销中介机构　//22
　　　四、顾客　//22
　　　五、竞争者　//23
　　　六、公众　//23

　任务 3　时尚服饰市场营销观宏观环境认识　//23
　　　一、人口环境　//24
　　　二、自然环境　//24

　　　　三、经济环境 //24
　　　　四、技术环境 //25
　　　　五、政治、法律环境 //26
　　　　六、社会文化环境 //26
　　任务4　时尚服饰市场营销环境的分析与营销对策 //28
　　　　一、时尚服饰企业对营销环境的态度 //28
　　　　二、环境威胁与机会分析 //29
　　　　三、SWOT 分析 //32

◎ 项目三　时尚服饰市场调查与预测 …………………………………… 37
　　任务1　时尚服饰市场调查 //38
　　　　一、时尚服饰市场调查的含义与作用 //38
　　　　二、时尚服饰市场调查的类型与步骤 //39
　　　　三、市场调查的内容 //45
　　　　四、市场调查方法及其应用 //48
　　任务2　时尚服饰市场预测 //52
　　　　一、时尚服饰市场预测的概念和作用 //52
　　　　二、时尚服饰市场预测的类型与内容 //53
　　　　三、时尚服饰市场预测的步骤与系统 //55
　　　　四、时尚服饰市场预测方法 //56
　　　　五、时尚服饰市场预测的组织工作 //67
　　任务3　时尚服饰市场营销信息的管理 //68
　　　　一、市场信息分类 //68
　　　　二、时尚服饰市场营销信息管理系统 //70

◎ 项目四　时尚服饰消费心理和行为认识与分析 ………………………… 74
　　任务1　时尚服饰消费者心理的认识与分析 //75
　　　　一、时尚服饰消费者的市场表现 //75
　　　　二、影响时尚服饰消费心理与行为的因素 //78
　　　　三、时尚服饰消费者行为模式 //84
　　任务2　时尚服饰消费者购买决策的认识与分析 //85
　　　　一、时尚服饰消费者购买行为分析 //86
　　　　二、时尚服饰消费者购买决策过程 //87

◎ **项目五　时尚服饰目标市场的分析与识别**······93

任务1　时尚服饰市场细分　//94
　　一、时尚服饰市场细分工作　//94
　　二、时尚服饰市场细分标准　//97

任务2　时尚服饰目标市场选择　//100
　　一、时尚服饰目标市场选择工作　//101
　　二、时尚服饰目标市场选择的策略　//101
　　三、时尚服饰目标市场选择的条件　//104

任务3　时尚服饰市场定位　//105
　　一、时尚服饰市场定位工作　//106
　　二、时尚服饰市场定位的操作步骤　//107
　　三、时尚服饰市场定位的策略　//108

◎ **项目六　时尚服饰产品策略的分析与制订**······112

任务1　时尚服饰产品组合、优化及开发　//113
　　一、时尚服饰产品的整体概念　//113
　　二、时尚服饰产品组合的因素　//115
　　三、时尚服饰产品组合策略　//117
　　四、时尚服饰产品开发　//118

任务2　时尚服饰产品的生命周期　//123
　　一、时尚服饰产品的生命周期　//123
　　二、时尚服饰产品生命周期各阶段的特点及策略　//123

任务3　时尚服饰品牌策略　//126
　　一、时尚服饰品牌的内涵　//126
　　二、时尚服饰品牌策略　//128

任务4　时尚服饰产品包装　//130
　　一、包装的概念和分类　//130
　　二、时尚服饰包装策略的运用　//132

◎ **项目七　时尚服饰价格策略的分析与制订**······135

任务1　时尚服饰定价影响因素的认识　//136
　　一、时尚服饰价格的构成　//136

二、时尚服饰定价环境 // 138
　任务2　时尚服饰定价程序的认识与分析 // 139
　　一、时尚服饰定价步骤 // 140
　　二、时尚服饰定价的主要方法 // 142
　任务3　时尚服饰定价策略的分析与调整 // 143
　　一、时尚服饰定价策略 // 143
　　二、价格调整策略 // 145

◎ 项目八　时尚服饰分销渠道的设计与管理 ………………………… 150
　任务1　时尚服饰营销渠道的认识 // 151
　　一、时尚服饰分销渠道含义及其成员组成 // 151
　　二、时尚服饰分销渠道的基本模式 // 152
　　三、时尚服饰分销渠道宽窄的选择 // 153
　任务2　时尚服饰分销渠道选择 // 154
　　一、影响时尚服饰销售渠道的因素 // 154
　　二、时尚服饰分销渠道的管理 // 155
　任务3　时尚服饰中间商 // 156
　　一、时尚服饰中间商 // 157
　　二、时尚服饰中间商的选择 // 158
　任务4　时尚服饰连锁经营 // 159
　　一、时尚服饰连锁 // 159
　　二、时尚服饰连锁经营的优势 // 160
　　三、时尚服饰连锁特许经营的风险 // 161
　　四、时尚服饰连锁店的管理 // 162
　任务5　时尚服饰零售策略 // 164
　　一、时尚服饰零售业的发展 // 164
　　二、时尚服饰零售选择 // 166

◎ 项目九　时尚服饰促销策略的分析与制订 ………………………… 169
　任务1　时尚服饰促销的认识 // 170
　　一、时尚服饰促销的含义和作用 // 170
　　二、时尚服饰的促销组合及其影响因素 // 171
　　三、促销预算的确定 // 173

任务2　时尚服饰促销方式的分析与运用　//174
　　一、广告的运用　//175
　　二、人员推销的运用　//179
　　三、营业推广的运用　//182
　　四、公共关系的运用　//185

◎ 项目十　时尚服饰市场营销新发展································190

任务1　网络营销　//191
　　一、时尚服饰网络营销的定义　//191
　　二、时尚服饰网络营销的内容体系　//192
　　三、时尚服饰网络营销的特点　//193
　　四、时尚服饰网络营销的发展　//194
　　五、网络营销使用的主要工具　//197

任务2　新媒体营销　//199
　　一、新媒体营销的定义　//199
　　二、新媒体营销的优势　//200
　　三、新媒体营销的方式　//202

任务3　大数据营销　//203
　　一、大数据营销的定义　//204
　　二、大数据营销的特点　//204
　　三、大数据营销的发展契机　//205

◎ 主要参考文献································209

◎ 后记································210

# 项目一

# 时尚服饰市场营销的认识

**能力目标：**
通过完成本项目，你能够：
1. 认识市场、市场营销和时尚服饰市场营销的基本内涵
2. 认识现代市场营销观念
3. 认识时尚服饰市场营销职业活动过程

**核心能力：**
能将营销活动运用于生活，对时尚服饰营销职业活动有整体的认识

**具体任务：**
任务1 市场和市场营销的认识
任务2 时尚服饰市场营销工作的认识

【引导案例】
在国内品牌时尚服饰发展迅速，国外品牌竞争的状况下，研发创新能力是国内时尚服饰企业参与市场的核心竞争力。曾经的来料纯加工方式已经逐渐不利于企业的长期发展。时尚服饰行业需要加大自主研发的技术含量，保持行业可持续发展能力。

时尚服饰业的激烈竞争，促使雅戈尔每年加大技术研发的投入。在功能性时尚服饰的研发方面，在国内本土品牌时尚服饰中可谓是行业先行者。比如国内自主研发的免烫衬衫，除了雅戈尔，其他时尚服饰品牌还没有。免烫系列产品，衬衫从树脂浸泡法（HP）到气相成衣处理（VP）一直上升到抗皱处理工艺（DP）。目前，衬衫在 DP 基础上进一步升级，DP 技术已经用在裤子上了。而且在研发抗皱西服方面，公司也有自己的专利。雅戈尔专门成立 DP 后处理研究中心和测试中心，加强对 DP 产品的深层次开发。雅戈尔是从源头开始进行产品的研发，不是从其他厂商购买相关布料，从产地要求、面料处理都有很严格的程序。除了研究西服抗皱、免烫之外，公司目前在研发的第三大功能性产品是汉麻纤维。汉麻具有环保、抗菌、防紫外线等作用，现在的民众比较追求环保、回归自然。汉麻纤维不仅可以用在时尚服饰里，还可以用在家纺用品中。西服本是传统的时尚服饰，加入汉麻就颇具时代潮流气息了。

尤为值得关注的是，汉麻纤维拥有自主知识产权，汉麻纤维主要应用在衬衫、休闲裤、T 恤、毛衫、牛仔裤等产品中。公司指出，在现有产品基础上，公司主要开发含麻

量高、品质优的新产品,并对产品的包装进行整合。

雅戈尔集团在激烈竞争的市场中是如何开展各项营销活动,为什么每年加大技术研发的投入?如何不断提升参与市场的核心竞争力?请首先尝试完成本任务时尚服饰市场营销的认识。

# 任务1 市场、市场营销和时尚服饰市场营销的认识

**任务提示**:本任务将引领你了解市场、市场营销和时尚服饰市场营销的真正的内涵!

**任务先行**:时尚服饰市场营销究竟研究什么?什么是市场?市场营销及时尚服饰市场营销的真正内涵是什么?解决这些问题请往下学习!

## 一、认识市场

市场是社会生产力发展到一定阶段的产物。它属于商品经济的范畴。一般来说,传统的市场概念,是指买主和卖主聚集在一起进行商品交换的场所或者是各种经济关系的总和。前者只是认为市场仅仅是一个物物交换的场所,而后者则比较笼统。两者都没有全面而系统地揭示出市场的本质含义来。

现代市场的含义,在现代企业市场营销者看来,卖主构成行业,买主则构成市场。在现代市场经济条件下,企业必须按照市场需求组织生产。所谓市场,是指具有特定需要和欲望,而且愿意并能够通过交换来满足这种需要和欲望的全部顾客,包括现实购买者与潜在购买者。因此,市场的大小,取决于那些有某种需要,并拥有使别人感兴趣的资源,同时愿意以这种资源来换取其需要的东西的人数。站在销售者的立场上,同行供给者即其他销售者都是竞争者,而不是市场。

由此看来,市场应包括三个主要因素:有某种需要的人、为满足这种需要的购买能力和购买欲望。用公式来表示就是:

市场=人口+购买力+购买欲望。

人口 + 购买力 + 购买欲望 = 现实有效的市场

图1—1 市场三要素

市场的这三个因素是相互制约、缺一不可的,只有三者结合起来才能构成现实有效的市场(如图1—1所示),才能决定市场的规模和容量。例如一个国家或地区人口众多,但收入很低,购买力有限,则不能构成容量很大的市场;又如,购买力虽然很大,但人口很少,也不能成为很大的市场。只有人口既多,购买力又高,才能成为一个有潜力的大市场。但是,如果产品不适合需要,不能引起人们的规模欲望,对销售者来说,仍然不能成为现实的市场。所以,市场是上述三个因素的统一。

时尚服饰营销

### （一）人口与时尚服饰市场

人口的数量、质量、结构等因素决定着时尚服饰市场需求的总量、消费水平和消费结构。我国人口众多，是世界上最具有潜力的时尚服饰市场。另外人口的家庭结构对于时尚服饰的生产和消费有着极为重要的作用。人口的性别、年龄结构也直接影响着时尚服饰的需求结构。

### （二）购买力与时尚服饰市场

购买力主要指消费者的收入和社会集团购买力。消费者购买力取决于消费者的名义收入、预期收入等。社会集团购买力是指企业、事业单位等单位的货币支付能力，这些在很大程度上决定着时尚服饰的市场规模。

### （三）购买欲望与时尚服饰市场

购买欲望是消费者和社会组织购买商品的动机、愿望和要求，它是将潜在购买力转化为现实购买力的重要条件。

## 二、认识市场营销

### （一）市场营销的产生

市场营销作为一门系统和科学地研究市场营销问题的学科，出现于20世纪，至今它仍是一门比较年轻的学科。但是，与市场营销有关的学问，却已有了漫长的历史。

**【相关链接】**

市场营销作为一门完整和科学的理论，是人类社会工业化和市场化的成熟产物。在20世纪初，西方主要资本主义国家基本上进入了工业化、机器化的大生产时代，社会经济水平有了极大的提高。但是由于消费者并不十分富裕，市场总的状况又不是供不应求，所以，企业在竞争中成败的关键在于能否提供质优价廉的商品。在这样一种所谓"卖方市场"的环境中，企业不会注意市场营销问题。

到20世纪20年代，由于生产力的进一步发展，资本主义市场经济的一些制度弊端逐渐显露出来，日益严重地影响着经济的发展，资本主义世界产生了以"生产过剩"为特征的严重经济危机。企业的商品普遍积压，激烈的竞争从生产过程移向销售过程，推销观念逐步地支配了企业的行为。

当第二次世界大战结束之后，一方面，由于战争的刺激和科学技术的发展，生产水平又产生了飞跃的发展，微电子技术、核能利用、航空航天事业等的发展，使得如何去生产一个质优价廉的物品成为一件普通能做到的事情。随着交通、通讯的发展，市场范围也日益扩大，市场的沟通不仅局限于国内而是扩大到整个国际范围，世界性的市场逐步形成，市场把企业之间、国家之间、甚至把整个世界充分地联系起来。商品交易深入到人们生活的每一个细节，市场成为人们物质生活不可缺少的依赖。消费者的购买能力也在日益提高，消费者与企业之间在市场上的位置彻底颠倒过来，"买方市场"开始形成。在这种情况下，企业不仅把注意力集中于市场，而且开始懂得，以往商品积压的原因不仅产生于市场而且也产生于企业自身，是企业自身在生产销售过程中以自我为主，不考虑市场需求，盲目生产造成的。因此，企业在进行商品推销之前，逐渐注意加强市场调研，分析市场变化，在推销过程中也注意针对消费的不同特点，增加服务，改进宣传。在生产过程中注意从需求出发，不仅注意产品的内在质量，也注重产品的功能、包装、商标等，市场营销观念逐步形成。

### （二）市场营销的含义

随着市场经济的发展，市场营销的概念和内涵也在不断发展。

美国市场营销协会（AMA）1960 年认为：市场营销是引导货物与服务从生产者流转到消费者或用户所进行的一切企业活动。它认为，市场营销的起点是产品生产过程结束，终点是产品到达消费者或用户手中。市场营销主要研究产品定价、销售渠道、推销和广告这一过程。

随着市场竞争的不断加剧，如果企业以这种认识去进行市场营销活动，势必导致失败。AMA 于 1983 年 5 月对市场营销重新下了一个定义：市场营销是对思想、货物和服务进行构想、定价、促销和分销的计划和实施的过程，从而产生满足个人和组织目标的交换。美国著名市场营销学家菲利普·科特勒的定义：市场营销是个人和群体通过创造以及同其他个人和群体交换产品和价值而满足需求和欲求的一种社会的和管理的过程。后两种定义虽然表述方法不尽相同，但其内在含义基本相同，比较全面地叙述了市场营销的内容。

### （三）市场营销的特点

1. 市场营销不同于销售或促销

现代企业市场营销活动包括市场营销研究、市场需求预测、新产品开发、定价、分销、物流、广告、人员推销、销售促进、售后服务等，而销售仅仅是现代企业市场营销活动的一部分，而且不是最重要的部分。著名管理学权威彼得·杜拉克曾指出："市场营销的目的就是使销售成为不必要"。海尔集团公司总裁张瑞敏指出："促销只是一种手段，但营销是一种真正的战略"。营销意味着企业应该"先开市场，后开工厂"。

2. 市场营销的核心是交换

在交换双方中，如果一方比另一方更主动、更积极地寻求交换，则前者称为市场营销者，后者称为潜在顾客。所谓市场营销者，是指希望从别人那里取得资源并愿意以某种有价之物作为交换的人者。

3. 推销是市场营销的组成部分

推销是市场营销活动的一个组成部分，但不是最重要部分；推销是企业营销人员的职能之一，但不是最重要的职能；如果企业搞好市场营销研究，了解购买者的需要，按照购买者的需要来设计和生产适销对路的产品，同时合理定价，搞好渠道选择、销售促进等市场营销工作，那么这些产品就能轻而易举地销售出去。

### (四) 与市场营销工作有关的术语

市场营销不仅要考虑其出发点，即满足顾客需求，还要考虑以何种产品或服务来满足顾客需求，怎样才能满足顾客需求。基于上述认识，市场营销工作涉及以下几组专业术语。

1. 需要、欲望和需求（Need, Want and Demand）

消费者的需要、欲望是市场营销的出发点。满足消费者的需要、欲望和需求是市场营销活动的目的。需要是人们的基本要求，如人们为了生存，有食物、衣服、房屋等生理需要及安全、归属感、尊重和自我实现等心理需要。人的基本要求是无法靠营销活动创造出来的，但可以通过不同方式去适应它，满足它。欲望则指人们为了满足基本需求所渴望的"特定方式"或"特定物"。不同环境下的人，其欲望会有所不同。比如同样是为了满足"充饥"的需要，中国人可能要大米饭，法国人则要面包，美国人会要汉堡包。人的欲望受多种环境因素的影响，欲望会随着环境的变化而变化。市场营销者虽然无法创造需要，但是可以通过努力影响人们的欲望，并开发和经营特定的产品或服务来满足这种欲望。需求是指人们有能力购买并愿意购买某个具体产品的欲望。换句话讲，人们的欲望在有购买力做后盾时就变成需求。许多人想购买奔驰牌轿车，但只有具有支付能力的人才能购买。因此，市场营销者不仅要了解有多少人想要某种产品，还要了解他们是否有能力购买。需求对营销者来说是最应该把握的，对那些有购买意愿同时又具有购买能力的人开展营销活动，才有可能顺利地将产品销售出去。

2. 产品、供应品和品牌（Product, Offering and Brand）

产品可以表述为能够用以满足人类某种需要或欲望的任何东西。实体产品的重要性不仅在于拥有它们，更在于使用它们来满足个人的欲望。

人们购买轿车不是为了观赏，而是因为它可以提供一种叫作交通的服务。所以，实体产品实际上是向我们传送服务的工具。人们不是为了产品的实体本身而买产品，而是因为产品实体是服务的外壳，即通过购买某种产品实体能够获得自己所需要的服务。市场营销者的任务，就是向市场展示产品实体中所包含的利益或服务，而不能仅限于描述产品的形貌。供应品可以看成一系列用来满足顾客需求的有形和无性的集合体，即产品、服务、信息和体验的组合。而品牌则是一种在消费者认可的基础上形成的无形资产。它越来越成为人们欲得到某种无形利益如身份、个性的张扬等首先考虑的因素，所以企业要为确立良好的品牌形象而辛勤劳作。

**【小案例】**

为助力疫情常态化防控工作，北京方圣时尚科技集团与中国航天科工集团 206 所空间水气净化技术团队联合研发出新一代 P2+电动送风式正压防护服，为抗疫一线的战士们打造了一款铁甲柔情的白色战衣，填补了国内相关领域的空白。

正压防护服能够与穿着者形成高于大气压的相对正压区间，有效阻止含有各种致病微生物的沾染和渗透，提供全身安全防护；同时能够为穿着者提供呼吸用的新鲜空气并带走热量和水蒸气，显著提高防护服的舒适性；相较于传统防护服存在层层穿戴以及口罩、护目镜、面屏、帽子齐齐上阵的问题，正压防护服能够"以一抵多"，采用轻薄透湿、阻隔性好、机械强度高的新研面料，结合背包式送风系统、腕式显控模块设计及全景式视野，正压防护服具有"更安全、更舒适、更经济"的优点，得到了医护人员的一致好评，被称为穿上白色战衣，变身暖心"大白"。

3. 价值和满意（Value and Satisfaction）

在对能够满足某一特定需要的供应品进行选择时，人们所依据的标准是看哪种供应品能给他们带来最大的价值。

【小案例】

某消费者到某地去的交通工具，可以是自行车、摩托车、汽车、飞机等。这些可供选择的产品构成了产品的选择组合。又假设某消费者要满足不同的需求，即速度、安全、舒适及节约成本，这些构成了其需求组合。于是每种产品有不同能力来满足其不同需要，如自行车省钱，但速度慢，欠安全；汽车速度快，但成本高。消费者要决定一项最能满足其需要的产品。为此，他可以根据其目标，设法决定最满意的产品。如果某公司的产品能给购买者带来价值并使其感到满意，那么该公司的产品就是成功的。

怎么判断顾客是否得到了价值？"性价比"就是一个很好的衡量方法，可以用购买产品得到的效用（包括功能利益和情感利益）与为了购买产品所付出的费用（包括货币成本、精力成本、时间成本、体力成本）之比来计算。该比值越高，说明消费者就越感到满意。

4. 交换、交易和关系（Exchange, Transaction and Relationships）

人们可以通过4种方式获取产品，即自给自足、强取豪夺、乞讨和交换，前3种方式不存在市场营销，只有交换才产生市场营销。因此，交换构成市场营销的核心概念。交换是通过提供某种东西作为回报，从别人那里取得有价值东西的过程。交换发生必须具备5个条件：至少有两方参与；每一方都有另一方想要的东西；信息互通；自由交换；每一方都认为与对方交换会称心如意。具备了上述条件，就有可能发生交换行为。最终是否产生交换还要取决于双方能否找到交换条件，只有当双方都认为自己在交换以后会得到更大利益，至少不比以前差，交换才会真正产生。如果双方通过谈判达成协议则意味着交易的产生。事实上，与交易有关的市场营销活动，即交易营销，一般而言，只是另外一个大概念即关系营销的一部分。

【相关链接】

关系营销（Relationship Marketing）这个概念最先由巴巴拉·本德·杰克逊于1985年提出。她认为，关系市场营销将使企业获得较之其在交易市场营销中所得到的更多。精明的市场营销者总是试图与其顾客、分销商、经销商、供应商等建立起长期的互信互利关系。

关系市场营销与交易市场营销也存在一定的区别。例如：在交易市场营销情况下，一般说来，除产品和企业的市场形象之外，企业很难采取其他有效措施以与顾客保持持久的关系。如果竞争者用较低的价格向顾客出售产品或服务，用类似的技术解决顾客的问题，则企业与顾客的关系就会终止。而在关系市场营销情况下，企业与顾客保持广泛、密切的联系，价格不再是最主要的竞争手段，竞争者很难破坏企业与顾客的关系。再如：交易营销强调市场占有率。在任何时刻，管理人员都必须花费大量费用吸引潜在顾客购买，取代不再购买本企业产品或服务的老顾客。关系营销则强调顾客忠诚度，保持老顾客比吸引新顾客更重要。企业的回头客比率越高，市场营销费用越低。

市场营销管理也正日益由过去追求单项交易的利润最大化,转变为追求与对方互利关系的最佳化。其经营信条是建立良好关系,让有利可图的交易随之即来。

### (五)市场营销观念的认识

企业进行营销活动都会遵循一定的指导思想,它是一种观念、一种态度或者一种思维方式。可以将其称之为企业的经营哲学。由此可以反映出一个企业对待企业、顾客和社会三者之间利益关系的态度、行为准则和经营方式。企业对待市场的导向是随着生产力、科学技术的发展,以及市场供求关系的变化和市场竞争的态势而产生、演进和发展的。

1. 生产观念(Production Concept)

生产观念是指导企业营销活动最古老的观念,产生于19世纪末20世纪初,当时社会生产力水平还比较低,商品供不应求,市场经济呈卖方市场状态。正是这种市场状态,导致了生产观念的流行。

**【小案例】**

曾经是美国汽车大王的亨利·福特为了千方百计地增加T型车的生产,采取流水线的作业方式,以扩大市场占有率,至于消费者对汽车款式、颜色等主观偏好,他全然不顾,车的颜色一律是黑色。这就形成了企业只关心生产而不关心市场的营销观念。

生产观念主要表现为企业生产什么产品,市场上就销售什么产品。在这种观念指导下,企业的经营重点是努力提高生产效率,增加产量,降低成本,生产出让消费者随处可以买到并买得起的产品。因此,生产观念也被称为"生产中心论"。

2. 产品观念(Product Concept)

产品观念是从生产观念中派生出来的。产品观念认为,产品销售情况不好是因为产品不好,消费者喜欢质量优、性能好和有特色的产品。只要企业致力于制造出好的产品,就会受到消费者的青睐,而不愁销路。"酒香不怕巷子深"是这种观念的形象说明。需要特别指出的是,持这种观念的企业所制造出来的"好"产品是自己对消费者的主观臆断,而非源于消费者的心声。于是企业一直在生产"更好的"产品上下功夫,却常出现顾客不买账的情况。究其原因,就是因为这种观念与生产观念一样,漠视消费者的需求,仍是从自我出发,孤芳自赏,使产品改良和创新处于"闭门造车"的状态。在产品供给不太紧缺或稍有宽裕的情况下,这种观念常常成为一些企业的经营指导思想。在很多高技术企业中,这种倾向尤为突出,高技术企业的决策者大多是搞技术出身,他们有很深的技术崇拜情结,并非常热衷于提高产品性能或是努力增加产品的功能。他们认为消费者同样喜欢这样的改进,但遗憾的是,很多情况下,效果恰恰相反。以高额代价换来的技术奇迹,却未得到消费者的追捧,企业也无法得到应有的利益。

3. 推销观念(Selling Concept)

自20世纪30年代以来,由于科学技术的进步,加之科学管理和在"生产观念"驱动下产生的大规模生产,带来商品产量迅速增加,产品质量不断提高,买方市场开始在西方国家逐渐地形成。企业为了在竞争中立于不败之地,纷纷重视推销工作,如组建推销组织,培训推销人员,研究推销技术,大力进行广告宣传等,以引导消费者购买产品。

他们认为企业产品的销售量总是和企业所做的促销努力成正比的。其本质上依然是生产什么销售什么。由生产观念、产品观念转变为推销观念，是企业经营指导思想上的一大变化。但这种变化没有摆脱"以生产为中心""以产定销"的范畴。前者强调生产产品，后者强调推销产品。所不同的是生产观念是等顾客上门，而推销观念是加强对产品的宣传。在产品供给稍有宽裕并向买方市场转化的过程中，许多企业往往奉行推销观念。

4. 市场营销观念（Marketing Concept）

市场营销观念是买方市场条件下以消费者为中心的营销观念，是一种全然不同于上述经营观念的现代经营思想。其基本内容是消费者或用户需要什么产品，企业就应当生产、销售什么产品。在这种观念指导下，企业十分重视市场调研，在消费需求的动态变化中不断发现那些尚未得到满足的市场需求，并集中企业一切资源和力量，千方百计地去适应和满足这种需求，从而在顾客的满意之中不断扩大市场销售，长久地获取利润。市场营销观念与推销观念的不同表现在营销活动的起点、中心及方法和手段等方面，如表1—1所示。

表1—1 市场营销观念与推销观念的区别

| | 起点 | 中心 | 手段 | 目的 |
|---|---|---|---|---|
| 市场营销观念 | 市场 | 消费者需求 | 营销组合 | 通过消费者满意获利 |
| 推销观念 | 工厂 | 产品 | 推销或广告 | 通过销售获利 |

由此可见：市场营销观念把推销观念的逻辑彻底颠倒过来了，不是生产出什么就销售什么，而是首先发现和了解消费者的需要，消费者需要什么就生产什么、销售什么。消费者需求在整个市场营销中始终处于中心地位。它是一种以顾客的需要和欲望为导向的经营哲学，是企业经营思想的一次重大飞跃。

5. 社会营销观念（Societal Marketing Concept）

社会营销观念出现于20世纪70年代，它的提出一方面是基于"在一个环境恶化、爆炸性人口增长、全球性通货膨胀和忽视社会服务的时候，单纯的市场营销观念是否合适"这样的认识，另一方面也是基于对广泛兴起的以保护消费者利益为宗旨的消费主义运动的反思。这种经营思想是对市场营销观念的重要补充和完善。基本内容是企业提供产品不仅要符合消费者的需要与欲望，而且要符合消费者和社会的长远利益。企业要关心与增进社会福利。营销要有利于并促进持续发展。它强调要将企业利润、消费需要、社会利益三个方面统一起来。事实上，社会营销观念与市场营销观念并不矛盾。问题在于一个企业是否把自己的短期行为与长期利益结合起来。一个以市场营销观念作为自己指导思想的企业，在满足自己目标市场需求的同时，应该考虑到自己的长期利益目标和竞争战略，把顾客利益和社会利益同时纳入自己的决策系统，只有这样，企业才会立于不败之地。

## 三、认识时尚服饰市场营销

### （一）时尚服饰市场营销的含义

时尚服饰市场营销是现代市场营销学的理论与方法在时尚服饰企业营销实践中应用的理论概括。它以市场营销学的基本原理为理论依据，吸收了时尚服饰设计与工艺等相关学科的知识和成果，结合时尚服饰企业的营销特点，形成了一门应用性学科。时尚服饰市场营销在指导时尚服饰企业寻找市场机会，发现供求关系，平衡资源配置，开发适销产品，完成市场交易，实现经营目标等方面有着重要的作用。

### （二）时尚服饰市场营销的特点

1. 时尚服饰行业的特点

（1）时尚服饰行业是一个劳动密集型产业。加工和生产组织过程不需要大型专门化的机械设备，可以在较少的资本投入下运行，尽管近年来高新技术如 CAD，CIMS 和先进的生产组织方式被不断研制出来并投入应用，但绝大多数企业仍未脱离传统的模式。这使得时尚服饰行业对劳动力成本颇为敏感。随着一些国家和地区劳动力成本的增加，加工产业的转移也随之发生。

（2）时尚服饰行业缺乏规模经济效应。较少的初始投入和较低的固定资产投入，以及加工过程中相对的独立性和分散性，时尚服饰行业并无明显的规模经济效应。事实上，由于近年来时装周期的缩短、品种增加和批量减少，总体来说行业的平均规模（按每个企业的平均员工数衡量）并没上升。

（3）时尚服饰流行周期短、季节性强。不仅表现在时装季节性的更迭，也表现在时装季节此一时彼一时的差异，这种差异可能发生在面料、色彩、款式、设计和其他配套方面，不断地为消费者提供新的产品和服务。这种快速变化，一方面给时尚服饰行业带来无限的机会，另一方面也给企业经营带来风险和不稳定性。

（4）时尚服饰业的时尚性。任何语言中都没有几个词像时尚那样有如此多不同的含义。对外行人来说，它意味着一种神秘的力量使人们在某一段时间广泛接受一种特别式样的衣服或一种行为。经济学家把时尚看成是一个人为的过时的因素，迫使人们在一种物品还保持着原有的用途时就用新的取代它，即使新的物品与旧的大不相同。正如一位名人所说："时尚代表着社会交往的表达方式和对社会地位的追求。它代表着时尚服饰和服饰的生产和销售企业创造的成千上万的销售额。"时尚就其本身而言并不创造消费购买力，但是，只要有购买力的地方，就存在着对时尚的追求。

（5）时尚服饰产品开发和展示的时效性。时尚服饰产业链中的每个环节定期向它的下游企业展示其新的产品。过去，整个产业的每个部门都根据传统的因素来展示其新品种的，比如季节的变化、客户订货后生产所需的时间、产品开发者评估市场动向所需的时间。一般来讲，时尚服饰产品从设计阶段到消费者手中需要一年或更多的时间。但是，如今变化迅速的市场和新的信息技术已经大大地改变了传统的时尚服饰商业运作模式。时尚服饰新产品开发和销售所需的时间频率已大大缩短。很多过去费事的工作由于采用了计算机技术减少了各阶段的时间，如通过采用计算机辅助设计，时尚服饰生产商和零售商可以一起观看电脑屏幕来开发新产品，而无须再经过制作样衣来看效果。这种变化已经彻底改变了时尚服饰生产销售的时间表。传统的产品流通周期已经被更新、频率更快的新产品上市所取代。这种情况使更多的时尚服饰零售商和生产商联手起来加快产品的流通速度，双方都想取悦消费者。很多公司通过早期小批量订单进行消费测试来确定消费者是否真正喜欢它们的产品。如果产品受欢迎，生产商会快速地生产和送货，因为新的技术可以保证它们对市场作出快速的反应。

（6）时尚服饰的品牌效应。时尚服饰的实际意义已远超出遮体御寒的基本功能，从美学意义延伸的文化价值和从象征意义延伸的社会价值，使得不同时尚服饰的价格差异非常大，品牌显得尤其重要。在计划经济年代，没有人去关心品牌的价值。但是，在今天，中国经济已经步入市场的轨道。纵观国内外一切成功企业，无一不拥有一个著名的品牌。

**【相关链接】**

一般来说，时尚服饰发展可分为四个阶段：工业化阶段、自然品牌阶段、品牌阶段和多元化阶段。显而易见，我国时尚服饰业正处于第二阶段，有些先行企业有向品牌阶段转化的趋势。自然品牌阶段最主要的特征为品牌之间可以替换，目前我国绝大多数品牌正是如此，它们缺少个性风格，消费群体不稳定。这就要求企业花大力气提高产品的质量，培养出优秀的时尚服饰设计师，加强品牌的广告宣传，注意产品的形象设计，导入时尚服饰企业的 CI 战略系统，提高企业知名度，创立属于自己的名牌，同时，要注意商标注册等品牌保护措施的执行。

（7）相关产业多。时尚服饰行业除了与时尚服饰、零售业有关外，还与辅助行业、出版业、营销咨询、广告代理、公关代理、行业协会、流行信息服务等部门有密切的关联。

2. 时尚服饰市场营销的特点

时尚服饰行业的特性与市场营销特点的结合，决定了时尚服饰市场营销的特点。

（1）时尚服饰市场营销的整体规划。与其他大类商品生产企业一样，时尚服饰企业的市场营销也必须有一个整体目标，然后针对特定的目标，从满足时尚服饰消费需求这一中心点出发，规划切实可行的营销手段，实现最大利润。随着消费者时尚服饰消费的日益成熟，竞争者不断涌现，作为一个品牌时尚服饰企业，必须从总体上把握时尚服饰市场营销的各个因素和环节，协调企业内外各方面的营销要求，并产生持久不衰的品牌魅力，形成特定的品牌文化和效应，从而取得时尚服饰市场的主要地位。

（2）小规模高效率的营销要求。由于行业缺乏经济规模和小批量、多品种的趋势，时尚服饰企业的独立实体相对规模较小。企业的营销应该从这一特点着手，制定出适合中小型企业发展的短期与中远期营销方案，从而建立灵活高效的时尚服饰市场营销体系。

（3）时尚服饰营销组合策略必须超前。时尚服饰市场的流行性特点决定了时尚服饰企业必须不断在产品上进行创新。企业应重视时尚服饰设计师在企业营销活动中的作用，建立有效的设计班子，创建一套适合市场竞争与企业发展的产品创新机制。未来的时尚服饰行业需要各种灵活高效的组织结构，设计师、经营者、生产者将融为一体，将产品的策划、设计、生产和销售互相渗透，将物质价值、品牌形象、企业文化融入产品之中，紧紧围绕消费者需求这一中心，为社会创造财富，同时给企业创造利润。

（4）时尚服饰营销在广度与深度上的延伸。从发达国家的时尚服饰行业发展状况来看，时尚服饰行业发展越成熟，它的影响力与涉及面就越大。现代社会，时尚服饰行业已成为一个综合性行业，行业的相关产业众多。除了与时尚服饰、商业有关，它还与媒体、信息、化工、文化娱乐、科研和服务业等有关。这无疑给时尚服饰营销带来了很大的难度，但也为时尚服饰营销创造了弹性空间。企业的营销策划人员在进行时尚服饰营销操作时，不仅需要考虑影响时尚服饰行业发展的因素，也应顾及制约时尚服饰市场营销的其他因素，从更深层次把握时尚服饰市场营销的规律，实现自己的营销目标。

**练一练**：请比较新旧两种营销观念。

**本任务小结**：完成本任务后，请分析我国时尚服饰企业是否已经树立市场营销观念？

# 任务2 时尚服饰市场营销工作的认识

**任务提示**：作为一个时尚服饰市场营销职业人，要理解时尚服饰市场营销职业工作的内容、过程和方法。本任务将引领你认识时尚服饰市场营销工作！

**任务先行**：作为一个时尚服饰市场营销职业人，在明确了职业定位的前提下，应该对时尚服饰市场营销的职业前景和职业成长规律有着清晰的认识，以便在以后的学习和工作中，获取职业能力。

## 一、认识时尚服饰市场营销职业

### （一）时尚服饰市场营销职业前景

时尚服饰产业既是传统优势产业，又是经济的支柱产业和时尚产业。它产业链完整，产品结构也比较合理，有明显的产业集群优势。长期以来，对发展经济、促进劳动力就业起着不可低估的作用。这几年，整个时尚服饰行业处于转型期，行业结构调整和产业升级继续推进；品牌推进更上一层楼，大批本土品牌企业在品质质量、创新、快速反应和社会责任等方面整体提升，不仅得到国内市场广泛认同，而且已经具备逐步走上国际市场的条件；模式创新层出不穷，企业模式创新、品牌模式创新以及随之而来的渠道创新、产品创新、文化创新等已在行业中层出不穷；科技进步高歌猛进，目前，时尚服饰制造模式面临全民变化，柔性制造、大规模定制等曾经前沿的生产理念已经走入行业视线。制造流程再造、流程管理信息化已经在传统的大流水企业中逐步推行；国际合作日益普遍。生产合作、产品合作、设计合作、营销合作乃至品牌合作、资本合作，国际化的时尚服饰企业将越来越多；时尚服饰零售还将迎来一个大的黄金周期，未来以内生增长快速提升为主。

通过调研,时尚服饰市场营销职业人才的需求量是相当大的,在我国,时尚服饰市场营销职业人才正处于供需两旺的阶段。

时尚服饰市场营销的主要岗位有时尚服饰企业销售部门业务员或主管岗位;时尚服饰零售企业或批发企业的促销员、推销员、店面管理、渠道管理、物流管理等岗位;时尚服饰企业营销部门的市场调查、信息统计、促销策划、广告策划、公关策划、售后服务、客户管理等岗位;企业的营销策划、市场预测分析岗位;各类咨询公司的相关岗位。

## 二、认识时尚服饰市场营销职业工作

### (一)时尚服饰市场营销职业工作的职位

时尚服饰市场营销是职位群,作为一个系统,也包括设计、生产、行政和财务等岗位。但在市场营销的职位群中,我们常常提到的职位有三个:销售、市场分析和顾客服务,时尚服饰行业也不例外。销售岗位常常面对客户,是市场营销一线的工作;市场分析的职位是做市场研究、营销计划、制订考核制度、组织设计、营销监督等工作;客户服务主要负责售后的用户服务。

根据职业成长规律,每个职位都可以分为初级、中级和高级。如我们经常听说的营销员、经理、营销总监就是这样一个职级划分。营销人员的成长也是从初级到中级,再到高级。

### (二)时尚服饰市场营销职业工作的特征

时尚服饰市场营销是时尚服饰企业经营管理工作领域的一个重要技术类职业,其职业工作特征主要体现在以下方面。

时尚服饰市场营销人员在不同的部门从事营销管理活动,负责产品或者服务销售市场的拓展和客户的开发,完成或超额完成公司规定的销售任务,策划、组织、执行产品和品牌市场推广方案,负责终端形象维护及终端人员的培训或管理。

时尚服饰市场营销人员能够根据要求进行市场调查与分析、产品或服务成本核算和相关合同的制订与审核,并在与同事进行有效交流的基础上,有效完成工作活动和工作岗位设计,协作完成市场营销职业活动。同时,还要考虑国际、国内市场环境,社会责任和生态保护的不同要求,以及由于社会经济发展给职业活动带来的新变化。

时尚服饰市场营销业务人员能对市场营销工作任务进行整体性观察,如通过市场调查与分析工作,制订市场营销策划方案,通过有效的沟通交流,积极加以实施;根据活动进展,采取有效措施,对业务活动加以监控。能在完整的工作背景下对业务活动进行有效组织。

时尚服饰市场营销人员还要考虑专业工作的客观条件,如时尚服饰产品标准、法律规定、工作流程说明等,特别是与消费者隐私、商业机密、知识产权保护和生态安全有关的问题。

时尚服饰营销

根据市场营销活动技能的综合性要求，时尚服饰市场营销人员在完成工作任务时，一方面，应发挥已有专业知识和经验性知识；另一方面，必须重视业务过程中的学习机会，以提高自己的行动能力。

## 三、认识时尚服饰市场营销职业工作过程

### （一）时尚服饰市场营销职业工作内容

时尚服饰市场营销职业工作的主要内容有以下几项。

1. 销售商品

销售商品主要是通过营销活动，将商品销售出去。具体的活动包括寻找和识别潜在顾客，接触与传递商品交换意向信息，谈判，签订合同，交货和收款。

2. 研究市场

研究市场是为了更好地促进商品销售，企业必须通过研究市场，以发现消费者是谁，在哪里，才可以顺利地进行商品销售。

3. 生产与供应

时尚服饰企业作为生产经营者需要适应市场需求的变化，经常调整产品生产方向，借以保证生产经营的产品总是适销对路。同时，在发现市场机会后，能够保持生产和供应。这就要求企业内多个部门密切配合，改变各自为政的状态。

4. 创造需求

时尚服饰企业既要满足已经在市场上出现的现实性顾客需求，让每一个愿意购买企业的商品的顾客确实买到商品，也要争取那些有潜在需求的顾客，提供他们所需要的商品和服务，创造某些可以让他们买得起、可放心的条件，解除他们的后顾之忧，让他们建立起购买合算、消费合理的信念。

5. 协调公共关系

时尚服饰企业作为一个社会成员，与顾客和社会其他各个方面都存在着客观的联系。改善和发展这些联系既可改善企业的社会形象，也能够给企业带来市场营销上的好处。

### （二）时尚服饰市场营销职业工作过程

时尚服饰市场营销职业工作过程主要有两层意思：一是抽象的市场营销活动过程，主要包括分析市场机会、选择目标市场、确定市场营销策略和市场营销活动的管理。二是市场营销职业学习与工作的过程，主要是分为6个步骤：资讯、计划、决策、实施、检查和评估。在这个工作过程中，人们要注意总结市场营销职业工作的对象、工作方法、工具、工作组织、和对专业工作的要求以及工作成果等过程要素，也要围绕这些要素，构建起自己已完成的工作过程知识体系。

**练一练：** 收集时尚服饰市场营销职业岗位，并写出报告。

**本任务小结：** 完成本任务后，请参加并观察时尚服饰营销活动，验证"六步骤"工作过程。

## 项目一 小结

根据时尚服饰市场营销职业分析，本项目共分为 2 个任务：市场和市场营销的认识、时尚服饰市场营销工作的认识。

本项目围绕时尚服饰市场营销基本原理，体现了对一些重要理论知识的重组。本项目的学习目标是完成本项目后，学生能够认识时尚服饰市场营销工作，认识时尚服饰企业的实际营销项目。

**同步阅读：**

2014 年 10 月 15 日，广州市汇美时尚集团股份有限公司旗下棉麻生活品牌茵曼（INMAN），举办了全球首个的云端发布会，为新上市的双十一专供系列"慢活良品"预热。茵曼以"素雅而简洁、个性而不张扬"为品牌定位，现已成为知名的原创"棉麻艺术家"互联网品牌。

茵曼开了服装线上发布的先河，以用户体验为着力点，将发布会与销售融为一体。本次发布会以"向日出 Say Hi"为主题，以邀请城市女性看日出为契机，利用天猫和微信两大平台，在 PC 端和手机端带给消费者一次前所未见的"日出"发布会，传达应该放慢生活脚步的理念。在天猫，通过互动视频的体验，参与者可在观看过程中进行故事线互动并领取优惠券，边看边选购，感受 360 度服装细节展示，最终页面导向天猫商城，让消费者最大程度感受抢购的乐趣。在微信端，定制重力感应及多点触控互动，用户可以 360°全景观看云端发布会场景，并抓拍模特儿抽取优惠券，提升用户体验。据悉，本次云端发布会的拍摄一共动用了百台机器，100 多位工作人员、全高清的 360 度实景拍结合 CG 三维电脑合成技术，500 分钟的素材精华剪辑成 4 分钟的震撼短片，并在不同的平台实现各具特色的互动体验。

**思考与练习：** 茵曼是如何打破传统思路，给网民带来耳目一新的体验？

**同步实训：**

**一、实训目的**

1. 熟悉时尚服饰市场营销的基本概念。
2. 形成现代市场营销观念，能够运用最新的营销观念来分析时尚服饰企业行为。

**二、实训组织**

根据教学班级学生人数来确定数个小组，每一小组人数以 3-5 人为宜，以小组为单位组织研讨，在充分讨论基础上，形成小组的课题报告。

**三、实训要求及内容**

1. 结合当地地区经济发展的状况，对具体的时尚服饰企业市场行为进行调查，并用营销基本原理及营销观念分析其企业行为的科学性。
2. 应用已学习过的营销原理，对所调研的时尚服饰企业未来的市场行为提出建议。

**同步测试：**

**一、关键概念**

市场　　市场营销　　市场营销观念

## 二、单项选择题

1. 市场营销核心是（　　）。
   A. 生产　　　　B. 分配　　　　C. 交换　　　　D. 促销
2. 只要产品质量好就不愁卖不出去，这是（　　）观念的体现。
   A. 生产观念　　B. 产品观念　　C. 市场营销观念　　D. 推销观念
3. 社会市场营销观念的出发点是（　　）。
   A. 增加产量　　　　　　　　　B. 扩大销售
   C. 顾客需求　　　　　　　　　D. 消费者和社会长远利益
4. 西方人婚礼喜欢白色的礼服，而中国人偏爱红色，这是在（　　）差异上的表现。
   A. 亚文化　　　　　　　　　　B. 文化
   C. 观念　　　　　　　　　　　D. 个性
5. 从市场营销的角度看，市场就是（　　）。
   A. 买卖的场所　　　　　　　　B. 商品交换关系的总和
   C. 交换过程本身　　　　　　　D. 具有购买欲望和支付能力的消费者

## 三、思考题

1. 试分析"满意的顾客就是最好的广告"这句话。
2. 时尚服饰市场有哪些类型和特点？
3. 时尚服饰营销有哪些特点？

**与本项目相关的视频请扫二维码**

# 项目二

# 时尚服饰产业及其营销环境的认识与分析

**能力目标：**
通过完成本项目，你能够：
1. 灵活分析时尚服饰市场营销的宏观环境和微观环境
2. 科学分析和评价时尚服饰市场机会和环境威胁
3. 对时尚服饰市场营销环境的变化能采取相应的对策

**核心能力：**
1. 掌握时尚服饰营销环境分析的内容和方法
2. 对时尚服饰市场营销环境的变化能采取相应的对策

**具体任务：**
任务 1　认识时尚服饰产业链
任务 2　时尚服饰市场营销微观环境的认识
任务 3　时尚服饰市场营销宏观环境的认识
任务 4　时尚服饰市场营销环境的分析与营销对策

**【引导案例】**
　　在全球专业化趋势越来越强，分工越来越细的情况下，众多时尚服饰企业热衷于轻资产运营，通过外包、分拆、剥离等各种方式来获取轻资产模式所带来的种种好处。而宁波雅戈尔集团却反其道而行，打造了一条从棉花到零售的覆盖时尚服饰业全程的垂直产业链，堪称"全产业链商业模式"。
　　雅戈尔集团为什么要塑造全产业链商业模式？这样的商业模式对雅戈尔集团营销环境会带来怎样的影响？请完成本任务时尚服饰产业及其营销环境的认识与分析。

## 任务 1　认识时尚服饰产业链

　　**任务提示**：本任务将引领你了解时尚服饰产业链的构成、时尚服饰业及其相关产业链。

**时尚服饰营销**

**任务先行**：时尚服饰产业链究竟研究什么？什么是时尚服饰业，时尚服饰业究竟和什么产业相关？要解决这些问题请往下学习。

## 一、时尚服饰产业链的构成

时尚服饰作为一种制品，其形态和功能的形成与原材料及其加工过程密切相关。大多数穿着用品都是以纤维为原料，经时尚服饰、染整加工而成时尚服饰面料，再经裁剪、缝制而形成的。从纤维到成衣，其形态和性能发生了一系列的转变，这种变化最终适应了人们对时尚服饰穿着需求。所以，以成衣为最终产品的时尚服饰产业链，包括从纤维生产开始，经纱、布、染整直至时尚服饰加工的多个工业分支和中间环节。其中，纤维生产环节包括天然纤维和合成纤维的生产和加工；时尚服饰环节包括纱线、机织和针织面料的生产和印染加工；辅料及配件环节包括扣子、拉链、缝纫线等的生产和加工；时尚服饰生产环节包括时尚服饰的设计、制作以及包装过程；销售环节包括时尚服饰的分销、展示和零售等。图2—1为时尚服饰产业链的构成示意图，其中每一个环节都与时尚服饰市场营销策略密切相关。

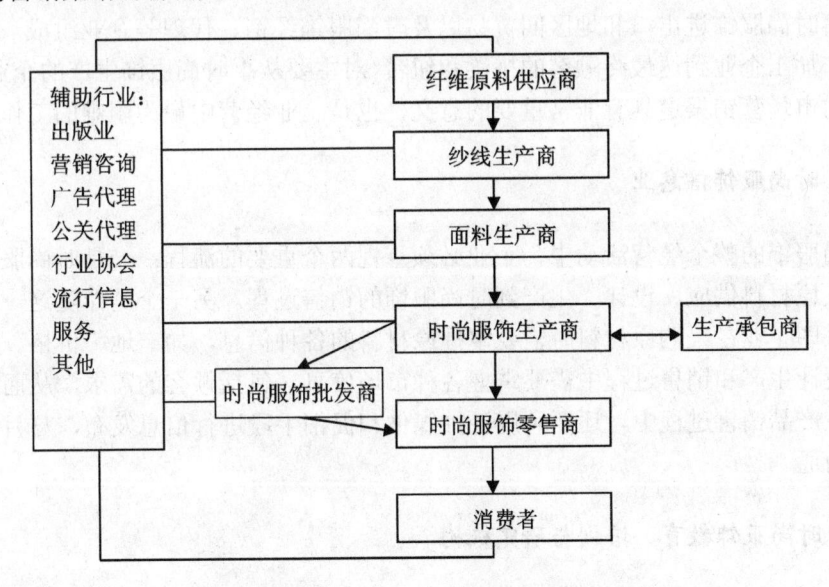

**图2—1 时尚服饰产业链的构成示意图**

可以看出，在时尚服饰产业链中涉及许多相关的行业。这些相关的行业从加工对象和加工技术的角度可分为：纤维加工业和制造业，棉、麻、毛时尚服饰业，丝织业，针织业，印染业，时尚服饰成衣制造业等，同时也包括向这些行业提供技术、信息咨询、市场调查及商品企划等的辅助行业。

然而，在当今全球经济一体化的趋势下，时尚服饰已成为国际贸易的大宗产品。由于时尚服饰与时尚服饰生产过程的可分割性（即产业链上的各个环节可在不同地域进行），这条产业链在很早就已卷入了全球化的大潮，并已经达到了很高的程度。

## 二、时尚服饰业及相关产业

从狭义上讲,时尚服饰业指时尚服饰制造业和加工业。而广义上,时尚服饰业还应该包括与时尚服饰制造业相关的时尚服饰商贸、服饰配件、信息与咨询、展览展示、出版、教育与培训等行业。

### (一)时尚服饰制造业

由主要从事成衣生产和加工的企业组成,是时尚服饰行业的基础和主体。其中,按生产的产品种类和经营方式的不同可分为多种细分行业。如男装业、女装业、童装业;针织时尚服饰业、毛皮时尚服饰业、羽绒时尚服饰业等。

### (二)时尚服饰商贸业

由从事时尚服饰进出口和地区间贸易以及时尚服饰经销、代理等企业组成,是时尚服饰从生产加工企业到达最终顾客的桥梁和纽带。对主要从事时尚服饰生产的企业来说,建立畅通的市场营销渠道具有非常重要的意义,也是企业经营中最为困难的工作之一。

### (三)时尚服饰信息业

在时尚服饰的整个经营活动中,企业必须重视两个重要的流程:一是时尚服饰实体流程,即从原材料供应、设计、生产到时尚服饰的销售过程。另一个是伴随这一过程的信息流程,即企业在采购原材料时需要掌握原材料的各种信息,如产地、价格、可供数量等;在设计生产和销售过程中需要掌握各种市场信息,包括顾客的需求,从而做出正确决策;在产品销售过程中,还要利用各种媒体和促销手段进行信息发布,与目标顾客进行有效沟通。

### (四)时尚服饰教育、培训与研究机构

时尚服饰供应链全球化、快速化趋势导致时尚服饰商品采购和营销管理变得越来越重要,供应链管理已经受到从业者高度重视。由于要处理巨大的季节库存、多样化的消费需求、日益庞大的品类 SKU、不断缩短的产品生命周期,对市场需求快速反应能力已经成为企业重要的竞争命题。快速变化的行业前景,需要培养拥有时尚及市场动向预测能力和准确的商品价值判能力,并能熟悉商业流程、能进行商品企划、制定销售策略的人才。同时在国际上出现了许多著名的时装院校,每年培养大批时尚服饰专业人才,为时尚服饰业的发展和繁荣注入了活力。

### 三、全国时尚服饰行业现状

时尚服装行业作为我国国民经济的传统支柱型产业,在我国宏观产业布局中具有重要地位。根据调查数据显示,2019年我国服装行业规模以上企业累计实现营业收入16,010.33亿元,占当年全国规模以上工业企业实现营业收入(105.78万亿元)的1.51%。

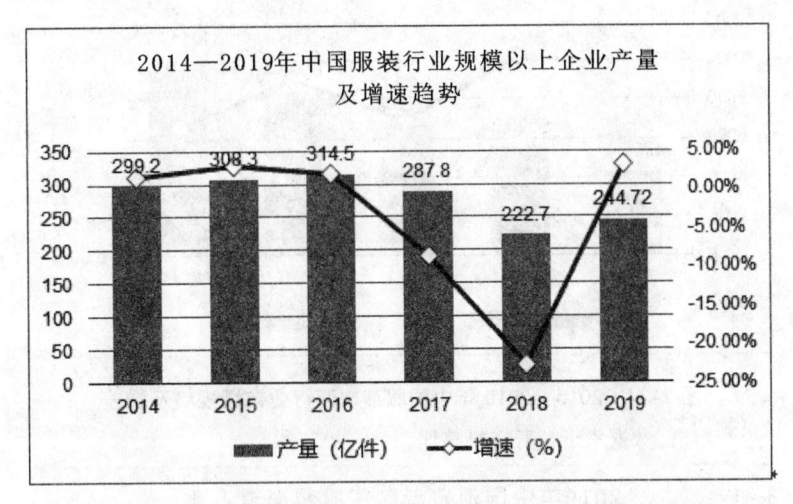

图2—2 2014—2019年中国服装行业规模以上企业产量及增速趋势

注:数据来于公开资料整理。

近年来我国时尚服饰消费已经从单一的遮体避寒的温饱型消费需求转向追求时尚、文化、品牌、形象的消费潮流。时尚服饰行业面临转型升级压力,产业规模增速不断下降。2019年,时尚服饰产量略有反弹。根据调查数据显示,2019年1—12月,我国时尚服饰行业规模以上企业累计完成服饰产量244.72亿件,同比增长3.28%。2020年1—3月,时尚服饰行业规模以上企业累计完成服饰产量46.18亿件,同比下降20.3%。预测在疫情影响背景下,2020年我国服装行业规模以上企业累计完成服装产量约210.9亿件,同比下降13.8%。

图2—3 2014—2020年中国服装产量及预测

注:数据来于公开资料整理。

2015—2018年，我国电商行业迅速发展，故其时尚服饰电商市场规模总体呈逐年增长态势。2018年，我国时尚服饰电商市场规模为8205.4亿元，同比增长22.0%。

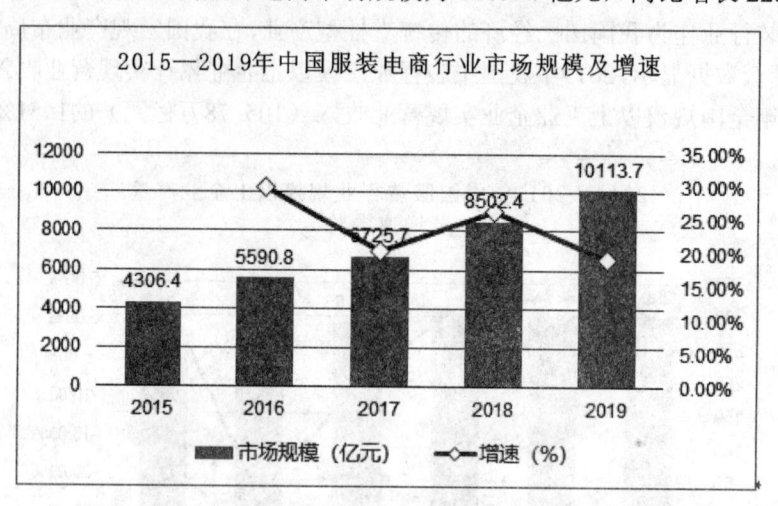

图 2—4　2015—2019 年中国服装电商行业市场规模及增速
注：数据来于公开资料整理。

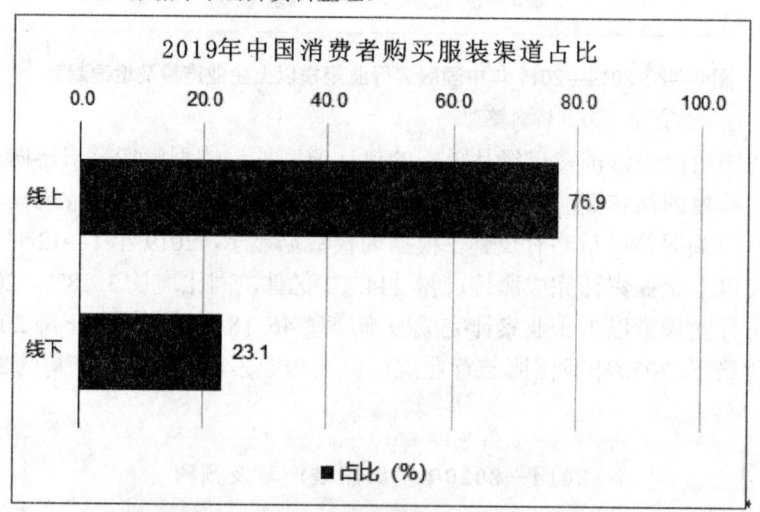

图 2—5　2019 年中国消费者购买服装渠道占比
注：数据来于公开资料整理。

## 任务2　时尚服饰市场营销微观环境的认识

**任务提示**：本任务将引领你完成时尚服饰微观环境的分析。
**任务先行**：对时尚服饰企业营销环境的分析，首先是对微观环境的分析，看看微观环境是如何开展呢？
什么是时尚服饰市场营销微观环境？

时尚服饰营销

时尚服饰市场营销微观环境是指那些与时尚服饰企业营销活动具有密切关系、直接影响时尚服饰企业经营过程的各种要素。这些要素主要包括企业内部环境、供应商、营销中介、目标顾客、竞争者和社会公众等。

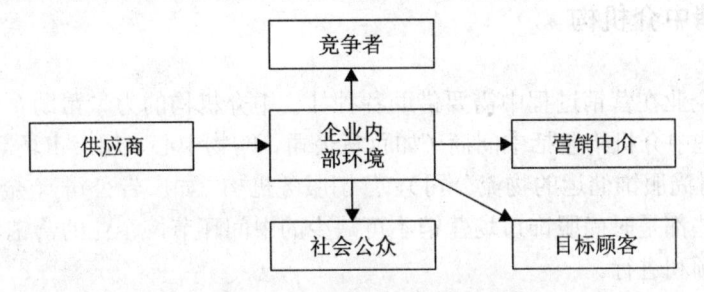

图2—6 时尚服饰企业微观环境要素

## 一、企业内部环境

企业内部环境包括市场营销部门、其他职能部门和最高管理层。各个部分、各个管理层之间的分工是否科学,协作是否和谐,目标是否一致,影响到企业的营销管理决策和营销方案。企业高层管理部门制定企业的目标、战略和政策,营销部门根据高层管理部门的决定来制定营销方案,在经最高管理层同意后实施。在方案实施过程中,营销部门必须与企业的其他部门密切合作。

【相关链接】

研发部门负责设计、开发符合方案要求的时尚服饰,采购部门负责供给生产所需的原材料(面料及辅料等),生产部门负责生产合格的时尚服饰,财务部门负责资金的筹集,会计部门负责对收入和成本进行核算。这些部门都对营销方案能否顺利实施产生影响。只有各个部门密切合作,以顾客需求为中心,才能给顾客提供满意的产品和服务。

时尚服饰企业内部环境如图2—7所示。

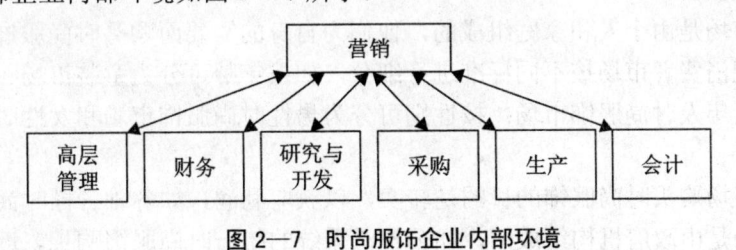

图2—7 时尚服饰企业内部环境

## 二、供应商

供应商是指向时尚服饰企业及其竞争者提供原材料、设备、能源、劳动力和资金等资源的企业和组织,如时尚服饰面料供应商、辅料供应商等。时尚服饰企业在选择时,应选择质量、价格以及运输、承担风险等方面条件最好的供应商,因为供应商所提供资源的价格和供应量直接影响企业生产的时尚服饰的价格、销售和利润,若供应短缺,企业将不能按期完成时尚服饰上市任务。因此,与供应商建立长期、稳定的关系对时尚服饰企业是必要的。同时,时尚服饰企业应寻找多个原材料供应商,而不要依赖于任何单一供应者,以免受其控制。

### 三、营销中介机构

时尚服饰企业在营销过程中需要借助各种社会中介机构的力量帮助企业分配、销售、推广产品。这些中介机构包括中间商(如百货公司、购物中心、超级市场等)、实体分配机构(如负责时尚服饰储运的物流公司)、营销服务机构(如广告公司)、金融中间人(如银行)等。这些都是时尚服饰市场营销不可缺少的中间环节,企业的营销活动,需要它们的协助才能顺利进行。

### 四、顾客

时尚服饰企业的顾客是指时尚服饰企业最终为其提供产品和服务的目标市场。每一个时尚服饰企业都为目标市场上的顾客提供产品和服务,顾客的需求是企业制定营销策略的出发点。不同时尚服饰企业面对的顾客即目标市场是不同的。可以把时尚服饰市场分成消费者市场、经销商市场、政府市场和国际市场,如图2—8所示。

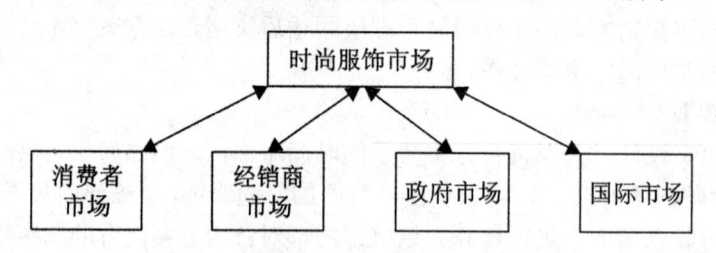

图2—8 时尚服饰企业的目标市场分类

【相关链接】

消费者市场是由个人和家庭组成的,他们为自身的需要而购买时尚服饰。时尚服饰企业又可以把消费者市场按不同标准进行细分,如按年龄可分为童装市场、青年人时尚服饰市场、老年人时尚服饰市场;按性别可分为男性时尚服饰市场和女性时尚服饰市场等。

经销商市场购买时尚服饰的目的是转卖,以获取利润,如各种各样时尚服饰批发商等。政府市场是由政府机构组成的,如公检法系统的统一时尚服饰购买。近年来,许多公司、企业认识到统一着装对企业的意义,团体订购时尚服饰数量和范围不断扩大,时尚服饰企业不可忽视这一重要的市场。国际市场是由其他国家的购买者构成的。每个市场都各有特点,时尚服饰企业应根据企业的实际情况和消费者需求特点划分市场,选择确定自己的目标市场,然后根据目标市场的顾客特点来制定营销策略。

## 五、竞争者

竞争是市场经济的必然产物。一般情况下，一个时尚服饰企业不可能对某一目标市场进行垄断经营，而常常会受到以相同的市场为目标的竞争对手的包围和影响。企业应充分了解，谁是自己的竞争者，竞争者的策略是什么，竞争者的优势和劣势，以及他们在市场上的竞争地位等。只有知己知彼，才能百战不殆。

## 六、公众

时尚服饰企业的微观环境中还包括公众。公众是指对时尚服饰企业实现其市场营销目标构成实际或潜在影响的任何团体和个人。时尚服饰企业面临的公众有政府公众、金融公众、媒介公众、群众团体、当地公众、内部公众和一般公众。

**【相关链接】**

（1）政府公众。指有关政府部门。营销管理者在制定营销计划时必须充分考虑政府的发展政策、本行业的发展规划以及企业权力的规定等。

（2）金融公众。指关心并可能影响企业获得资金能力的团体，如银行、投资公司、保险公司和证券交易所等。

（3）媒介公众。主要指报社、杂志社、广播电台和电视台传统媒介及微信、微博、小红书等新媒体，这些团体对企业的声誉有举足轻重的作用。

（4）群众团体。指消费者组织、环境保护组织及其他群众团体，如我国的消费者协会。

（5）当地公众。指企业所在地附近的居民和社区组织。企业在营销活动中，要避免与周围公众的利益发生冲突，必要时应指派专人负责处理这方面的问题，并对公益事业做出贡献，以树立良好的企业形象。

（6）内部公众。指企业内部职工，包括企业各层次、各部门的领导和职工。内部公众的态度也会影响到社会上的公众。

（7）一般公众。指一个企业需要了解大众对它的产品和活动的态度。企业的公众形象对企业的经营和发展是很重要的，要争取在一般公众心目中树立良好的企业形象。

所有以上这些公众，都与企业的营销活动有直接或间接的关系。现代企业是一个开放的系统，它在经营活动中必然与各方面发生联系。时尚服饰企业应正确认识各类公众，并处理好与公众的关系。

**练一练** 以小组为单位选择某一家时尚服饰企业，讨论其微观环境。

**任务小结** 完成本任务后，请进行自我测试：时尚服饰微观环境包含哪些要素？你是否能够独立完成一份某时尚服饰企业微观营销环境分析报告？

# 任务3 时尚服饰市场营销观宏观环境认识

**任务提示** 本任务将引领你完成时尚服饰市场营销宏观环境的分析。

**任务先行** 分析了微观环境后,我们再看一看时尚服饰企业的宏观环境,应该如何分析呢?

什么是时尚服饰市场营销宏观环境?

时尚服饰市场营销宏观环境通常指一个国家的经济、社会及其发展变化的状况,它是时尚服饰企业不可控制的因素,包括人口、自然、经济、政治法律、社会文化,以及科学技术环境等。

## 一、人口环境

市场营销人员需要了解人口环境因素,因为是由人组成了时尚服饰消费市场。市场营销人员在制定营销计划时应了解目标市场或地区的人口分布规律、人口密度、流动趋势、年龄构成、出生率、死亡率、结婚率、人种、种族、宗教结构以及收入状况,通过分析研究,提出方案和应对策略。

【小案例】

智研咨询发布的《2019—2025年中国服装行业市场竞争格局及行业发展前景预测报告》数据显示:随着我国宏观经济的不断发展,我国居民收入水平也随之不断提升。作为主要生育群体的"80后""90后",对生活品质要求高,对于童装他们自然也投射了自己的审美,要求童装时尚化、多元化、个性化,这也促使童装成人化趋势越来越明显。根据未来国家0—6岁的孩童以及新生儿对校服新增需求的影响,预测在2020年,我国校服行业的市场规模有望突破千亿大关,未来发展前景值得期待。

## 二、自然环境

自然环境可能给企业创造市场机会,又可能给企业带来严重的威胁。自然环境决定自然资源的分布,而自然资源的分布又决定时尚服饰企业获取原材料成本的高低,原材料成本高低很大程度上决定了时尚服饰企业的最终成本。因此,自然环境对时尚服饰企业具有重要影响。目前,世界范围自然资源日益短缺和环境污染日益严重,这就要求时尚服饰企业合理地运用自然资源,重视替代资源的研究开发,并加强环境保护意识。

【小案例】

欧共体Oko—Tex Standard 100(生态时尚服饰标准,1993年由奥地利时尚服饰研究协会创立)中对时尚服饰和时尚服饰中的某些物质的含量要求以PPB级控制。如对苯乙烯的要求不超过5PPB,乙烯环乙烷的要求是不超过2PPB。目前,英国、荷兰和爱尔兰发布了儿童和妇女睡衣安全要求的国家法规。德国颁布的环境贸易措施规定自1995年1月1日起禁止使用20种偶氮染料,1996年3月31日起不允许经此类染料印染的时尚服饰和时尚服饰进口。

## 三、经济环境

市场不仅需要人口,而且还需要购买力,因为有需求且有购买力支持的人口才能构成潜在市场。近年来，尤其是改革开放之后，随着我国国民收入的增加，人们的生活水平有了显著提高。因而，时尚服饰对大多数人来讲已不单单是过去意义上的生活必需品，消费者不再像过去那样只有等衣服破了才会考虑添置新的时尚服饰，而是看到需要而又合适的就会产生购买欲望。服装消费占据着我国居民消费不少的份额。

**【小案例】**

根据国家统计局数据，2018 年，我国居民人均衣着消费支出 1289 元，增长 4.1%，占居民人均消费的 6.5%，其中城镇居民衣着消费 1808 元，同比增长 2.9%；农村居民衣着消费 648 元，同比增长 5.9%。因此，对于企业时尚服饰营销来说，重要的是发掘消费者潜在的需要，继而生产出合适的时尚服饰产品，在合适的场所、合适的时间推向目标消费市场。

## 四、技术环境

### （一）社会化大生产

只有技术进步，社会化大生产才成为可能。远古时代，我们的祖先只能用最原始的工具进行时尚服饰生产。在旧石器时代，人类用石制刮削器和燧石刀来剔刮兽皮并将其切割成衣片，用草或叶子编结有边饰的裙，用骨针缝制简单的衣裙，在当时只有单件生产。而发展到今天，随着缝纫机的问世，批量生产成为现实。由于电动缝纫机和电脑裁床的开发，大大提高了时尚服饰生产速度。因而，大批量生产使企业能够在不同的成本价位上生产更多的时尚服饰，在短时间内提供给时尚服饰消费者，由此亦导致消费者有了更多的选择机会。计算机的应用更使得多品种、小批量生产得以实现。1994 年起我国连续保持时尚服饰生产和出口世界第一，确立了世界时尚服饰生产和出口大国的地位。

### （二）物流

飞机和汽车运输的快速和舒适导致人们寻求轻质、易携带的时尚服饰，迅速便捷的运输使得最新流行时尚服饰得以快捷传到零售商和消费者手中。这也导致消费者对流行时尚服饰的快速需求，因为其他城市或国家的流行时尚服饰已经不再遥不可及。时尚服饰企业将面临更多来自外部的竞争压力，供应链管理将成为 21 世纪企业的核心竞争力，而物流管理则是供应链管理的核心组成部分。如今，运用先进的物流管理模式在竞争中获胜的时尚服饰企业已不乏先例，如意大利的贝纳通（Benetton）和美国的耐克（Nike）公司等。

### （三）传播技术

现代传播媒介使各种不同的文化交融在一起，使得人们更深地觉察到生活方式和穿着方式的改变。过去，要花几个月的时间人们才有可能由杂志上获得巴黎的最新流行时尚服饰信息。而现在，电视和互联网使得人们在家中就可获知世界各地的最新流行信息。信息高速公路可在几秒之内将地球上任何地点的信息进行传递。由此，公众得以迅速获知新款式的问世,如果这种新款式具有吸引力,人们就会希望自己亦拥有同样或相似的款式。由此,现代传播技术加速了流行的传递与扩展。时尚服饰企业应更快、更正确地预知消费者的这种需求变化,以便生产销售合适的时尚服饰产品。

## 五、政治、法律环境

政治和法律环境对消费者个体时尚服饰选择的影响表现在人们一般总认为时尚服饰选择只是个体的自主行为,与政治和法律不会发生瓜葛。但是,只要消费者个体生活在社会里,那么他的一言一行都必将受到政治和法律的约束,时尚服饰选择自然也不例外。

服饰是身份、地位的政治印记。因此无论古今中外,人们在选择和穿着时尚服饰时,虽然有着自己的嗜好,但必须以政治和法律环境允许为前提。

不论何种社会制度,企业的营销活动都将受到政治和法律环境的约束,企业必须依据政治、法律环境的变化适时改变和调整企业的营销活动。时尚服饰企业既要用法律保护自己的正当权益不受侵害,另一方面企业必须严格按照法律,进行规范经营活动。国家法律对环境保护的更多干预,亦要求时尚服饰企业要重视环境保护,减少"三废"的污染。

## 六、社会文化环境

社会文化环境对消费者个人时尚服饰选择的影响表现在人们赖以成长和生活的社会形成了民众的基本信仰、价值观念和生活准则,并且几乎是自觉或不自觉地受到他们相互之间、与其他人、与自然及宇宙关系等社会和文化环境的约束。在一个社会中生活久了,必然会逐渐形成特定的文化烙印。某一社会中人们所持有的核心信仰与价值观念具有高度的延续性,这些核心信仰与价值观念往往是子女从父母那里继承来的,并由社会的各种机构:学校、宗教团体、工作单位和政府予以进一步加强。消费者对各种商品的喜好受所属民族、宗教、种族和地理等社会生活环境的影响。同样,这些因素也将影响消费者对时尚服饰的选择。

【小案例】

北方和南方的民众对时尚服饰色彩的偏好不尽相同。北方民众由于久居寒冷干燥地区,环境生活中缺乏鲜艳的色彩,人们在进行时尚服饰色彩选择时认为大红大绿等鲜艳的色彩是美丽的;而南方时尚服饰则比较偏爱素淡的色彩,这是南北环境地理区域不同,导致人们对时尚服饰色彩偏好产生差异。

【相关链接】

(1)文化(Culture)。这一因素对消费者的行为具有广泛和深远的影响。文化是人类欲望和行为最基本的决定因素,低级动物的行为主要受本能的控制,而人类行为的大部分是学习、实践而来的,生活在社会中的人通过家庭和其他社会单位的社会活动学到了基本的价值、知觉、偏好和行为等文化、观念和意识。

(2)亚文化(Subculture)。每一种文化都由亚文化组成,即通过有着共同价值观念体系所产生的共同生活经验或生活环境的人类群体所组成。亚文化群体共分四种类型:

民族群体，如汉族、藏族和维吾尔族等。每个民族都有自己的趣味和习性；宗教群体，如佛教、道教、天主教，表现出与其宗教信仰相关、与其特有的文化偏好和禁忌相联系的亚文化；种族团体，在欧美大陆十分显著，如黑种人和白种人，有其特有的文化风格和习俗；地理区域，如东北三省、西藏、海南等，由于地理区域不同，也有各自不同生活方式特征的亚文化。

（3）健康与休闲（Healthy and Leisure）。追求身体健康是人们一直持有的核心文化价值观念，但是健康的内涵不断变更，现代人认为注重身体健康应参加各种体育活动，减少身上多余的脂肪。于是，各种运动、休闲服盛行。此外，休闲服的流行除了人们注重体育运动之外，还因为人们的价值观念、生活态度在转变。现代人生活节奏快，人们在高度紧张的工作学习之余，希望能暂时摆脱快节奏生活的压力，回复到轻松、悠闲的自然环境中，而休闲服能满足这样一种心理需求。清新的色彩组合、自由简洁的款式、宽松自如的尺寸、柔软舒适的天然纤维面料，体现了现代都市人厌倦高楼喧嚣的生活，渴望回归自然的心态。

（4）个性化（Individuation）。社会的主要文化价值观念通过人们与自我的关系、与他人的关系以及与各种社会机构、社会、自然及宇宙的关系表现出来。现代人非常注重自我价值的实现，渴望自己在被群体赞同和认可的前提下又能使个性得以体现。时尚服饰是实现这一意识的行之有效手段之一。于是，人们在时尚服饰方面越来越倾向标新立异，不愿与别人穿得一模一样，在寻求流行的前提下，力图穿出自己的个性和品位。

（5）生活方式（Life Style）。这一语言已愈来愈被时尚服饰界使用，它反映了人们对所处社会的态度。人们生活方式可以分为六类：创造者、保守者、捞取者、变革者、追求者和逃避者。不同生活方式的人群对时尚服饰的选择是不同的：创造者卓有成就，集中了各种成功的标志，因而喜欢穿讲究的服饰；而变革者生活简朴，不讲究穿着，等等。

（6）社会阶层（Social Stratification）。人类社会存在着社会层次。有时它以社会等级形式出现，不同等级的成员都被赋予一定的角色，而且很难改变他们的等级成员资格；然而更为常见的层次是以社会阶层形式出现的，每一阶层成员具有类似的价值观、兴趣爱好和行为方式。在时尚服饰选择方面，各社会阶层显示出不同的产品、价格和品牌等偏好。

（7）参考群体（Reference Groups）。消费个体的购买决策行为还会受到一系列社会因素的影响，如参考群体、家庭和社会角色与地位等。由于人总是希望得到群体的赞同和认可，希望找到自己的人格归属。因而，一个人的行为总是受到许多群体的强烈影响。这些参考群体中既包括属员群体，也包括崇拜性群体、隔离性群体。属员群体如学生受成员群体的影响大，他们希望穿着与伙伴相同或是被同伴认可的时尚服饰；许多人在选择服饰时总是将家庭其他成员或朋友作为参谋，希望自己的时尚服饰能够得到他们的认同；崇拜性群体的影响力对青年人比较大，青年人一般都有自己的崇拜者，如歌坛的追星族等。一个人在一生中会参加许多群体，然而每个人在各群体中的位置可以用角色和地位来确定。角色是周围人对一个人的要求，是指一个人在各种不同场合中应起的作用，而一个人同时扮演的每一个角色都将在某种程度上影响他的购买行为。每一个角色又都伴随着一种地位，这一地位反映了社会对他的总体评价。由于各种消费品已成为一个人地位的标志,所以消费者总是小心地选择与自己地位相配的产品,如交通工具、家庭装饰、时尚服饰等。

社会文化环境影响消费者的时尚服饰选择,时尚服饰企业必须注意社会文化环境的影响以及文化环境变化的发展趋势。时尚服饰企业总是以一定地区、一定年龄的消费者为目标市场,因而必须了解这类目标市场的价值观念、风俗习惯、审美观念等等。中国人普遍的求同心理往往会使一种产品的流行变化十分迅速,这就要求时尚服饰企业善于把握这种现实的市场机会。而亚文化群体由于具有较为接近的生活习惯、行为方式,因而更易于作为企业细分市场的标准。民族特性、宗教文化、地理及亚文化都将影响不同群体对时尚服饰的选择,企业必须了解掌握这些不同的特性,各种社会阶层民众在时尚服饰上具有不同的偏好,企业一旦选定了一定的社会阶层为目标市场,就必须以目标市场的偏好为依据,制定相应的产品、价格、促销策略,由此获得预期的收益。

**练一练:**试着以小组为单位编写某时尚服饰企业宏观环境分析报告,并展开讨论。

**任务小结:**完成本任务后,请进行自我测试:你是否能够独立完成市场营销宏观环境分析任务?

## 任务4 时尚服饰市场营销环境的分析与营销对策

### 一、时尚服饰企业对营销环境的态度

时尚服饰市场营销环境的动态性,使时尚服饰企业在不同的时期面临着不同的市场营销环境。而不同的市场营销环境,既可能给时尚服饰企业带来机会,也可能给时尚服饰企业带来威胁。对时尚服饰企业营销环境的分析与评价,始终是时尚服饰营销者制订营销战略、策略和计划的依据。高明的营销者总是严密地监视营销环境的发展和变化,善于分析、评价、鉴别由于环境变化造成的机会与威胁,以便采取相应的态度和行为。一般而言,时尚服饰企业面对环境的态度有以下两种。

#### (一)消极适应

消极适应的态度认为环境是客观存在、变化莫测、无规律可遵循的。时尚服饰企业只有被动地适应而不能够主动地利用。因此,时尚服饰企业只能根据变化了的环境来制订或调整营销策略。持这种态度的营销者忽视了人和组织在环境变化中的主观能动性,而始终跟在环境变化的后面走,维持或保守经营,缺乏开拓创新精神。因此,难以创造显著的营销业绩,容易被激烈的市场竞争所淘汰。

#### (二)积极适应

此种态度认为时尚服饰企业在与环境的对立统一中,时尚服饰企业既依赖于客观环境,同时又能主动地认识、适应与改造环境。营销者积极主动地适应环境,主要表现在

三个方面：一是认为不可控的环境的发展变化是有规律可循的，企业可以借助于科学的方法和现代营销手段，研究并揭示出营销环境的变化规律，准确预测环境的发展趋势并及时制订和调整营销策略与计划。二是把适应环境的重点放在研究环境发展的变化趋势上，根据环境变化趋势制订营销战略，使得环境发生实际变化时，企业不至于措手不及，也不会盲目跟在辩护了的环境喉头而被动挨打。三是通过各种宣传手段如广告、公共关系等，来创造需求、引导需求，从而影响环境、创造环境，促使某些环境因素朝着有利于企业实现其营销目标的方向发展变化。

## 二、环境威胁与机会分析

如前所述，随着世界经济全球化、一体化过程的加快，技术的日新月异尤其是全球信息网络的建立和消费需求的多样化，时尚服饰企业所处的环境更为开放和动荡。这种变化几乎对所有企业都产生了深刻的影响，正因为如此，环境扫描成为一种日益重要的企业职能。环境发展趋势基本上分为两大类：一类表示环境威胁，另一类表示环境机会。

### （一）环境威胁分析

环境威胁是指环境中一种不利的发展趋势所形成的挑战，如果不采取果断的战略行为，这种不利趋势将导致公司的竞争地位被削弱。企业面对环境威胁，如果不果断采取营销措施避免威胁，其不利的环境趋势必然会侵害企业的市场地位，甚至使企业陷入困境。因此，营销者要善于分析环境发展趋势，识别环境威胁或潜在的威胁，并正确认识和评估环境威胁的可能性与严重性，以采取相应的措施。

1. 环境威胁矩阵

在分析环境威胁时，通常考虑环境威胁出现的概率和威胁的严重程度两个方面，用矩阵图分析威胁对企业带来的后果。下例反映了环境威胁的分析过程。

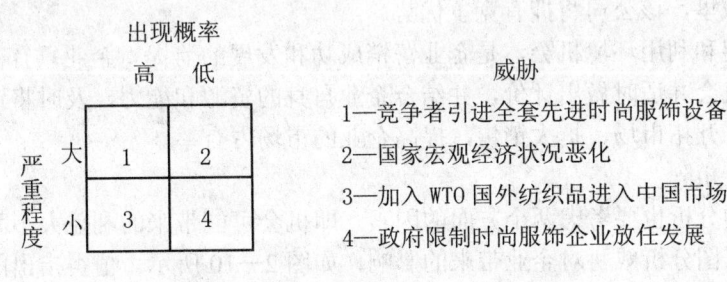

| | 出现概率 | | 威胁 |
|---|---|---|---|
| 严重程度 | 高 | 低 | 1—竞争者引进全套先进时尚服饰设备 |
| 大 | 1 | 2 | 2—国家宏观经济状况恶化 |
| 小 | 3 | 4 | 3—加入WTO国外纺织品进入中国市场 |
| | | | 4—政府限制时尚服饰企业放任发展 |

图2—9 某时尚服饰企业环境威胁分析

2. 事例分析

以某时尚服饰企业的状况，并按威胁的严重性和出现的可能性做出的某时尚服饰企业的威胁矩阵，以作启示。

由图2—9可知：第1种威胁，即竞争者引进全套先进时尚服饰设备的威胁是关键性的。它将严重危害某时尚服饰的利益企业，并且出现的可能性很大。因为时尚服饰的生产技术对于时尚服饰企业的生产和效益起到至关重要的作用，而且引进全套先进设备时尚服饰生产技术对于大的时尚服饰企业来说并非难事。因此，某时尚服饰企业必须对这一威胁有清醒的认识，并准备相应的计划。

第4种威胁，即政府限制时尚服饰企业放任发展的威胁比较微弱，可以不必太重视。

第2种威胁，即国家宏观经济环境恶化的威胁虽然对时尚服饰企业的影响很大，但出现的可能性较小。

第3种威胁，即加入WTO国外时尚服饰逐渐进入中国市场的威胁，尽管由于其价格高和销售成本较高，而不会严重削弱时尚服饰企业的优势，但其出现的可能性却非常大。

对后两种威胁，尤其是第三种威胁某时尚服饰企业需要密切加以关注，因为中国要加入世界贸易组织，国外时尚服饰的价格可能大幅度下降，因此第三种威胁可能发展为重大威胁。事实证明，时尚服饰企业的确受到了第一和第三种威胁。

3. 面对威胁时尚服饰企业的对策

时尚服饰企业对环境威胁一般可以采取三种基本策略。

（1）反抗策略。反抗策略即企业利用各种不同的手段限制不利环境对企业的威胁作用，或者促使不利环境朝有利的方向转化。

（2）减轻策略。减轻策略即调整市场策略来适应或改善环境，以减轻环境威胁的影响程度。

（3）转移策略。转移策略即对于长远的、无法对抗和减轻的威胁采取转移到其他的可以占领并且效益较高的经营领域或干脆停止目前的经营。这是万不得以采取的策略。企业在采取转移策略时需要果断。

## （二）环境机会分析

同样，营销人员也应该识别环境变化所带来的重要的环境机会。所谓环境机会是指营销环境中对企业有利的各种因素的综合。这些因素构成了对公司行为富有吸引力的领域，在这一领域里，该公司将拥有竞争优势。

有效地捕捉和利用环境机会，是企业营销成功和发展的前提。企业只有密切注意环境变化带来的机会并适时做出评价，并结合企业自身的资源和能力，及时将市场机会转化为企业机会，开拓市场、扩大销售，提高企业的市场占有率。

1. 环境机会矩阵

环境机会的分析也要考虑两个方面的因素，即机会可能带来的利益大小和机会出现的概率。用矩阵图分析威胁对企业带来的影响，如图2—10所示。值得指出的是，公司在每一个特定机会中的成功概率取决于它的业务实力是否与该行业的关键成功因子相匹配。

由图2—10可知，一个公司应该努力捕获的最佳机会是图左上角的那些机会，即吸引力大、成功的概率高的机会；而对右下角的机会可以不必考虑。最后，对右上角和左下角的机会，企业应该密切加以关注，因为其中任何一个机会的吸引力和成功概率都可能因环境的变化而变化。

最后强调一点，一个企业仅仅能够识别环境带来哪些机会和威胁是不够的，还必须

# 时尚服饰营销

具有对这些机会和威胁做出迅速反应的能力,对那些持续时间短的重大机会或比较突然的威胁,企业必须做出快速的反应和果断的决策,而要做到这一点,就必须拥有很强的核心能力。

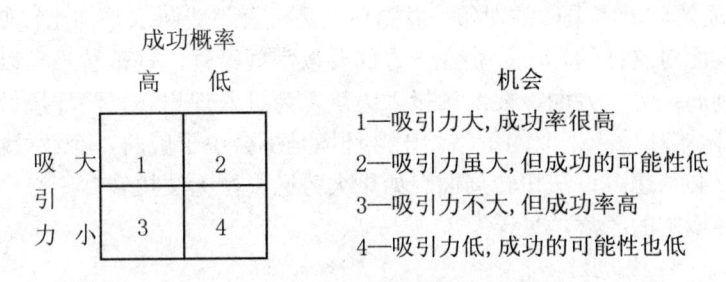

```
              成功概率
              高    低              机会
                                    1—吸引力大,成功率很高
吸  大    |  1  |  2  |
引                                  2—吸引力虽大,但成功的可能性低
力  小    |  3  |  4  |
                                    3—吸引力不大,但成功率高
                                    4—吸引力低,成功的可能性也低
```

图 2—10　环境机会矩阵

2. 面对市场机会时企业的策略

对于企业面临的环境机会,必须慎重对待:要考虑到机会是公开的,企业应该关注竞争对手的存在;要考虑到机会是有时间性的,企业应该即时反应;要考虑到机会在理论与实践上是不平等的,企业要充分估计到机会所带来的潜在风险;要考虑到机会是多样的,企业要抓住主要的机会。

### (三) 机会—威胁综合环境分析

在企业实际面临的客观环境中,单纯的威胁环境和社会环境是少有的。一般情况下企业的营销环境都是机会与威胁并存,利益与风险结合在一起的综合环境。

1. 综合环境分析矩阵

一般情况下,我们可以根据综合环境中的威胁水平和机会水平的程度,将环境分成四种类型,见图 2—11 所示的矩阵。

图中序号 2,机会与威胁水平都高,属于冒险型环境。图中序号 1,机会水平高,威胁水平低,处于一种理想的环境。图中序号 4,机会水平低,威胁水平高,企业经营困难,是不理想的环境。图中序号 3,机会水平和威胁水平都比较低,企业所处的环境属于成熟型。

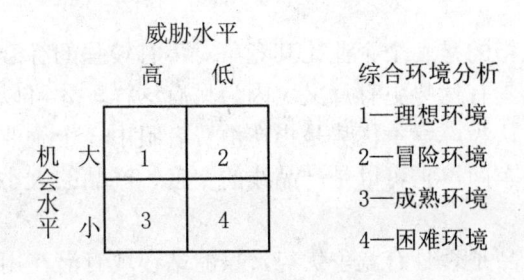

```
              威胁水平
              高    低              综合环境分析
                                    1—理想环境
机  大    |  1  |  2  |
会                                  2—冒险环境
水  小    |  3  |  4  |
平                                  3—成熟环境
                                    4—困难环境
```

图 2—11　综合环境矩阵

2. 面对威胁—机会综合环境企业的营销策略

(1) 面临理想环境的对策。理想环境是机会水平高、威胁水平低、利益大于风险,是企业难得遇到的好环境,企业要抓住机遇,开拓经营,创造营销佳绩。

（2）面临冒险环境的对策。冒险环境是机会与威胁水平都比较高，在存在很高利益的同时也存在巨大的风险。面临这样的环境，企业必须加强调查研究，进行全面分析，发挥专家优势审慎决策，以降低风险，争取利益。

（3）面对成熟环境应采取的对策。成熟环境是机会与威胁水平都比较低，是一种比较平稳的环境。面对这样的环境，企业一方面要按常规经营，规范管理，以维持正常运转，取得平均利润；另一方面，要继续投入力量，为进入理想和冒险环境做准备。

（4）面对困难环境应采取的策略。困难环境是机会小于威胁，企业处境十分困难。面对困难环境，必须想方设法扭转局面。如果大势已去，无法扭转，则必须果断采取决策，撤出在该环境中的经营，另谋发展。

## 三、态势分析（SWOT）

SWOT分析法是由美国著名的战略学家迈克尔波特提出的一种分析环境的方法。它是在分析环境的基础上结合企业自身的优势和劣势，提出相应的市场战略的一种方法。

SWOT是优势（Strengths）、劣势（Weakness）、机会（Opportunities）和威胁（Threats）的缩写。因此，SWOT分析实际上分析组织的优劣势、面临的机会和威胁的一种方法。应该指出的是，优劣势分析主要是着眼于企业自身的实力及其与竞争对手的比较，而机会和威胁分析将注意力放在外部环境的变化及其对企业的可能影响上，但是外部环境的同一变化给具有不同资源和能力的企业带来的机会与威胁却可能完全不同。因此，两者之间又有紧密的联系，这也是我们将它们综合在一起的原因。

### （一）企业优劣势分析（SW）

一般认为，当两个企业处在同一市场或者说它们都有能力向同一顾客群体提供产品和服务时，如果其中一个企业有更高的盈利率或盈利潜力，那么我们就认为这个企业比另外一个企业更具有竞争优势。换句话说，所谓竞争优势是指一个企业超越其竞争对手的能力，这种能力有助于实现企业的主要目标，反之为劣势。但是值得注意的是：竞争优势并不一定完全体现在较高的盈利率上，因为有时企业更希望增加市场份额以获得长期的盈利。

上述竞争优势实际上指的是一个企业比其竞争对手有较强的综合优势。而事实上，明确企业究竟在哪一方面具有优势更有意义。因为只有这样，才可以扬长避短，或者以实击虚。为此，我们可以认为，竞争优势是指在消费者眼中一个企业或它的产品有别于其竞争对手的任何优越的东西，它可以是产品线的宽度、产品的大小、质量、可靠性、适用性以及风格和形象等。

衡量一个企业及其产品是否具有竞争优势，只能站在现有潜在用户角度上，而不是站在企业的角度上。需要强调指出的是，直到今天，我国仍有一些企业和设计部门总是醉心于自己的产品构思或设计，或者不切实际地高估产品的市场潜量，或者抱怨消费者的识别能力不够，殊不知从消费者的角度来判断企业及产品才是最重要的。

由于将企业看作一个整体，认识竞争优势比较困难，以及由于竞争优势来源的广泛性。所以，在做优劣势分析时必须从整个价值链的每个环节上，将企业与竞争对手作详细的对比。如时尚服饰设计是否新颖，制造工艺是否复杂，销售渠道是否畅通，以及价格是否具有竞争性等。如果一个企业在某一方面或几个方面的优势正是该行业企业应具备的关键成功要素，那么，该企业的综合竞争优势也许就强一些。

影响竞争优势维持时间的三个关键因素是建立某种优势要多长时间、能够获得的优势有多大及竞争对手做出有力反应需要多长时间。企业只有弄清这三个因素，才能够明确自己在建立和维持竞争优势中的地位。

### （二）机会与威胁分析（OT）

环境机会与威胁分析我们前面已经讲过，这里不再赘述。

### （三）SWOT分析矩阵

企业针对内外部环境条件中的关键战略要素进行匹配，可以设计出四大类基本战略方案，如表2—1所示。

表2—1 SWOT分析示意

| 外部环境 | 内部条件 | |
|---|---|---|
| | 优势（S）（具体列出） | 劣势（W）（具体列出） |
| 机会（O）（具体列出） | SO战略 依靠内部优势，利用外部机会 | OW战略 利用外部机会，克服内部劣势 |
| 威胁（T）（具体列出） | ST战略 利用内部优势，克服外部威胁 | WT战略 减少内部劣势，克服外部威胁 |

正如表2—1所示的那样，企业首先要分析外部环境存在的机会和威胁，然后分析自己在竞争中的优势和劣势，采取适当的措施。具体措施为依靠内部优势利用外部机会；利用外部机会克服内部劣势；利用内部优势克服外部威胁；减少内部劣势克服外部威胁等四种。

例如，我们对一家网店"小林袜管家"进行SWOT分析，可以采用表2—1这种SWOT分析表，根据SWOT分析结果做出相应营销决策，如表2—2所示。

在做SWOT分析的同时，有必要跟踪并仔细观察公司所处的市场环境的发展，因为经常会产生一些变化使原先的SWOT分析结论与决策变得不恰当。有时巨大的商机会出现在突然变化的商业环境中。比如，某一非常大的竞争对手、客户或供应商突然倒闭、迁址或其他客户合并而导致的环境的变化而为你的公司所带来的收益机会。所以应该定期重新评估，随时做必要的修改，确保要分析和可比成分的准确和新颖性。对享用的数据和资料进行充分的分析是SWOT取得实效的关键所在。另外，进行重大决策时，仅仅运用SWOT分析也是不够的，还要考虑到其他方法的综合运用，尤其要对变化的市场和竞争环境有比较清醒的认识。

表2—2 小林袜管家SWOT分析表

| 优劣势 | 机会、威胁与战略 | |
|---|---|---|
| | 机会（O） | 威胁（T） |
| | （1）中国人口众多，袜子作为民生的必需品市场份额连年递增，市场发展空间巨大。<br>（2）中国经济将保持较快增长，带动消费。<br>（3）随着全球经济一体化，更有利于加强中国袜子企业与国际交流，在全球范围内树立中国企业的品牌形象。 | （1）竞争者的威胁及新品牌的出现，使竞争压力加大。<br>（2）各种廉价、无品牌质量保证的低价袜子的出现。<br>（3）消费层次逐年提高，消费者个性消费趋势更加鲜明，消费者时尚品牌鉴赏能力的快速提高，企业产品跟不上流行趋势。 |
| 优势（S） | 优势机会战略（S.O） | 优势威胁战略（S.T） |
| （1）小林袜管家的大众化品牌定位，使其拥有不可限量的市场空间。<br>（2）全面推行特许加盟制，JUZU的专卖网点数量持续上涨<br>（3）专业的品牌推广，社会化的生产<br>（4）开设了微信公众号、微海报的宣传<br>（5）企业的技术实力雄厚，产品新颖，实用性、时尚性都很强 | （1）充分利用现有市场，着力品牌推广。<br>（2）借助集团力量遴选渠道，发挥规模经营优势。<br>（3）抓住网上营销先机，利用整合营销传播提升品牌形象。<br>（4）从外贸向内销转型，凭借之前的经验扩展国内市场。 | （1）利用企业规模优势，巩固并拓展袜业市场的领域。<br>（2）充分完善品牌定位，构筑产品系列，提升品牌发展空间。<br>（3）充分运用时尚因素来跟配合时代的发展。 |
| 劣势（W） | 劣势机会战略（O.W） | 劣势威胁战略（W.T） |
| （1）产品档次不高，对外依赖性强。<br>（2）产品款式不够新颖，功能不全。<br>（3）缺乏专业设计人才、设计能力弱。<br>（4）营销力度不够，营销渠道单一。 | （1）利用各种手段，提升产品档次和功能。<br>（2）找到适合自身发展的创新道路，提高研发能力。<br>（3）利用集团优势，加大创新投入。 | 明确以品牌为主的策略，有目的、有意识地开展整合营销方式进行传播，尽可能提升品牌价值，统一、明确核心价值来向消费者传达其品牌形象。 |

**练一练**：试着以小组为单位针对某时尚服饰企业经营环境的变化，撰写分析报告并进行讨论。

**任务小结**：完成本任务后，请进行自我测试：你是否能够根据时尚服饰企业经营环境的变化进行策略制定？

## 项目二  小结

在项目二中,我们主要的任务是对时尚服饰市场环境的分析。在分析的过程中,我们要注意辨别哪些现象给时尚服饰企业带来机会,哪些现象给时尚服饰企业带来威胁,同时能根据具体情况找出企业的相应对策。

完成本项目后,应能够了解时尚服饰市场营销环境分析的基本内容,并能根据分析结果设计编写出策略方案。

**同步案例**

2021 年,首场寒潮来袭,各地大降温。刚刚迎来新年开工的网友们紧急下单羽绒服,加购防寒取暖装备。据淘宝发布的今冬首份"取暖冷知识报告"显示,近期成交的羽绒服,平均厚度比 2020 年同期增加了 28 克。

据了解,一件中等厚度的羽绒服的充绒量在 202 克左右。有意思的是,淘宝上南北方消费者购买羽绒服的重量厚度也大致遵循一条神奇的"羽绒服 202 克线"原则,即往北羽绒服厚度递增,平均厚度为 252 克;往南逐步递减,平均厚度为 149 克。在往年,羽绒服 202 克分界线基本和秦岭淮河线大致重合。而 2021 年,受到最强寒潮的影响,这条南北方羽绒服厚度分界线首次出现了大幅度南移!

淘宝取暖冷知识显示,面对这股强劲寒潮,全国人民都积极"备战"。2021 年 1 月 6 日,北京出现了 1966 年以来的最低温 -19.6℃。低温之下,北京市民在淘宝上搜得最多的一个词就是"防风面罩",第二名是"东北人过冬耐寒裤"。而海南人民也终于穿上了羽绒服,上周,海口网友的羽绒服下单量环比前一周增加了 306%。

**思考与练习**:试运用营销环境知识分析"寒潮凶猛淘宝羽绒服'202 克线'首次南移"现象。

**同步实训:**

**实训一  宏观营销环境分析**

一、实训内容

以小组为单位,为一家时尚服饰企业开拓本地市场做市场营销宏观环境分析。

二、实训程序

以小组为单位,制作 PPT,每组派代表进行 PPT 演讲演示,其他组学生提问,教师点评。

三、考核要点

学生对影响时尚服饰企业的宏观环境因素分析是否适当,联系是否紧密,时尚服饰产品能否主动适应宏观环境的影响。

**实训二  SWOT 分析**

一、实训内容

选一家时尚服饰企业收集有关市场营销环境的资料,运用 SWOT 分析法分析这家企业。

二、实训程序

以小组为单位,制作 PPT。每组派代表进行 PPT 演讲演示,其他组学生提问,教师点评。

### 三、考核要点

通过分析该时尚服饰企业，列出其优势、劣势、机会、威胁，分析在现有的内外部环境下，企业该如何最优地运用自己的资源，并确定企业目前可以采取的营销战略。

**同步测试：**

### 一、关键概念

市场营销环境　　宏观营销环境　　微观营销环境　　SWOT分析法

### 二、单项选择题

1. （　　）是向企业及其竞争者提供生产经营所需资源的企业或个人。
   A. 供应商　　　　　　　　　　　B. 中间商
   C. 广告商　　　　　　　　　　　D. 经销商

2. （　　）主要指一个国家或地区的民族特征、价值观念、生活方式、风俗习惯、宗教信仰、伦理道德、教育水平、语言文字等的总和。
   A. 社会文化　　　　　　　　　　B. 政治法律
   C. 科学技术　　　　　　　　　　D. 自然资源

3. （　　）是人们在生存和发展中感到不足，希望通过获得相应的东西以求得到满足的一种心理现象。
   A. 欲望　　　　　　　　　　　　B. 需要
   C. 需求　　　　　　　　　　　　D. 期望

4. 兴趣可以影响时尚服饰消费者购买行为，这种因素属于（　　）。
   A. 产品因素　　　　　　　　　　B. 心理因素
   C. 收入因素　　　　　　　　　　D. 文化因素

5. SWOT分析中的优势"S"是指（　　）
   A. 个人或企业外部威胁因素　　　B. 个人或企业外部机会因素
   C. 个人或企业内部优势因素　　　D. 个人或企业内部劣势因素

### 三、思考题

1. 与消费者市场规模及需求结构关系密切的经济环境因素，怎样影响和制约时尚服饰企业的营销活动。

2. 时尚服饰企业面临环境威胁时，如何选择对策请联系实际举例说明。

**与本项目相关的视频请扫二维码**

# 项目三

# 时尚服饰市场调查与预测

**能力目标：**
通过完成本项目，你能够：
1. 认识时尚服饰市场调查和预测的概念、类型、内容和步骤
2. 时尚服饰市场预测的概念、种类、内容和程序

**核心能力：**
将市场调查和市场预测的方法应用于时尚服饰营销职业活动

**具体任务：**
任务1　时尚服饰市场调查
任务2　时尚服饰市场预测
任务3　时尚服饰市场营销信息的管理

**【引导案例】**

2021年1月，腾讯营销洞察（TMI）与人民网研究院发布《95后年轻人注意力洞察报告》（以下简称《报告》），对95至00年出生的年轻人的注意力分配情况进行研究，并由此重点分析了包括美妆、服饰、轻奢、食品饮料及中国强制性产品认证（以下简称3C）五大行业的营销机遇。

《报告》指出"探享当下，乐聚社交"是95后年轻人的注意力分布模式与特征。从时间分布上看，95后注意力几乎全天在线。晚上20点至凌晨2点是年轻人自我享受的私人时间段。以年为周期，95后乐于为具有各种花式玩法的西方节日和纪念日尽情消费。从内容上看，95后注意力分布多元，注重娱乐休闲，也关心个人的未来发展。关注明星、游戏、亚文化、休闲娱乐等内容，也开始聚焦教育、求职等未来发展规划。就参与度而言，听音乐（59%）、看视频（短视频58%、长视频55%）和打游戏（53%）是近三个月95后最重要的注意力承载形式。兴趣圈层和微信小程序、社群、公众号等私域渠道成为触达其注意力的主要途径。

值得关注的是，疫情宅家让95后更加关注长视频。不止于看剧享受休闲时光，他们也爱通过刷纪录片、学习好课来不断开阔眼界、提升自己。他们的注意力逐渐从短视频向长视频迁移，在长视频落地发酵。

在消费层面，95后年轻人的网购习惯发生变迁。可购买的渠道更加丰富、操作更加

便捷、购买链路也变得更短。除综合电商外，更多年轻人选择在微信小程序、社群、公众号等私域渠道购买（42%）。

《报告》指出，95后在公域购买热情不减，对私域消费也已习以为常，他们为品牌调性和内容质感设立了独特的门槛。因此，《报告》表示，注重立调性×建社区×提质感，同时把握住公域与私域的注意力，成了各大行业品牌吸引95后年轻人注意力的捕获模式。

对此，《报告》提出建议：美容美妆行业品牌可通过制造热点话题引起关注，借社交平台、直播或长短视频之力引发社交裂变，通过明星红人和兴趣圈子传递优质内容与产品信息，可以促进购买转化。而潮服品牌可以通过 IP 合作、跨界联名与高颜值展示方式引发消费者的品牌共鸣，实现品牌传播和购买转化。针对轻奢行业品牌，应该着重打造品牌调性、布局优质内容，发挥影视综的种草力，运用直播、短视频、朋友圈广告等方式精准触达消费者种草；在食品饮料行业，可借助圈子营销，巧借社交媒体引发社群分享和二次传播；而 3C 行业品牌，需要打造优质广告内容，利用社媒精准传播，通过直播进行产品深度种草，鼓励用户线下体验、线上测评分享，运用社群培养优质种子用户，全渠道多触点链接社交电商公私域，可以促成购买转化。

# 任务1　时尚服饰市场调查

**任务提示**：本任务将引领你了解时尚服饰市场调查的概念、类型、内容和步骤。

**任务先行**：时尚服饰市场调查有几种类型？具体如何去进行市场调查？市场调查报告如何撰写？解决这些问题请往下学习。

## 一、时尚服饰市场调查的含义与作用

### （一）时尚服饰市场调查的含义

时尚服饰市场调查就是运用科学的方法，系统地搜集、记录、整理和分析相关市场的信息，从中了解市场的供求、价格等调节机制的发展变化，为时尚服饰企业市场预测和经营决策提供科学依据。利用其引导企业的资产投资方向、产品开发以及经营过程等。所以说，市场调查的基本功能是将市场情报反馈给企业的决策者，向其提供营销战略调整的依据。

### （二）时尚服饰市场调查的作用

由于市场经济的不断发展，市场的信息数量膨胀，在纷繁复杂的环境中，企业难以凭少量、分散的信息把握市场的趋势。时尚服饰企业通过市场调查来了解目标市场的现状，对企业在目标市场的营销中存在的问题进行判断，进而对时尚服饰市场发展趋势进行全面、系统的预测。时尚服饰市场调查的作用体现在以下几个方面。

1. 时尚服饰市场波动往往是多种因素造成的，凭经验不能够正确判断，只有通过市场调查才能为制定相应的调整措施提供依据。例如当时尚服饰企业的销售量、产品价格、产品在消费者心目中的形象发生较大波动时，可采取市场调查寻找原因。

2. 发现新的市场机会

时尚服饰企业需要进行时尚服饰产品开发或市场开发时，通过市场调查，可以及时捕捉到各类市场信息，经过分析了解消费者需求的特征或市场空间的大小，使产品开发符合市场的需要。

3. 可以掌握营销环境的变化

时尚服饰企业在顺利发展壮大的时候，更需要特别重视营销环境变化对企业产生的影响，如供求、竞争对手等的情况。市场调查能够帮助企业及时发现这些，适应环境的变化。

4. 有利于企业促进商品销售

商品销售是商业企业业务活动的中心。扩大商品销售，加快资金周转，将商品尽快从流通领域输送到消费者手中，是商业企业履行职能的客观要求。商业企业通过市场调查，掌握消费者的购买心理和购买动机，为搞好商品的广告宣传提供重要信息。

5. 有利于提高时尚服饰企业的管理水平和竞争能力

重视市场调查是时尚服饰企业从经验管理转向科学管理的重要标志。通过市场调查企业不再凭经验进行决策，而是在调查的基础上，掌握市场动态，包括市场的竞争状况，在充分的市场调查的基础上，进行科学管理。

## 二、时尚服饰市场调查的类型与步骤

### （一）市场调查的类型

由于调查者的目的和出发点不同，调查的内容和范围也不一样。作为宏观决策的市场调查不同于微观决策的市场调查，作为生产者的市场调查也不同于商品经营者的市场调查。按调查目的的不同，市场营销调查可分为描述性调查、因果性调查和探测性调查。

1. 描述性调查

这是对时尚服饰市场历史与现状的客观情况如实地加以反映的一种调查方法。是在已明确所要研究目标的重点后，拟订调查计划，对所需资料进行收集、记录、整理和分析，找出事物之间的联系。将分析结果如实叙述表达，从而起到描述市场现状的作用。

2. 因果性调查

因果性调查是为了找出事物之间的因果关系而进行的调查。是侧重于了解市场变化原因的专题调查，分析市场上各种变量之间的因果性质的关系，以及可能出现的相关反应。如销售量、市场占有率、成本、利润等与价格之间的因果关系。以达到控制其因、获取其果的目的。

3. 探测性调查

探测性调查是企业为了明确进一步调查的内容和重点而进行的非正式调查。可以从方向上更准确地把握市场变化。

**【小案例】**

比如，某时尚服饰企业最近某种产品销售下降很快，是什么原因导致这种情况呢？是产品未能准确抓住消费者心理？是价格太高？是竞争对手的市场行为导致的吗？这些可能有不同的原因，不能逐一进行调查，通过探测性调查寻找最大可能、最主要的因素，确定调查重点和方向是最可行的方法。

探测性调查的主要方法是对所能够获得的手头现有的资料进行分析，通过询问一些对调查主题可能有了解的相关人，对以往类似的案例进行比较分析。如果是较简单的问题，通过探测性调查可能已经能够弄清楚，就可以不再进一步调查。

### （二）时尚服饰市场调查的步骤

时尚服饰市场调查是一项复杂、细致、涉及面广、对象不稳定的工作。为了取得良好的预期的效果，必须加强准备工作，合理安排调查步骤。

**【小案例】**

比如，时尚服饰企业在复杂的市场竞争中为了更好地满足市场消费需求，确立时尚服饰产品的特色，时尚服饰企业的决策者可以开展市场消费调查，认识在消费者印象中本企业产品与其他企业同类产品的差别，以此调整企业的经营战略，形成企业产品的竞争优势，树立本企业的品牌形象。

根据大量市场调查的实践，调查的步骤应循序渐进，认真落实，才能保证获得调查结果的质量。不同类型的市场调查，程序不尽相同，大致都要经过以下步骤。

1. 调查准备阶段

这一阶段主要是明确调查目的，是市场调查首先要解决的主题。总的来说，市场调查应收集与企业生产经营有关的情报信息，经过分析整理，提供给企业作为决策的参考，为市场预测和经营决策服务。由于具体每次市场调查的目的有所差别，所以，在市场调查之前，首先要明确以下内容：

（1）做这次调查的原因是什么？

（2）通过调查想要了解的情况是哪些？

（3）调查结果用于何种用途？

通常情况下，调查人员所设想的市场调查，起初往往涉及的面较宽，提出的问题也比较宽泛。所以，先通过初步调查，找出存在的主要问题，确定此次调查的出发点，以此判断市场调查所属的类型。

初步调查，可以找出企业经营管理的症结所在，选定该次调查问题的主题。初步调查通常有以下三种形式：

第一，利用得到的间接资料进行分析。

第二，征求有关管理决策者和专业人员的意见，利用他们对市场问题的分析，开拓调查思路，对相关人士提出的主要问题做出科学的选择和判断。

第三，开展小规模的探测性调查，把得到的探测性调查资料作为依据进行分析。

在初步调查和分析过程中，还有市场调查的范围与调查对象的问题需要解决，这样可

## 时尚服饰营销

使调查目标更加集中。市场的调查范围和调查对象，将直接影响市场调查的工作量和工作效率。应该使调查范围与对象清晰，否则在调查中很可能出现资料信息不全或信息杂乱、资料庞杂等问题。如消费时尚服饰的对象是个人还是家庭，在调查之初应该明确。对有些与此次调查关系不大的调查范围与对象应予以排除，以使调查工作更集中，效果更显著。

这个阶段的工作是对市场进行初步分析。初步分析的信息来源于两部分：企业内部的资料，包括各种业务记录、各种报表等；企业外部资料，包括如国民经济统计公报、报刊公开发表和本行业内部发表的市场调查报告等。

这一阶段具体工作程序分两步：

首先，确定市场调查的范围和调查目的。调查范围的确定，一般可以从区域上确定市场调查的范围，根据商品使用对象确定调查的群体范围，并且确定本次调查的直接目的，或者提出要解决的主要问题。通常可以采用设问法来进行。如：这次调查的原因？调查后获得什么资料？了解情况后有什么用途？

其次，制定调查计划。调查计划的内容有：调查时间、调查地点、调查人员、调查对象，调查的具体项目，调查的费用预算，调查的方法。制定调查计划后，还要进行调查人员的培训、调查表格的印制等相应的准备工作。

2. 调查实施阶段

在市场调查中该阶段是最复杂的，实际影响调查的因素也比较多，调查人员的素质是影响比较大的因素。该阶段的主要任务是开始对与调查有关信息资料进行收集。具体包括调查项目的选择与安排、调查方法、调查形式、调查人员、调查费用等。

（1）调查项目的选择与安排。调查项目的选择与安排主要是指为了实现调查目的所须取得资料的项目，目的是取得调查资料。它常根据主题分解为调查提纲和调查细项。其中，调查提纲说明实现市场调查目的主题，调查细项需要说明实现调查提纲必须取得的资料。

**【小案例】**

比如对"女式职业装的消费者最喜欢与最不喜欢的面料是什么？"这样一个调查问题，需要收集的资料有两方面：一是消费者个人基本资料，比如性别、收入、职业、文化程度及年龄等；二是具体对商品对象的评价，如服装的面料、色彩、款式、包装、品牌、销售场合及价格等。

调查项目选择的原则取决于调查目的的主题和调查结果的用途。项目切忌过多，同时要求每个项目要有具体的说明，并且要注意项目之间的相互关系。

（2）调查方法。调查方法是指取得资料的方法。调查中有四种基本的资料收集方法，即访问法、观察法、实验法和态度测量表法。具体采用哪种方法要依据资料的来源、调查任务紧迫程度和收集资料的成本等因素。在综合考虑每一种调查方法的管理方面问题基础上，进行最佳的选择。

（3）调查形式。调查形式是指获取第一手资料的组织形式。第一手资料要通过实地调查，从调查对象那里获取。实地调查的方法有访问法、观察法和实验法。而调查对象指涉及的调查范围与对象。因此，调查组织形式的选择包括调查的地点、调查的对象、组织调查的形式（包括选择样本数目和抽样方法）等。

选择调查地点首先要确定区域范围，首先要考虑选择在一个地区还是几个地区调查。

如果是在一个城市调查的话,是要在一个区还是在几个区调查。其次是考虑调查对象的居住地点,是集中还是平均分布于不同的地区。

选择调查对象,即确定调查对象所应具备的条件。调查对象是谁,通常要根据调查类型来确定。如时尚服饰消费者调查,调查对象为产品的每一个使用者或购买者,即消费者个人或家庭。

选择调查的组织形式,是指选定收集第一手资料进行实地调查的组织形式。我们把在一定调查范围内的全体调查对象称之为调查总体。对调查总体通过实地调查来收集第一手资料称为市场普查,这种方法费用较高。收集资料的另一种方法是抽样调查,即通过实地调查总体当中的某一部分来确定整个总体特征。在市场调查中,调查者从所需了解的总体中选择出来的一部分,称为样本。

在确定调查地点、调查对象条件、调查组织形式时,要用普遍联系的观点,它们与调查目的及要达到的调查目标有密切的关系。所以,要根据调查目的和调查目标进行选择。

(4) 调查人员。由于市场调查对象来自社会各阶层,他们在阅历、文化上有一定的差异。需要调查人员准备充分,并具有相当的思想水平、工作能力、业务技能等。具体有:

第一,具备一定的文化,以满足调查过程中的需要。要有良好的文字表达能力和计算能力。

第二,具备一定的经济学、市场学、统计学、企业管理的知识。以满足调查工作的需要。

第三,要有严谨、务实的态度。参加市场调查,不但工作任务复杂、繁忙,而且有时工作也很单调枯燥,所以需要有很好的工作态度。

第四,调查人员要有大方、得体的举止,富有亲和力的性格。调查中,调查人员能够得到市场调查所接触的社会各阶层对调查工作的配合是非常重要的。

加强对调查人员的培训是调查结果质量的保证。一方面,调查工作对象具有复杂多变性,工作能力的不断提高,需要通过培训来实现。另一方面,在市场调查工作量大的情况下,可能需要聘请一些临时的人员,如果不进行事先的培训,将给工作带来损失,所采集到的信息也会受到影响。因此,在市场调查工作开展之前,进行培训是十分必要的。

培训工作的内容主要包括两个部分:一部分是这次调查的目的;另一部分是调查工作技能。前一部分内容,可以通过讲授、报告的形式,使调查人员认识到本次工作的重要性和作用。通过培训还要介绍本次调查工作的过程、内容以及调查项目的意义,统计资料的口径,选择调查对象的原则、条件等。调查人员应该在工作上互相配合,互相衔接,通过解释调查问题使收集资料口径一致,避免由于人员理解不一致而导致的调查差错。另一部分内容是工作技能,包括如何面对调查对象,如何提问,如何解释,如何处理在调查过程中遇到情况等。

(5) 调查费用。市场调查活动都需要支出一定的费用。因此,在执行市场调查计划前,就要编制调查费用预算,申请调查费用的原则是节约、有效。即在调查费用有限的情况下,力争取得最好的调查效果。调查费用一般包括印刷费、资料费、交通费、选择样本支出、调查费、上机费、汇总费、人员开支和杂费等。以上费用要根据每次调查的具体情况而定。

**【相关链接】**

根据某些市场调查预算经验，整个访问调查费用大致包括以下几个部分：访问调查前期工作（包含明确目的和计划制定）约占20%；访问调查工作约占40%；汇总整理和统计工作约占30%；撰写报告约占10%。若是接受委托办理的市场调查，还需加上全部经费的20%～30%的服务费。其中访问调查工作是整个工作的重点，这阶段工作关系着整个调查工作的得失。

一般访问调查阶段经费的预算可按下式计算：

$$全部访问经费 = 抽样人数 \times \frac{日收费标准}{每日访问人数}$$

式中，抽样人数，即为抽样样本量；日收费标准，一般由单位职工日平均工资、外出调查日平均交通费和外勤日补助费组成；每日访问人数多少取决于访问调查的难易程度、访问员的素质以及管理水平，可参照以往经验来决定。

（6）调查计划的实施。包括工作进度日程、工作进度监督检查、对人员的考核等的具体安排。

工作进度日程，是对调查活动分阶段、分步骤的时间要求。体现在何时做好准备工作，何时开始培训工作，何时开始正式调查，何时完成资料整理工作，何时完成调查报告等方面？有了上述具体的时间要求，可以使调查的人员有工作责任心和时间紧迫感。他们互相协调，使得整个调查工作有序开展，也为工作检查提供依据。比如调查时间需要统一规定具体日期和调查的时点，以便统一部署工作，使资料口径一致，便于汇总分析情况。

工作进度监督检查，可以掌握调查的情况，及时发现问题所在，从而使整个调查活动顺利进行，圆满结束。伴随工作布置进行监督检查，将有利于实现工作目标。工作进度的监督检查，应该不影响调查工作的开展。有条件的情况下采取现场监督检查，或者每日工作之后有个简单碰头时间，交流工作情况，检查工作进度，随时发现、解决问题。

对调查人员的工作考核，也是按期按质完成调查工作的重要保证。对调查人员的考核，应结合其工作情况提出具体的考核标准，比如，在同等条件下有入户调查的数量；回收调查表格的数量；选定样本拒绝访问数；调查记录、资料整理差错数等考核指标。在以上考核指标中，前两个指标数量越多说明调查人员工作越负责细致；后两个指标数量越少说明工作越有成效。对调查人员的考核，要结合工作进度及时进行，以推动工作的进行，及时调整。

3. 分析结果阶段

调查人员将收集到的市场信息资料整理、汇总、归纳和整理，对信息资料进行分类编号，对资料进行初步加工。比如调查人员对收集到的市场信息进行统计汇总，计算出各种比例后制成各种统计图表，并撰写调查报告，将调查结果形成书面形式。这是整个调查工作的结束阶段。

市场调查所获得的资料通常大多数是分散的、零星的，某些资料还可能是片面的、不准确的。同时参加的调查人员往往比较多，且工作分散，获得的资料头绪纷繁。因此，为了反映市场的特征和本质。必须对资料进行整理加工，使之系统化、条理化，符合客观逻辑，能够对企业的决策具有指导作用。

分析结果阶段由两个步骤组成：

首先，汇总收集到的市场资料，分析研究市场情况。由专人收集整理获得的调查资料，对资料编号保存，然后制成相应的图表，进行分析。统计图表常见的有单栏表、多栏表、频数图、分布图和趋势图。如果调查内容比较单一，只是为了了解某一类市场情况，可以采用单栏表，如表3—1所示。

表3—1 某地某品牌西服拥有率表

| 某品牌西服 | 百分率（%） |
|---|---|
| 有 | 60 |
| 无 | 40 |
| 总计 | 100 |

单栏表只能表示一项特征，像上例只表示回答者西服的拥有率。在实际调查工作中，为了更大限度地利用调查结果，往往要了解两种或两种以上的特征。这时，则需列成多栏表。

表3—2是调查某地区某品牌西服拥有率时，加上个人月均收入这一特征制成的多栏式统计表。

表3—2 某地人均月收入与西服拥有率表

| 人均月收入 | 西服拥有率（%） | 无该品牌西服比率（%） |
|---|---|---|
| 2400元以下 | 10 | 90 |
| 2400元～4500元 | 20 | 80 |
| 4500元以上 | 30 | 70 |

增加一个特征后，可以使统计表提供更多的资料。从表3—2中不仅可以知道某品牌西服的拥有率，而且可以看出月人均收入与西服拥有率之间的关系，而且月收入愈高，该品牌的拥有量就愈高。

分析资料还可以列成图形。把收集到的数据标到一个坐标图上，可以直观地看到市场变化发展的趋势，如图3—1。

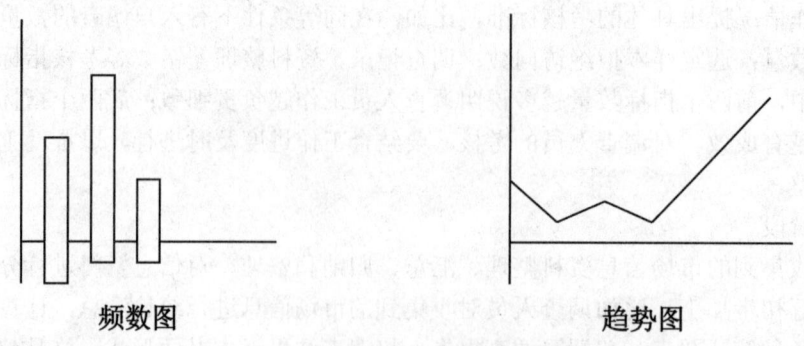

频数图　　　　　趋势图

图3—1 资料统计图形式

对资料进行统计分析，除了计算百分比的记录分析外，还需要对现象进行分析。进行现象分析时比较常用的基本方法有综合归纳法、对比分析法、典型分析法、相关分析法、时间序列分析法和因果分析法等。其中相关分析法、时间序列分析法、因果分析法的运用目的是进行预测。

其次,撰写调查报告,对调查结果进行跟踪。调查报告通常分为两种类型:一种是专业性报告,是供给市场研究人员参考。要求内容能够详细介绍调查的全过程,说明采用何种调查方式、方法,对信息资料如何取舍,如何获得调查结果等;另一种是一般性调查报告,是供给经济管理部门、部门的管理人员、企业的领导者等非专业人员。所以这种报告应该重点突出,介绍情况客观、准确,简明扼要,避免使用调查的专门性术语。

调查报告撰写过程中应注意:

(1) 阐述调查的目的主题与项目要简明。
(2) 减少技术处理过程的叙述。
(3) 尽量用图表表述问题。
(4) 报告语言简练、要点明确、层次清楚、突出主题。

在报告完成后,调查人员还要追踪市场调查结果,检查情况的落实,了解调查报告中所得出建议的执行情况。如果发现新情况就开始新一轮市场调查活动。

## 三、市场调查的内容

市场调查从生产经营活动为出发,是企业经营决策的前提,时尚服饰企业只有对市场需求变化有明确的认识,才能减少在生产经营中的风险,提高本企业的经济效益。时尚服饰市场调查的内容很广泛,包括时尚服饰市场环境调查、消费者专题调查、商品专题调查、流通渠道专题调查等。

### (一)时尚服饰市场环境调查

时尚服饰市场环境是在经营活动中企业所处的社会经济环境,是企业不可控制的,在生产经营中企业主要受到政治法律、经济技术、社会文化、自然地理和竞争等方面的影响。市场环境的变化,既可能是企业的市场机会,也可能是某种挑战。所以,企业顺利开展生产经营的前提是对市场环境的调查。

1. 政治法律环境

通过对政治环境调查后可以知道哪些经营活动是允许的,哪些是受限制的等等。包括对国内政治环境的调查和国际政治环境的调查。国内政治环境的调查,主要分析党和政府的路线、方针、政策的制定与调整及其对市场、企业产生的影响。国际政治环境调查,主要是分析研究相关国家的社会性质、政治体制、政局变化情况等。每一次国际政治形势的变化,如地区冲突、国家政策的调整,都经常会对时尚服饰企业的活动产生重大的影响。对上述信息的掌握清楚与否,直接关系到企业能否进入国际市场,开展跨国经营活动是否顺利。

法律环境的调查,主要分析各国家和地区的制度、法规,尤为重要的是其中的经济法规。同时在国际贸易活动中,还要熟悉国际贸易惯例和世界贸易组织、地区经济组织等的要求。对市场政治法律环境的调查中,消费者组织对企业经营活动的影响要特别引起注意。

2. 经济技术环境

经济环境是指企业面临的社会经济条件及其运行状况、发展趋势、产业结构、交通运输、资源等情况，对企业生存和发展有重要影响。经济环境调查包括对社会购买力水平、消费者收入水平与支出模式、消费者储蓄和信贷、技术环境等情况变化的调查。

(1) 社会购买力水平。社会购买力是指一定时期内，社会各方面用于购买产品的货币支付能力。它是指在国民收入中用于消费的个人消费部分。市场规模归根到底要取决于购买力的大小。在调查购买力水平时，要注意国家经济政策和分配政策带来的居民购买力的增减变化，也要注意不同地区居民货币收入的变动情况。

(2) 消费者收入水平与支出模式。消费者收入水平决定了他的支出模式。调查支出模式时，除要考虑消费者的收入水平外，还应考虑到不同国家、地区的生活习惯、价值观念等方面的差异。

(3) 消费者储蓄和信贷。消费者储蓄源于消费者本身所获得的货币收入，其最终目的是用于消费。消费者储蓄水平的高低直接影响消费者同期支出水平和潜在购买力水平。由于消费者储蓄的变化则引起市场需求和结构的变化，因而影响企业的营销活动。消费者信贷是消费者凭信用先取得的商品使用权，按期归还获得的贷款。主要形式有短期赊销、分期付款、信用卡信贷等。消费者信用额度的变化也会影响其消费水平。

(4) 技术环境。伴随着新技术革命的兴起，科技影响着社会经济的各个方面。使商品的市场生命周期迅速缩短，生产的增长越来越多地信赖科技的进步。新兴科技的发展、新兴产业的出现，可能给某些时尚服饰企业带来新的市场机会，也可能给某些时尚服饰企业带来环境威胁。

3. 自然地理环境和社会文化环境。

自然地理环境是指一个国家或地区的自然地理条件，是影响市场发展的重要环境因素，与企业经营活动的关系十分密切。主要包括气候、季节、自然资源、地理位置等，从多方面对企业的市场营销活动施加着影响。如从冬季时尚服饰需求来看，北方寒冷地方和南方较温暖的地方对时尚服饰的需求是不同的。也就是说，人们对时尚服饰的需求受气候的影响较大。另外，地理因素也影响着人们的消费模式，要搞好市场营销必须通过调查熟悉不同市场自然地理环境的差异来发现经济、社会发展、民族性格等因素对人们的消费模式的影响。

文化，作为一个复杂的整体概念，它包括价值观念、信仰、兴趣、行为方式、社会群体及相互关系、生活习惯、文化传统和社会风俗等。不同国家、民族和地区之间，文化之间的差别要比其他生理特征更为深刻，决定着人们的生产方式和行为规范。而通过社会文化环境的调查可以掌握大量的社会文化方面的信息，为企业决策提供有力依据。

4. 竞争环境

在市场上从事同类商品生产经营的企业构成了竞争者。竞争者可以分为现实的竞争者和潜在的竞争者。同一市场，生产经营同类产品企业数量的多少，构成了竞争强度的不同。调查竞争环境，是为了认识市场状况和市场竞争强度。进行SWOT分析，依据本企业的优势，制订扬长避短的竞争策略。

## （二）消费者市场调查

消费者市场是产品最终的市场，消费者市场调查是最为重要的市场调查内容。我国消费者市场人口众多，社会商品零售额相当高。2020年，由于受新冠肺炎疫情影响，社会消费品零售总额391981亿元，比上年下降3.9%，社会消费品零售总额从全年看仍然是负增长，但是第三、四季度已经转正，特别是第四季度社会消费品零售总额增长达到了4.6%，这个速度已经开始接近前几年的正常水平，消费依然扮演着经济发展基础性的角色。

消费者市场以消费生活资料为对象，它区别于其他市场的特征主要表现在消费者消费的目的并非生产性消费，而是生活性消费。消费者市场需求的变化，主要体现在商品量和商品需求结构的变化上，它主要受到人口、收入、心理等方面因素的影响。因此，消费者市场调查的主要内容有消费者规模及其构成，消费者家庭状况和购买模式及消费者的购买动机和购买行为类型。

1. 消费者规模及其构成

（1）人口数量。在一定程度上，人口数量能够概括一个市场规模的大小。尤其对于一些生活必需品，比如时尚服饰，其产品的市场需求量常以人口数量为消费依据的。因此，了解市场范围人口总数的变化，可以掌握某些商品最低需求量及变化趋势，对时尚服饰的营销有指导作用。

（2）人口分布。人口在地理上的分布情况对时尚服饰的需求产生影响。如居住在不同地区、不同地理气候条件下，对时尚服饰有不同的需求。南方居民对凉席、草帽等防暑降温用品的需求量较大；北方居民则对棉衣、棉帽等冬季商品需求量较大。而且城市与农村，沿海与内地，平原与山区，在消费水平、消费结构及购买习惯上都有较大的差异，从而产生了消费需求的不同。因此，在以上各情况的基础上进行市场调查会得到较为真实、客观的结论。

（3）人口的年龄结构。不同年龄的人群对于时尚服饰的规格、款式有着不同的需求。研究企业市场范围内人口年龄结构分布比重和各个人口年龄段的需求特点和规律，有益于企业的营销决策。

（4）消费者职业。职业不同的消费者的消费心理会有所不同，体现在对时尚服饰的消费上有时会有很大的差异。因此，要对不同职业的消费者进行调查。

（5）性别构成。消费者的性别不同，对于时尚服饰需求的内容也不同。这种状况除了表现在一些特别的商品以外，还表现在购买习惯上的不同特点。企业通过了解性别构成的市场信息，可以进一步提高营销决策的准确性以适应市场的变化。

（6）民族构成。我国是一个多民族国家，各民族对时尚服饰需求呈个性化的特点。如布依族女子穿大襟上衣、长裤、绣花围腰，或穿蜡染百褶长裙；黔南地区穿传统栏干服，栏干服是衣裤套装，衣襟、领口、衣袖、裤脚均镶花边。为了掌握不同民族对时尚服饰需求的特点，需要调查研究市场的民族构成。

（7）文化程度。一般地，消费者对时尚服饰的需求与其文化程度有相当密切的关系。主要表现在文化程度较高，会对时尚服饰带来的风格、优雅、安全的感受感兴趣。在市场经济高度发展后，人们对时尚服饰的要求早已不是当初的那种纯实用的功能就可以了。

通过对目标市场文化程度差异与构成的调查分析,可以使时尚服饰企业在决定商品的品种和规格上更有前瞻性。

2. 消费者家庭状况和购买模式

时尚服饰的购买基本上是以家庭作为消费单位的。因此,对消费者家庭状况的调查,可以从中把握到一些时尚服饰的消费特点。

(1) 家庭户数和家庭平均人口。一些以家庭为消费单位的时尚服饰(如床上用品、服装等)的需求数量直接受家庭成员人数变化的影响。家庭户数增加会导致这些时尚服饰需求量的增加。

(2) 家庭收入和支出比例。按照我国通常的统计方法,居民的收入是按家庭人均月收入计算的(农村是人均年收入)。比如,2019年,全国居民人均可支配收入是30733元,比2018年增长8.9%,而家庭支出则包括商品支出、储蓄、非商品支出三部分。了解上述三部分的比重,对于从事时尚服饰经销企业的市场安排,了解商品需求量和需求比例具有重要价值。

(3) 家庭购买模式。我国居民的生活习惯通常在重要商品购买方面,在每个家庭范围内的决策者是不同的,每个家庭成员承担着不同的角色。有的商品是丈夫决定,有的是妻子决定,有的是共同研究决定的。因此,在市场调查中,企业应重视了解家庭购买模式,同时向购买决策者提供有关时尚服饰质量、价格、购买地点等信息,以促使决策者购买其产品。

## 四、市场调查方法及其应用

### (一) 时尚服饰市场文案调查法

1. 时尚服饰市场文案调查法的概念

时尚服饰市场文案调查法,也叫间接调查方法,是指通过收集时尚服饰企业内部和外部、历史和现实的各种资料,经过整理、统计及分析得到想要的资料的一种调查方法。

文案调查法主要具有以下特点。

首先,花费较少的时间和精力就可以获得有用的信息资料。但这些资料是已经加工过的信息。

其次,不受时空的限制。可以获得有价值的历史资料,可以比直接调查获得更广泛的多方面的资料。

再次,常常以文字、图表表现,不受调查人员和调查对象主观因素的干扰,反映的信息较真实、客观。

间接调查获取的资料的不足主要表现在以下方面。

首先,时效性不够强。作为预测的数据是已经发生的,作为将来的参考会存在一定的误差。

其次,所收集的间接资料都是为过去的目的而准备的,往往数量大,分布广泛,需要进一步处理。

最后,在处理间接资料的时候通常使用较难的分析技术,在一定程度上也限制了间接资料的使用。

2. 收集文案资料的原则

在文案调查过程中，调查人员要根据调查的目的，从繁多的文献档案中识别、归纳出对调查目的有价值的资料，必须遵循一定的原则。

（1）相关性原则。作为间接资料调查的首要的原则，是指调查人员要着重收集的资料必须与调查的目的有关。

（2）时效性原则。间接资料大部分是历史资料，要考虑资料的时间是否符合调查目的的需要，选择与市场变化相符的内容，才能准确反映市场变化的本来面目。

（3）系统性原则。系统性原则要求文案调查的资料应全面地反映市场实际情况。根据对时尚服饰市场调查的目的，既要有宏观资料，又要有微观资料；既要有历史资料，又要有现实资料；既要有综合资料，又要有典型资料。只有这样，才能保证间接资料的科学性。

（4）经济效益原则。省时省费用是间接资料调查的最大优点。为此，要参照具体标准，一味追求深入全面是没必要的。

3. 时尚服饰文案调查资料的来源渠道

时尚服饰文案调查所需的间接资料来源于时尚服饰企业的内部和外部。内部资料主要是来源于时尚服饰企业内部包括各种业务、统计及其他有关资料。外部资料主要来源于时尚服饰企业外部各类机构所提供的各种资料。

内部资料的来源主要有业务资料、统计资料、财务资料及其他资料。

（1）业务资料。业务资料包括与订货合同、发货单、销售记录、顾客反馈信息等与时尚服饰营销有关的各种资料。

（2）统计资料。统计资料包括各类统计报表，企业生产、销售以库存记录，各类统计资料的分析报告等。

（3）财务资料。财务资料包括时尚服饰企业各种财务报表、会计核算和分析资料、成本资料、销售利润、税金资料等。

（4）其他资料。其他资料包括时尚服饰企业平时积累的各种调查报告、经验总结、顾客的各种建议记录、竞争对手的分析资料等。

外部资料的来源主要有以下几种。

（1）国家统计机关公布的统计资料。国家统计机关公布的统计资料包括有关时尚服饰行业的工业普查资料、统计资料汇编、商业地图等。这些信息综合性强，覆盖面广。

（2）相关行业情报资料。各种经济信息中心、专业信息咨询机构、统计部门、行业协会公布和保存的市场信息和有关行业情报。比如有关国民收入、居民购买力、行业产品销售及发展趋势等资料。上述资料信息全、可靠性强。

（3）国内外有关书籍、报刊和电台、电视台所提供的文献资料。这种文献资料通过上述大众传播媒介中的大量以传播经济、市场信息为主导的专栏和专题节目来获得有价值的时尚服饰市场信息资料。

（4）各种国际组织、商会所提供的国际市场信息。这种市场信息如国内外各种时尚服饰博览会、展览交易会、订货会等活动所发放的各种文件资料。通过对上述资料的收集和分析，可以获得最新的行业信息。

（5）各种类型的图书馆也是市场调查人员查找有关文献资料的场所，市场调查人员可以充分利用图书馆内的资料进行调查。

**（二）时尚服饰市场实地调查法**

实地调查法是指调查者为获得信息资料所采用的在实地进行调查的方法，主要有询问调查法、观察调查法和实验调查法三种。

1. 询问调查法

询问调查法也称直接调查法，是以询问为手段，从调查对象的回答中获得信息资料的一种方法。它是市场调查中最常用的方法之一。

询问调查法按传递询问内容的方式以及调查者与被调查者接触的方式不同，有面谈调查、邮寄调查、电话调查等方法。

（1）面谈调查法。面谈调查法是调查人直接面对被调查者了解情况，获得资料的方法。这是一种最常用的方法。面谈调查法按谈话方式不同，分为自由交谈与调查表提问两种方式。自由交谈方式采用围绕调查主题进行"自由交谈"的形式，具体有个人面谈、小组面谈和集体面谈三种形式；调查表提问形式是指采用提前设计好的问卷或提纲按问题顺序提问的形式。

面谈调查法的优点：

①调查表的回收率高。通过面对面的交谈，可以避免被调查者因种种原因而拒绝的情况，这是回收率最高的调查方法。

②真实性较强。面对面的调查可以使调查者观察到现场的环境、气氛，适时了解被调查者的心理，从而判断获得信息的可靠性。

③偏差小。通过面对面的调查，调查者可以对调查表中不清楚的问题及时解释，能够避免由于被调查者理解错误而产生的调查偏差，获得准确的信息资料。

④灵活性较强。通过面对面的形式，调查者可以根据现场的情况确定对被调查者采用的调查的方式。

面谈调查法也存在着以下不足之处。

①调查费用高。对于被调查者分布较广的情况，各种费用比较高，有时还需支付调查人员的培训费等。面谈调查法是询问调查法中使用费用最高的形式。

②受被调查对象主观因素影响大。在面对面的调查过程中，不可避免地存在着调查对象回答问题往往带有一定主观性的现象，从而导致获得结果的真实性受到影响。

③对调查者要求高。由于在面对面调查过程中，调查者对被调查者的影响较大，为此，要求调查者有较高的素质，比如调查经验、询问方式、态度等。表现为不同调查者对同一对象的调查结果可能相差很大。

（2）邮寄调查法。邮寄调查法是将设计好的调查表通过邮局寄给被调查者，请被调查者填好后在规定的日期内寄回以获得调查资料的方法。

邮寄调查法的优点主要有以下几种。

①调查面广。调查的区域可以很广，调查数量也可能多些，在费用上、时间上耗费较少，对不同调查对象的调查也可以同时进行。

②费用低。邮寄调查法所需费用要比面谈调查法少得多。

③调查结果较为客观。和面谈调查法相比，由于调查者和被调查者不见面，所以被调查者不受调查者主观因素的影响。

邮寄调查法的不足主要有以下几种。

①回收率低。由于被调查者可能较忙或对调查不感兴趣而拒绝答卷，导致问卷回收率较低。

②容易产生理解差错。调查者不能在现场当面解答被调查者询问的问题使被调查者的理解可能出现差错，调查结果的可靠性会受到影响。

调查表回收期较长。受地域和调查形式的限制，调查表的回收期较长。

（3）电话调查法。电话调查法是指调查者与被调查者之间通过电话交谈，从而获得调查资料的方法。

电话调查法的优点主要有以下几种。

①速度快。能马上得到结果，这是电话调查法最大的优点。

②费用低。和面谈调查法相比，电话费用相对较少些。

③回答率较高。大多数情况下能得到被调查对象的配合而拥有较高的回答率。

电话调查法的缺点主要有以下几种。

①不适宜用于复杂的调查。受电话交谈时间的限制，所询问的问题较肤浅，不够深入。这种方法比较适用于探索性的初步调查。

②调查对象有局限性。在未普及电话的地区，电话调查法受到一定的局限性。

（4）询问调查法的特点比较。询问调查法中的面谈调查法、电话调查法、邮寄调查法等，各有不同的长处和不足。具体体现在回收率、灵活性、准确性、速度、费用、资料范围和复杂程度等七个方面。

在运用三种询问方法时，应根据调查对象的目的和要求、各种方法适用的特点和适用条件，经综合分析比较后，选择相对最佳的方法。

2. 观察调查法

观察调查法是指调查人员凭借自己的眼睛或借助一定的摄像录像器材，在现场对调查对象的情况直接观察和记录，获得市场信息资料的一种调查方法。例如，对于时尚服饰企业或从事时尚服饰经销的商业组织来说，通过对竞争对手专柜时尚服饰的陈列风格、购物环境以及现场消费者对时尚服饰的反映等来获得有关商品的信息。

观察调查法和其他市场调查法相比，有其特殊的优点，主要表现为以下几种。

①真实性高。调查者是在被调查者处于自然的状态下进行调查的，其言行未受外界因素的影响，因此，得到的调查资料比面谈询问法更为可信。

②受调查人员偏见影响小。调查者在调查过程中没有直接接触被调查者，对其行为未施加影响。所以获得调查结果受调查人员偏见影响小。

观察调查法也有缺点，具体表现为以下几种。

①受时间和空间限制。其所获得的信息资料往往有局限性，因为调查事件发生的场所无法预料，以及观察的地点及时间存在差别，导致调查资料的片面性。

②调查费用大。这种方法需要调查人员亲自到调查现场进行调查，在空间范围比较大的情况下，所需费用可能大幅增加。

③对调查人员素质要求高。观察法需要调查人员的耳闻目睹来获得现场的信息,调查人员需要运用敏锐的观察力,良好的记忆力和判断力,相应的一些心理学知识。

④无法观察到被调查者的动机等心理因素。因为只能观察到事实本身,无法通过询问知道被调查者的心理想法,诸如购买动机之类的。

3. 实验调查法

实验调查法是指在给定的实验条件下,在一定范围内观察经济现象中自变量与因变量之间的变动关系,并做出相应的分析判断,为预测和决策提供依据。它是从影响到调查问题的若干可变因素中找出一个或两个因素,将它们放在同一条件下进行小规模的实验。对实验结果加以分析后,确定获得研究结果可否进行大规模推广。比如,对某类时尚服饰进行降价促销活动方案是否可行就可以采取实验法,先在小范围内降价,通过销售额的对比,分析促销效果。

实验调查法可以广泛应用于时尚服饰品种、包装、设计外观、广告、时尚服饰陈列方法以及价格等。

实验调查法具有以下优点。

①结果具有客观性和实用性。它是一种真实的或模拟真实环境下的具体的调查方法,它具有很高的推广价值。

②方法具有主动性和可控性。调查者主动调整市场因素,在控制其变化程度的条件下对一些现象之间的因果关系及相互影响程度进行分析,为企业经营决策提供依据。

③实验结论具有较强的说服力。

实验调查法具有以下缺点。

①用实验法获取调查资料需较长时间,费用也比较高。由于影响环境的因素较多,有时为了获得比较准确的信息,经常需要做多组实验,才能真正掌握因果变量之间的关系。

②有一定的局限性。通过实验只能够掌握因果变量之间的关系,不能对过去和未来的情况进行分析。

③受到一定时间的限制。由于影响环境的因素会随着时间变化而变化,因此,其实验结果的推广必定受一定的时间限制。

**练一练**:观察时尚服饰零售企业商品陈列情况,请说明为什么这样陈列。

**任务小结**:完成本任务后,请参与时尚服饰企业市场调查活动,验证市场调查步骤。

# 任务2 时尚服饰市场预测

## 一、时尚服饰市场预测的概念和作用

### (一)时尚服饰市场预测的概念

时尚服饰市场预测是在时尚服饰市场调查和市场分析基础上,采用逻辑和数学方法,

时尚服饰营销

预先对市场未来的发展变化趋势作出描述与量的估计。狭义的理解认为，时尚服饰市场预测就是指时尚服饰市场需求预测，即时尚服饰销售量预测，广义的市场预测则把宏观经济预测也包括在市场预测之中。

### （二）时尚服饰市场预测的作用

时尚服饰市场是个大市场，其突出表现为市场范围大、品种多、消费需求多样性等方面。因此，在对时尚服饰市场调查的基础上进行时尚服饰市场预测对于时尚服饰企业的市场决策有着极为重要的作用。具体表现为以下几个方面。

1. 加强时尚服饰市场预测有利于促进时尚服饰生产的顺利发展

时尚服饰企业生产的发展依赖于时尚服饰市场。只有通过商品交换才能实现时尚服饰的价值，才能使时尚服饰的生产过程不断地进行下去。而完成交换的必要前提条件是生产的商品必须满足消费者的需要。科学的市场预测能够帮助企业掌握市场需求变化的状况，从而使生产能够按消费者的需求的变化不断地进行。

2. 加强时尚服饰市场预测有利于适应和满足消费者对时尚服饰的需要

时尚服饰市场在满足人们生活需要方面起到很重要的作用。通过对时尚服饰市场的调查，可以掌握消费者更深层次的需求，从而满足不断变化的市场需求。

3. 加强时尚服饰市场预测有利于充分发挥市场机制的调节作用

市场机制的调节作用发挥有效与否，主要取决于企业的经济活动能否对市场机制的调节信号做出灵敏的反应，及时进行自我调整。而市场调节信号通常以价格及供求变动等形式发出。因此，时尚服饰企业通过市场预测，可以随时了解时尚服饰市场供求状况及趋势，促使各领域的经济活动自觉地按照市场导向及时调整，从而有利于发挥市场机制的调节作用。

4. 加强时尚服饰市场预测有利于提高政府宏观管理水平

通过对时尚服饰市场进行预测，可以掌握时尚服饰市场的现状和发展趋势，在主要利用市场机制进行调节的同时，一些涉及时尚服饰行业总体规划和发展的战略，需要发挥政府的宏观管理作用。从而使时尚服饰企业避免不必要的损失，少走弯路。

5. 加强时尚服饰市场预测有利于提高时尚服饰企业的经济效益和经营管理水平

企业的生存和发展要在市场大环境下进行，通过科学有效的市场预测，可以帮助时尚服饰企业寻找市场机会，并把市场机会转变成企业发展的机会，掌握市场需求的动态变化，提供时尚服饰市场需要的时尚服饰，从而提高时尚服饰企业经济效益。同时，通过市场预测使企业遵循客观经济规律的要求，运用科学的方法和管理手段，提高时尚服饰企业经营管理的水平。

## 二、时尚服饰市场预测的类型与内容

### （一）市场预测的类型

时尚服饰市场预测，可以从不同角度划分，一般可分为以下几种不同类型：

1. 按预测的时间跨度分：近期预测、短期预测、中期预测和长期预测。

（1）近期预测一般指预测期在半年以下的预测，主要是为时尚服饰企业日常经营决策服务的。

（2）短期预测一般指预测期在半年以上2年以内的预测。它为时尚服饰企业确定短期内的销售任务和制定具体实施方案及措施提供依据。例如，年度时尚服饰市场需求量的测算，为时尚服饰企业编制年度计划、安排市场及组织货源提供依据。

（3）中期预测一般是指预测期在2—5年的预测。一般是考虑了政治、经济、技术及社会等因素对时尚服饰市场的长期影响，在市场调查分析后，做出的时尚服饰市场发展趋势的预测，为时尚服饰企业制定中期规划提供依据。

（4）长期预测一般是指预测期在5年以上的预测。它为时尚服饰企业制定长期的发展规划和经营战略提供依据。主要研究与时尚服饰企业产品发展有关的经济技术发展趋势、政治和社会发展趋势。

2. 按预测的空间范围分，有两种理解：一是按照地理范围，二是按照经济活动的空间范围。按地理范围分，可分为地区市场预测、国内市场预测和国际市场预测。按经济活动的空间范围分，市场预测可分为宏观的市场预测和微观的市场预测。

按地理范围，可分为以下三种。

（1）地区市场预测。是指对某一地区时尚服饰市场的市场预测。如东北地区、西北地区及中南地区等地区市场。

（2）国内市场预测。是对某类或某种时尚服饰产品的国内需求和市场竞争状况的预测。国内市场也可以按地区进行划分。比如农村市场、城市市场，也可以按地理区域划分，如华北、华南地区市场等。

（3）国际市场预测。是对国际时尚服饰市场发展趋势的预测。还可以划分为不同的地区市场预测，如拉美市场、中东市场等。国际时尚服饰市场预测主要对时尚服饰企业国际营销环境的发展趋势及营销方式、营销渠道、时尚服饰企业国际竞争及企业在国际市场的机会进行预测。

按经济活动空间范围划分，可分为以下两种。

（1）宏观的市场预测。在广泛的时尚服饰市场调查的基础上，对各种影响市场活动的社会经济环境因素的发展变化进行预测。如时尚服饰生产结构状况、国家财政金融、时尚服饰对外贸易政策、居民收入和支出的变化等。

（2）微观的市场预测。它是指把宏观因素对时尚服饰行业的影响缩小到某时尚服饰企业及某一类时尚服饰产品或某项时尚服饰产品上，对时尚服饰行业、时尚服饰企业产品生产经营发展变化趋势及某类时尚服饰（如中年女性职业装）的市场需求进行估计和判断。

3. 按预测的性质分：可以分为定量预测和定性预测。

（1）定量预测。它是根据市场调查的信息资料，运用数学分析方法建立的数学模型，对运动规律进行描述，以此确定未来量的变化程度。例如：运用过去8个月童装的销售量数据，对下一个月童装的销售量进行预测。定量预测的方法主要包括时间序列分析法和因果关系分析法。

（2）定性预测。它是对预测对象运动的内在机理进行质的分析，据此判断未来质的变化趋向，并辅以量的描述。比如，国外知名品牌服装在长三角地区销售趋势的预测。

### （二）时尚服饰市场预测的内容

1. 时尚服饰市场需求预测

时尚服饰市场需求预测是预测消费者、用户在一定时期、一定市场范围内，对某种时尚服饰有货币支付能力的需求。它包括时尚服饰量的预测，需求时尚服饰的品种、规格、花色、型号、款式、质量、包装及需要的时间等变化趋势的预测等等。

2. 时尚服饰资源预测

时尚服饰资源预测，是指在一定时期内，可以投入市场出售的时尚服饰总量及各种具体时尚服饰供应量的变化趋势的预测。

3. 时尚服饰供求动态预测

时尚服饰供求动态预测是对时尚服饰供求平衡状况的预测。

4. 时尚服饰生命周期预测

时尚服饰生命周期预测是对某种时尚服饰进入市场直至被市场淘汰退出市场的过程中所处不同阶段的发展变化趋势做出估计。

5. 时尚服饰市场占有率预测

时尚服饰市场占有率预测是对一定市场范围在未来某时期内，时尚服饰企业提供的某种时尚服饰销售量在同一市场该种时尚服饰总销售量中所占比例及其变动趋向做出的估计。

## 三、时尚服饰市场预测的步骤与系统

### （一）市场预测的步骤

1. 明确预测目的

在进行时尚服饰预测之前，首先需明确预测目的。比如，要预测时尚服饰消费者对时尚服饰的需求情况，需要通过抽样调查了解消费者需要哪些时尚服饰、数量是多少、什么时候需要等。

2. 拟定预测工作计划

拟定预测的工作计划要根据预测目的进行，其主要内容有：指定预测工作负责单位，预测前的准备工作，收集与整理信息资料的内容和方法，选择预测方法，建立预测模型以及预测准确度的要求，预测工作的期限及预测费用等。

3. 搜集和整理信息资料

是市场预测的基础工作。时尚服饰市场预测的资料有历史资料和现实资料。也可分为时尚服饰内部资料和外部资料。信息资料整理包括分类、编校、编号、列表、百分比计算等。

4. 选择预测方法，建立预测模型

在时尚服饰市场预测时，要根据预测的目的和已有的信息资料，选择适当的预测方法和模型进行预测。通常，采用的预测方法不同，预测的结果也会不同。在选择预测方法和建立预测模型时，还要考虑预测费用及对预测精度的要求等。

5. 进行实际预测

实际预测就是根据预测模型，输入有关的数据资料等，从而获得预测结果的预测，这是个很烦琐的工作。

6. 分析评价预测结果

在预测过程中，由于使用了时尚服饰的历史数据对未来市场趋势进行预测，因此，不可避免地存在误差。需要对预测结果进行初步的验证方可投入使用。

7. 提出预测报告

预测报告是对预测活动的全过程及取得的预测结果进行概括说明，提出预测精确度、预测目标实现的前提和可能性、实现预测结果应采取的措施和计划等，并对经验和教训进行总结。

### （二）市场预测系统

1. 市场预测系统的基本要素：预测依据、预测方法、预测分析和预测判断

预测依据是指反映预测对象过去、现实的资料与信息。

预测方法是指市场预测过程中对市场预测对象事物进行质和量的分析时采用的各种方法和手段。

预测分析是指市场预测过程中，对各种预测依据的核对、比较与综合分析和各种预测方法的比较分析，以及对预测结果的合理性、可靠性的评价分析。

预测判断是指存在于市场预测过程中所进行的各种判断。

2. 设计市场预测系统

市场预测系统是市场预测过程中预测依据、预测方法、预测分析和预测判断四个基本要素的有机结合。

时尚服饰企业设计市场系统的目的：一方面要为企业科学决策创造条件，促使其围绕企业市场经营风险发挥最好作用；另一方面，要便于企业各类管理者进行管理，对相互间的沟通尽可能发挥好的作用。为某一特定对象选择定量预测方法的工作方法主要有透彻熟悉各种预测方法；比较各种预测方法，从中找出最合适的一种方法；调整选定的预测方法。

## 四、时尚服饰市场预测方法

### （一）定性预测法

1. 定性预测法的概念

定性预测法又称判断预测法。它是指在时尚服饰市场预测中，凭借人们在市场活动实践中获得的经验、知识和综合分析能力，通过对有关时尚服饰市场资料的分析推断，对未来时尚服饰市场发展趋势做出判断的方法。这是一种传统的预测方法。它的优点是

简便易行，不需要多少费用，花费时间也较短。由于这种方法主要依靠预测者的直观判断力，所以其结果欠精确。

在经济活动过程中，有很多情况缺乏历史资料或准确的数据，或者是无法用定量指标来表示预测目标的时候使用定性预测法。如在一定时期对某种时尚服饰市场形势发展变化的估计、时尚服饰企业战略规划及企业经营环境等问题的判断，常常采用定性预测方法。

2. 定性预测法的种类

定性预测法又可分为主观估计预测法和技术预测法。

主观估计预测法是以人们的主观判断为依据做出预测值的估计。如管理人员、时尚服饰销售人员对销售趋势的判断意见，预测商品需求（销售）量的集合意见法。

技术预测法是根据一定情报资料，以相应技术的发展情况作为预测依据进行市场发展预测。比如以现在可靠情报为根据，以一些本行业或其他相关方面的专家为咨询对象探索未来市场情况进行预测的专家小组法。又如，以已知相关类似市场的发展过程类推预测目标市场发展过程的类推。

（1）对比类推法。是利用事物之间的相似特点，把先行事物的表现过程类推到后续事物上去，从而对后续事物的前景做出预测的一种方法。时尚服饰市场预测依据类比目标的不同可以分为产品类推法、地区类推法、行业类推法和局部总体类推法。

①产品类推法。是指利用时尚服饰产品之间的相似性进行类推。在研究时尚服饰新产品投入市场的发展过程时可以用这种方法。以时尚服饰旧产品投入市场后的状况来推断时尚服饰新产品投入市场后的发展状况。

②地区类推法。它是指依据某一时尚服饰在其他地区（或国家）曾经发生过的事件进行类推。比如，同一时尚服饰在不同的地区（或国家）有领先滞后的时差，可以根据领先地区的市场情况类推滞后的市场。

③行业类推法。它可以利用时尚服饰中的领先行业，比如原材料的领先情况，或根据后续产品的领先情况类推其他产品的市场状况。比如，根据家用时尚服饰对高支高密面料的要求可以类推高支数的纱线会受家用时尚服饰市场欢迎的结论。

④局部总体类推法。它是指通过对某类时尚服饰典型调查或其他方式进行一些具有代表性的调查，分析市场变化动态及发展规律、预测和类推全局或大范围的时尚服饰的市场变化。比如，要预测我国某季节女装的流行状况，可以根据发达地区大城市、中等城市的流行状况来预测该产品在其他滞后地区的销售状况。

但在使用对比类推法时应特别注意：对比类推法是建立在事物发展变化的相似性基础上的，不等于相同。一定要多方比较两个事物的不同之处。

（2）集体经验判断法。它又称专家小组意见法，它是指利用集体的经验、智慧，通过思考分析、判断综合，对事物未来的发展变化趋势做出估计。

具体做法是，首先，由若干个熟悉预测对象的人员组成一个预测小组；其次，在分析讨论基础上，预测者可以重新调整预测结果；最后，把若干名预测者的预测结果运用主观概率统计法进行综合处理后，得出最终的预测结果。

集体经验预测结果的综合处理一般分两步进行。第一步采用主观概率统计法计算出每个预测者的预测期望值，第二步运用加权平均法或算术平均法计算出预测最终结果。

**【小案例】**

某时尚服饰企业为使下一年度的销售计划制订得更为科学,组织了一次销售预测。由销售部经理主持,参与预测的有供销处、财务处、计划处、信息处四位处长,他们的预测估计如表3—3所示。

表内的预测期望值栏的数据是由各种情形下的销售额估计值与概率乘积之和。例如,对财务处长而言,其预测值期望值为:

5200×0.2+4700×0.7+4200×0.1=4750(万元)

其他各位预测者的预测期望值计算方法同上,其结果列于表3—3。

表3—3 某时尚服饰企业年度销售额预测值估计表  单位:万元

| 预测人员 | 销售额估计值 | | | | | | 预测期望值 |
|---|---|---|---|---|---|---|---|
| | 最高销售额 | 概率 | 最可能销售额 | 概率 | 最低销售额 | 概率 | |
| 销售处长 | 5000 | 0.3 | 4600 | 0.6 | 4200 | 0.1 | 4680 |
| 财务处长 | 5200 | 0.2 | 4700 | 0.7 | 4200 | 0.1 | 4750 |
| 计划处长 | 4900 | 0.1 | 4500 | 0.7 | 4000 | 0.2 | 4440 |
| 信息处长 | 5100 | 0.2 | 4600 | 0.6 | 4100 | 0.2 | 4600 |

不同的预测参加者对市场的了解程度和经验等因素不同,所以他们的预测结果对最终结果的影响力、作用有可能不同。为了表示这种差异,我们分别给予不同的权数表示这种差异,最后采用加权平均法获得最终预测结果。在此例中,经理从各方面考虑后,给各人的权数分别为销售处长5,财务处长6,计划处长7,信息处长5。则该企业下一年度销售额的最终预测值为:

$$\frac{4680\times5+4750\times6+4440\times7+4600\times5}{5+6+7+5}=4607.8(万元)$$

集体经验判断法,主要优点是可以集思广益,避免个人独立分析判断的片面性。不足之处是许多企业把完成销售计划的情况作为考核销售人员业绩的主要依据。故销售人员一般都希望尽量把计划压低,从而超过计划部分可获得更多的奖励。

(3)特尔斐法(Delphi Method)。特尔斐法也称专家调查法或专家意见法,它是美国兰德公司(Rand Corporation)于20世纪40年代末首创的。它是以匿名方式,轮番征询专家意见,最终得出预测结果的一种集体经验判断法。这种方法可用于预测某种时尚服饰的供求变化、市场需求、时尚服饰的成本价格、商品销售、市场占有率,时尚服饰生命周期等。

特尔斐法不仅用于企业预测,还可用于行业预测、宏观市场预测。它不仅可以用于进行短期预测,还可用于进行中长期预测。尤其是在缺少必要的历史数据,应用其他方法困难时,采用特尔斐法会收到较好的效果。

特尔斐法的预测程序主要包括三个阶段:准备阶段、轮番征询阶段和结果处理阶段。

①准备阶段。这一阶段主要完成四方面的工作:明确预测主题和预测目的、准备背景资料、选择专家和设计调查咨询表。

**时尚服饰营销**

明确预测主题和预测目的主要是指在对时尚服饰预测正式开始之前，首先统一明确预测所要达到的目的，据此确定预测的主题。同时把在寄给专家的调查咨询表中简单明了地说明预测的主题和目的。

准备背景资料是指有关预测主题的各种资料。这些背景资料需要寄给专家们。

选好专家是运用特尔斐法成功的关键。在选择专家时应注意以下问题：

第一，广泛性。一般采用"三三制"。即本企业、本部门对预测问题有研究，了解市场的专家约占1/3左右；对企业、本部门有业务联系，关系密切的行业专家，约占1/3；从社会上有影响的知名人士中选出的对时尚服饰市场和行业有研究的专家，人数也占约1/3。

第二，自愿性。要考虑到专家的时间和精力，选择有积极性、创造性的专家参加预测。

第三，人数适度。在选择专家时，人数过少，信息量不足；而人数过多，组织工作困难，成本增加。一般以20~50人较合适，在特殊情况下，也可超过100人。

设计调查咨询表，最好使用表格形式，而且要注意：主题明确、中心突出、语言准确，避免产生误解；提问时，宜采用启发式的过渡问句，可以激发专家的创造性思维；问题内容紧扣主题；问题答案的设计要便于统计处理；问题数量不宜过多，一般以20个以内较合适。最后，注明表格回收的时间。

②轮番征询阶段。这一阶段是向专家们进行正式调查的阶段，主要通过反复、轮番征询专家的预测意见来实现的。第一轮，我们向专家们寄发调查咨询表和背景资料，请专家独立填写，在规定时间内请专家寄回调查表。组织者在收到专家寄回的调查意见后，做出定性的综合分析和定量的统计归纳，并就下一轮的预测提出要求。第二轮，把经过统计处理汇总的专家意见以及预测要求，再寄给专家们，专家接到汇总意见和有关资料后，再提出自己的意见寄还给预测组织者，然后由预测者汇总整理做出统一归纳，并提出下一轮预测要求。以后按照第二轮的方法，直到专家预测结果趋于一致。在后面一并介绍每一轮专家意见汇总的统计处理与预测结果的最终处理意见。

③结果处理阶段。是要把最后一轮的专家意见加以统计归纳处理，得出代表专家意见的预测值和离散程度。然后，预测组织者对专家意见法做出分析评价，确定预测方案。

下面介绍几种统计处理方法，也同样适用于轮番征询阶段中每一轮的专家意见处理。

第一，中位数法和上、下四分位数法。这种方法主要用于预测结果为时间或数量时的统计处理，用中位数代表专家预测意见的协调结果，用这种方法反映专家意见的离散程度。

具体做法是先将若干位专家预测的结果（包括重复的）从小到大（或从先至后）顺序排列，处于中间的那个数即为专家预测结果的中位数。当有奇数专家预测结果时，则从小到大有序排列正中位置的预测意见即为中位数，把此数作为预测的最终结果；当有偶数个专家预测结果时，则以处于最中间的两个预测结果的算术平均值为中位数，作最终的预测结果。类似地，上、下四分位数分别表示处于专家预测结果排序数列中3/4处与1/4处的两个数。

用中位数和上、下四分位数描述预测的结果，则中位数表示预测结果的期望值，下四分位数表示预测期望值区间的下限，上四分位数表示其上限。

第二，算术平均统计处理法。算术平均法即对所有的预测结果进行算术平均，其值作为专家预测的最终结果，主要用于对预测结果为数量的统计处理。

第三，主观概率统计处理法。主观概率是指专家对某一未来事件发生的可能性大小做出的主观判断值。往往以加权平均值作为专家集体预测的协调结果，其权数是相应的专家人数。

**【小案例】**

某时尚服饰公司采用特尔斐法，请15位专家对一项新产品投放市场成功的可能性的主观概率估计如下：6人认为成功的可能性主观概率为0.6，4人认为成功的可能性主观概率为0.5；2人认为成功的可能性主观概率为0.7；3人认为成功的可能性主观概率为0.8。则该项新产品投放市场成功的主观概率加权平均值为：

$$\frac{6\times0.6+4\times0.5+2\times0.7+3\times0.8}{6+4+2+3}=0.673$$

因此，该项新产品投放市场成功的可能性为67.3%，这就是15位专家预测的结果。

第四，非量化预测结果的统计处理法。对于时尚服饰的品种、花色、质量、规格、质量、包装及新产品开发等非量化的预测意见可采用比重法或评分法进行归纳统计。比重法是指计算出专家对某个意见回答所占的人数比例，然后以比例最高者作为预测的结果。

**【小案例】**

某时尚服饰企业研制一种新产品，请14位专家对其成功可能性进行预测，其中9人认为成功可能性高，另5人则持否定态度，采用比重法，成功比重为9/14=0.643，失败的可能性为5/14=0.357，专家预测的结果是成功的可能性大。

另一种是评分法。评分法常用于时尚服饰各特征的重要性比较大或不同牌号的同类产品的质量评比等。

**【小案例】**

某服装经营公司请专家对2021年以后儿童内衣进行预测。在下列项目：品牌、价格、款式、吸湿性、耐穿性中，选择影响销售的3个最主要项目，并按重要性排序。在评分标准中规定为：第一位给3分，第二位给2分，第三位给1分。第三轮专家征询意见为：赞成"品牌"排第一位的专有58人（专家总数为80人），赞成"品牌"排第二位的有15人，其余7人赞成"品牌"排第三位。则项目"品牌"得分为：

$$58\times3+15\times2+7\times1=211（分）$$

全部总分：80×（3+2+1）=480（分）

故"品牌"比重：211/480=0.44

由各专家对其余四项的评分结果计算得各项目总分比重为：价格为0.28，款式为0.12，耐穿为0.10，吸湿性为0.06。因此，可以得出按重要性排在前三名的项目依次为品牌、价格、款式。

（4）市场调查预测法。市场调查预测法是指时尚服饰企业市场营销人员组织或亲自参与或委托有关机构对时尚服饰市场进行直接调查，在掌握大量的第一手资料的基础上，对未来时尚服饰市场发展趋势作出预测的一类方法。

市场调查预测法具有以下特点。

**时尚服饰营销**

①较客观。市场调查预测法由于直接按调查获得的客观资料进行分析推断,人为主观判断很少,所以比其他定性预测法客观。

②适用性强。在缺少历史资料的情况下,通过直接调查,可以获得较可靠的预测结果。

市场调查预测法的类型主要有购买意向调查法、展销调查法和预购测算法等。

①购买意向调查法。它是指通过一定的调查方式,选择一部分或全部的潜在购买者,直接向他们了解预测期购买商品的意向,在此基础上对商品需求或销售作出估计的方法。由于在缺乏历史数据的情况下,用此方法可以获取数据,因而得到了广泛的应用。

购买意向调查法可采用各种询问调查法,如面谈调查、邮寄调查、电话调查等形式。

购买意向调查法主要有如下步骤。

首先,向被调查者说明所要调查的时尚服饰的性能、特点、价格、市场上同类商品的性能、价格等情况,以使购买者做出准确判断。

其次,被调查者填写购买意向调查表(表3—4)。

再次,把所有调查表的结果汇总,结果汇总表格模式见表3—5。

表3—4 购买意向调查表

| 购买意向 | 肯定购买 | 可能购买 | 未定 | 可能不买 | 肯定不买 |
|---|---|---|---|---|---|
| 概率描述(%) | 100 | 80 | 50 | 20 | 0 |

表3—5 购买意向调查汇总表

| 购买意向 | 肯定购买 | 可能购买 | 很难说 | 可能不买 | 不买 |
|---|---|---|---|---|---|
| 概率描述(%) | 100 | 80 | 50 | 20 | 0 |
| 人数(户数) | $X_1$ | $X_2$ | $X_3$ | $X_4$ | $X_5$ |

最后,按上式计算购买者所占比例的期望值:

购买比例的期望值 $E = X_1 \times 100\% + X_2 \times 80\% + X_3 \times 50\% + X_4 \times 20\% + X_5 \times 0$

若预测范围内的总人数为 X,则总购买量预测值为:

总购买量=E·X。

**【小案例】**

某时尚服饰公司对该公司经营地区进行下一年度各类时尚服饰购买意向调查,挑选了300户,最后的调查结果汇总情况是肯定购买者6户,有80%购买意向的12户,还未定的有50户,可能不买的有160户,肯定不买的有72户。在300户调查中,购买比例的期望值为:

E=6×100%+12×80%+50×50%+160×20%+72×0=72.6

②展销调查法(包括新产品试销法)。它是指通过商品展销的手段,直接调查消费者对时尚服饰的各种需求、调查购买能力及消费者对时尚服饰质量、花色、款式及规格等方面的需求。展销调查法是在新产品需求调查中采用的主要方法。

③预购测算法。它是根据顾客的预购订单和预购合同来推测估计产品的需求量。这

种方法适用于一些时尚服饰生产企业和从事时尚服饰批发的企业的微观预测。

### (二) 定量预测法

1. 定量预测法的概念

它是依据大量的数据资料，运用统计分析和数学模型方法建立预测模型，描述预测对象发展过程中质的规定性的规律，据此做出预测值的估计。它的特点：数据资料齐全是条件；统计方法和数学模型是工具；量与质的分析要结合。

2. 定量预测法的分类

定量预测法可以分为时间序列分析法和因果关系分析法。

时间序列分析法也称历史延伸法。它是以历史数据为基础，运用一定的数学方法寻找数据变动规律并向外延伸，来预测市场未来的发展变化趋势的。

因果分析法是通过分析市场变化的原因，找出原因与结果之间的联系方式，建立预测模型，并据此预测市场未来的发展变化趋势。

定量预测法有很多方法，下面介绍几种常见的、实用的预测时尚服饰的方法。主要有：平均法、直线趋势延伸法、季节指数法和回归分析预测法。

(1) 平均法。平均法是通过对过去若干期时间序列的历史数据计算平均数，以消除时间序列的随机波动和季节波动，以此对未来基本发展趋势进行预测的方法。主要包括简单平均法和移动平均法两种。简单平均法又分为简单算术平均法和加权算术平均法两种；移动平均法又分为简单移动平均法和加权算术平均法。

① 简单平均法。简单算术平均法是以过去若干期数据的简单算术平均数作为下期预测值的预测法。其计算公式为：

$$\overline{X} = \frac{X_1 + X_2 + \cdots + X_n}{n} = \frac{\sum_{i=1}^{n} X_i}{n} \text{；可简写为：} \quad \overline{X} = \frac{\sum X}{n}$$

式中：$\overline{X}$ 为平均数。

$X_i$ 为观察期资料。

$i$ 为资料编号（顺序号）

$n$ 资料数，或期限。

$\sum_{i=1}^{n} X_i$ 为求和号。

【小案例】

某羊毛衫厂 2020 年 1、2、3 月份羊毛衫销售额分别为：32 万元、34 万元和 30 万元，预测 4 月份的销售额。

$$\overline{X} = \frac{\sum X}{n} = \frac{32 + 34 + 30}{3} = 32 \text{（万元）}$$

简单算术平均法简单易行，它适用于趋势比较稳定，即历史数据呈水平型的预测。

而加权算术平均法是简单算术平均法的一种改进，它是对过去不同时期的数据按其

时尚服饰营销

对预测期的影响程度分别给予不同的权数,再计算出加权算术平均数,作为下期的预测值。其计算公式为:

$$Y = \frac{X_1W_1 + X_2W_2 + X_3W_3 + \cdots + X_nW_n}{W_1 + W_2 + W_3} \quad 或者 \quad Y = \frac{\sum_{i=1}^{n} W_i X_i}{\sum_{i=1}^{n} W_i},$$

也可以简写成 $Y = \dfrac{\sum WX}{\sum X}$

式中:$X_1$,$X_2$,$X_3$,…,$X_n$ 为观察期资料;

$W_1$,$W_2$,$W_3$,…,$W_i$ 为观察期资料相对应的权数。

【小案例】

根据上述资料,分别赋予1—3月数据的权数依次为1、2、3时,4月的销售额预测值为:

$$Y = \frac{32 \times 1 + 34 \times 2 + 30 \times 3}{1 + 2 + 3} = 31.67（万元）$$

运用加权算术平均法的关键是权数的确定,权数的大小常常是凭经验确定的。一般地,离预测期越近的数据对预测值影响越大,应给予较大的权数;反之,离预测期越远的数据,应给予较小的权数。

②简单移动平均法。简单移动平均法是对由移动期数连续移动所形成的各组数据,使用简单算术平均法计算各组数据的移动平均值,将其作为下一期的预测值。其计算公式为:

$$M_t^{(1)} = \frac{X_t + X_{t-1} + X_{t-2} + \cdots + X_{t-N+1}}{N}$$

式中:$X_t$ 为时间 $t$ 的观察值,$M_t^{(1)}$ 为时间序列中时间间隔为 $t$ 的一次移动平均值,$N$ 为每一次移动平均值的跨越期数。

有一个经改进后的一般公式:

$$M_t^{(1)} = M_{t-1}^{(1)} + \frac{X_t - X_{t-N}}{N}$$

注意:用上述两个公式求得的移动平均值 $M_t^{(1)}$,实际上是移动跨越期内各数据的中值,应该把该值放在跨越期中值的位置上,但公式摆在跨越期的最后一个位置上,这样会产生滞后误差,使预测值落后于实际值。因此,把移动平均数摆在跨越期的中间位置,即放在 $\dfrac{N+1}{2}$ 处。比如当 $N=7$ 时,$\dfrac{7+1}{2}=4$,即第一个移动平均值 $M_7^{(1)}$ 放在实际值 $X_4$ 的水平线上,;如果 N 取偶数,则放在跨越中间位置的两个移动后实际值之间的水平线上;

比如 $N=8$，则 $\frac{8+1}{2}=4.5$，把第一个移动平均数 $M_8^{(1)}$ 放在第 4 个实际值和第 5 个实际值之间的位置上。

**【小案例】**

表 3—6 是某服装公司 2020 年 1—6 月的销售额，用简单移动平均法预测 2020 年 7 月的销售额。

表 3—6　2020 年 1—6 月销售额　　　　　　　　单位：万元

| 月份 | 销售额（$X$） | 三期移动平均值 $n=3$ | 四期移动平均 $n=4$ |
|---|---|---|---|
| 1 | 52 | | |
| 2 | 78 | | |
| 3 | 64 | | |
| 4 | 80 | 64.7 | |
| 5 | 64 | 74.0 | 68.5 |
| 6 | 56 | 69.3 | 71.5 |
| 7 | | 66.7 | 66.0 |

当 $n=3$ 时，

$$M_4=\frac{X_3+X_2+X_1}{3}=\frac{64+78+52}{3}=64.7\text{（万元）}$$

$$M_5=\frac{X_4+X_3+X_2}{3}=\frac{80+64+78}{3}=74.0\text{（万元）}$$

2020 年 7 月销售额的预测值：

$$M_7=\frac{X_6+X_5+X_4}{3}=\frac{56+64+80}{3}=66.7\text{（万元）}$$

当 $n=4$ 时，

$$M_5=\frac{X_4+X_3+X_2+X_1}{4}=\frac{80+64+78+52}{4}=68.5\text{（万元）}$$

$$M_6=\frac{X_5+X_4+X_3+X_2}{4}=\frac{64+80+64+78}{4}=71.5\text{（万元）}$$

2020 年 7 月销售额的预测值：

$$M_7=\frac{X_6+X_5+X_4+X_3}{4}=\frac{56+64+80+64}{4}=66.0\text{（万元）}$$

可见，移动期数不同，所得到的预测值就不同。一般地说，时间序列观察值越多，则时间序列具有较明显的长期变动趋势。因此，宜选择较长的移动期数。

而加权移动平均法是对由移动期数的连续移动所形成的各组数据，使用加权算术平均法计算各组数据的移动平均值，并将该移动平均值作为下一期的预测值。其计算公式为：

$$M_{t+1}=\frac{X_t W_t+X_{t-1}W_{t-1}+\cdots+X_{t-n+1}W_{t-n+1}}{W_t+W_{t-1}+\cdots+W_{t-n+1}}=\frac{\sum X_i W_i}{\sum W_i}$$

# 时尚服饰营销

$$(i=t,\ t-1,\ t-2,\ \ldots,\ t-n+1)$$

式中：$M_{t+1}$——第 t 期的一次移动平均值，作为下期 $X_{t+1}$ 的预测值；

$X_i$——观察期内时间序列资料的每个数据；

$W_i$——与 $X_i$ 相对应的权数；

$n$——移动平均期数。

利用上述的数据资料，设 n=3，$W_{t-2}$=2，$W_{t-1}$=3，$W_t$=5，用加权移动平均法预测 2020 年 7 月的销售额。

$$M_7 = \frac{X_6 W_6 + X_5 W_5 + X_4 W_4}{W_6 + W_5 + W_4} = \frac{56 \times 5 + 64 \times 3 + 80 \times 2}{5+3+2} = 63.2（万元）$$

（2）直线趋势延伸法。是根据具有线性变化趋势的历史数据拟合出直线方程进行预测的方法。线性变化趋势的特点是历史数据呈增长趋势，且增长幅度大致接近。直线方程为：

$$Y_t = a + bt$$

式中：$Y_t$——预测值；

$t$——时间变量；

$a$，$b$——待定参数。

可以用最小二乘法确定 $a$，$b$ 的值：

$$a = \frac{1}{n}(\sum y_i - b\sum t_i)$$

$$b = \frac{n\sum t_i y_i - (\sum t_i)(\sum y_i)}{n\sum t_i^2 - (\sum t_i)^2}$$

【小案例】

某地区 2014—2020 年羽绒服的销售额资料如表 3—7 所示，用直线趋势延伸法预测 2021 年该地区羽绒服的销售额。

表 3—7　某地区羽绒服年销售额表　　　　　单位：万元

| 年份 | 销售额（$y_i$） | $t_i$ | $t_i y_i$ | $t_i^2$ |
|---|---|---|---|---|
| 2014 | 110 | −3 | −330 | 9 |
| 2015 | 125 | −2 | −250 | 4 |
| 2016 | 142 | −1 | −142 | 1 |
| 2017 | 169 | 0 | 0 | 0 |
| 2018 | 196 | 1 | 196 | 1 |
| 2019 | 224 | 2 | 448 | 2 |
| 2020 | 254 | 3 | 762 | 9 |
| ∑ | 1220 | 0 | 684 | 28 |

将表中计算结果代入公式，得出，

$$a = \frac{1}{n}\sum y_i = \frac{1220}{7} \approx 174.29$$

$$b = \frac{\sum t_i y_i}{\sum t_i^2} = \frac{684}{28} \approx 24.43$$

把 $a$，$b$ 代入公式，得直线方程：

$Y_t = 174.29 + 24.43t$

当 $t=4$ 时，可得 2021 年该地区羽绒服的预测销售额。

$Y_t = 174.29 + 24.43 \times 4 = 272.01$（万件）

（3）季节指数法。季节指数法是以市场的循环周期（1年或1季度）作为跨期求得移动平均值，并在此移动平均值的基础上求得季节指数，以此来描述时尚服饰市场的季节性变化规律，再对市场的发展趋势做出量的预测的方法。常用于预测具有季节性波动的情况。比如服装产品。用该法可以预测服装的供应量、需求量及价格变动趋势。

采用季节指数法的关键是计算季节指数，下面举例说明季节指数法预测的步骤。

**【小案例】** 品牌保暖内衣的销售量 3 年内各季节的销售资料如表 3—8 所示。

表 3—8　某品牌内衣季销售情况　　　　　　　　　　　　　单位：万件

| 年度＼季度 | 春季 | 夏季 | 秋季 | 冬季 | 各季平均 | 年销售总量 |
|---|---|---|---|---|---|---|
| 2018 | 85 | 28 | 87 | 148 | 87 | 348 |
| 2019 | 88 | 33 | 90 | 161 | 93 | 372 |
| 2020 | 93 | 36 | 99 | 186 | 103.5 | 414 |
| 合计 | 266 | 97 | 276 | 495 | 284 | 1134 |

第一步，计算各年度季平均销售量，计算公式为：

季平均销售量=全年销售总量/4

2018 年季平均销售量=（85+28+87+148）=87（万件）

同理，可计算 2019 年和 2020 年季平均销售量。

第二步，计算各年各季的季节指数，计算公式为：

某季的季节指数=某季的销售量/当年季平均销售量×100%

2018 年春季季节指数=85/87×100%=97.70%

同理计算 2018 其他各季和 2019、2020 各季季节指数填入表 3—9。

第三步，为排除偶然因素的影响，至少取 3 年的资料计算平均季节指数。计算公式为：平均季节指数=各年同季季节指数之和/观察年数

各季计算结果填入表 3—9。

表 3—9  2018—2020 年季节指数与平均季节指数    单位：%

| 年度\季度 | 春季 | 夏季 | 秋季 | 冬季 |
|---|---|---|---|---|
| 2018 | 97.70 | 32.18 | 100.00 | 170.12 |
| 2019 | 94.62 | 35.48 | 96.77 | 173.12 |
| 2020 | 89.86 | 34.78 | 95.65 | 179.71 |
| 平均季节指数 | 94.07 | 34.15 | 97.47 | 174.31 |

第四步，计算预测年度各季的预测销售量，计算公式为：

某季预测销售量=年预测销售量/4×该季季平均季节指数

比如，预测 2021 年全年该品牌内衣的销售量为 450 万件，由各季的预测销售量可计算如下：

春季：450/4×94.07%≈105.83（万件）
夏季：450/4×34.15%≈38.42（万件）
秋季：450/4×97.47%≈109.65（万件）
冬季：450/4×174.31%≈196.10（万件）

## 五、时尚服饰市场预测的组织工作

### （一）时尚服饰企业市场预测系统的职能

时尚服饰企业利用市场预测系统能够实现：

1. 确定预测信息的要求

根据预测的目的，确定预测信息的要求，然后进行预测信息的搜集和整理等工作。

2. 挑选有能力的预测工作人员

不同的预测类型的工作内容会有所不同，不同的预测工作人员从事预测过程中不同环节的工作。而预测工作是个系统的繁杂的工作，对预测工作人员综合素质要求较高。

3. 搜集数据

为了保证预测结果的准确性，要求预测数据具有真实性。为此，在数据搜集过程中，要求每个环节设计合理，保证数据的真实性和系统性。

4. 根据数据情况选用合适的预测方法

在定量预测过程中，要把数据进行处理，分析其特征，根据数据的特征选择合适的预测模型。在选择预测模型的时候，会发现有些数据可以用不同的数学模型来处理，预测的结果也会不同。

5. 把预测结果通知经理

把预测的结果整理成报告提供给经理，供营销决策用。

6. 实际结果对预测结果的反馈和比较

我们可以根据以往预测值的实际值的比较，判断该预测模型的误差的大小，从而判断该预测模型的误差。有时,会利用几种不同的预测模型的数据建立新的预测模型进行预测。

### (二)时尚服饰企业市场预测的组织工作

时尚服饰企业在开展预测工作时会发生许多问题,主要表现在以下几个方面。

**1. 数据资料出现的差错**

数据资料出现的差错主要是指数据本身有错误,资料不具真实性。

**2. 负责检查预测结果的人员没有核对数据的可靠性**

为了保证预测结果的准确性,要使数据真实、可靠,负责检查预测结果的工作人员应对数据的可靠性进行核实。不经核实的数据如果不可靠,会导致预测结果出现错误。

**3. 预测结果未发挥应有作用**

决策者不懂预测,预测结果可能没有提交给他使用或提交后被束之高阁。预测的成功必须有很多人的努力,但由于各种原因使部分人员在改进工作的意识上还有欠缺。

**4. 方法的错误**

由于预测方法选择出现错误,往往会导致预测结果的不准确。

**练一练**:试着为某一时尚服饰选择一种最合适的预测方法进行预测。

**任务小结**:完成本任务后,请进行自我测试看自己是否掌握了各种预测的方法。

## 任务3 时尚服饰市场营销信息的管理

### 一、市场信息分类

#### (一)市场信息的概念

市场信息是有关市场经济活动各种消息、情报、数据和资料的总称。市场信息一般通过报表、凭证、商情、文件、书信、语言、广告、合同、货单和图像等形式表现出来。

#### (二)市场信息的特性

市场信息的一般特性有可感知和可识别性;可存储性;可转换性;可加工处理性;与物质载体的不可分割性等。

作为时尚服饰市场信息,它具有和其他社会信息不同的特点,具体表现在以下四个方面。

**1. 时尚服饰市场信息具有明确的来源和目的性**

市场信息是在市场运行及有关事物的动态变化过程之中。时尚服饰的市场信息是从收集、加工、传递到存储,都是围绕时尚服饰市场进行的,是直接为提高时尚服饰市场活动的效率、维持时尚服饰市场的正常运行服务的。

2. 时尚服饰市场信息具有复杂性和多样性

时尚服饰市场信息不论在数量、内容还是形式上，都呈现复杂性和多样性。其中既有生活资料、生产资料等商品市场的信息，还包括资金、劳务、技术和房地产等要素的市场信息。有来自高层活动主体的信息，也有来自市场活动参与者的信息。

3. 时尚服饰市场信息具有较强的有序性和可传递性

时尚服饰市场信息是在人们有意识地参与时尚服饰市场活动过程中生成的。它在一定程度上经过了人们的加工整理。因此，它的有序化程度较强。随着通信技术与传播手段的发展，现代市场信息的数字化和网络化，使市场信息突破时空限制，有可能在全球范围内传输。

4. 时尚服饰市场信息具有效用性

时尚服饰市场信息是为时尚服饰经济服务的。为此，市场信息的处理过程要讲求效用，围绕时尚服饰经济活动中要解决的问题有针对性地进行信息的收集工作。

## （三）市场信息的种类

按照不同的划分方法进行分类，具体有以下几个方面。

1. 按信息产生过程分

按信息产生过程，可以分为原始信息和加工信息。原始信息又称初级信息，是指企业生产经营活动过程中的原始记录、原始数据、单据等，比如产量、销售额、利润和费用等方面的信息。它是最大量、最广泛的信息。把原始信息按照管理目标和要求进行加工处理，就形成加工信息。

2. 按信息来源分

按信息来源，可以分为内部信息和外部信息。内部信息是指来自企业内部生产经营过程及管理活动的信息。一般通过计划、会计、统计报表、财务分析等反映出来。外部信息是指来自企业经营管理系统以外的市场环境的信息。包括市场供求变化、同行业竞争情况、国家计划、政策、法规条例、物价和消费趋向等信息。

3. 按时间属性分

按信息的时间按信息的时间属性，可分为历史信息、现时信息和未来信息。历史信息指反映过去的市场运行现象与过程的信息，常常以文献资料的形式保存起来。现时信息是指正在进行着的市场经济活动的信息，它的时效性较强。未来信息是指预测市场未来发展动向，揭示市场未来趋势的信息。

4. 按信息来源的稳定程度分

按信息来源的稳定程度，可分为固定信息和流动信息。固定信息是指系统化的信息资料，比如法律文件、统计资料、广告专题节目和各种标准定额等。固定信息具有相对稳定性，它可以在一段时间内反复使用，是企业制定常规性决策的重要依据。流动信息是指反映市场经济活动进程及变化动态的信息，如利率变化、市场供求变动、商品结构调整、价格涨落和消费流行趋势等。这类信息是不断变化的，流动性大，时效性强，而且通常只有一次使用价值。

5. 按信息内容分

按信息内容,可以分为市场情报信息、企业经营管理信息、营销环境信息等。市场情报信息包括企业向市场搜集所需动态的情报资料,也包括企业向市场发出的有关营销情况的信息。为企业决策和日常管理提供依据,同时扩大本企业的影响,提高市场占有率。一般通过销售分析、广告、商情动态等图像或文字资料反映出来。经营管理信息是指对企业生产经营过程进行计划、组织、指挥和控制时所需要的信息,包括计划与合同信息、定额信息、价格信息及统计信息等。营销环境信息是影响企业营销活动的外部环境的信息,它包括市场环境信息,如市场体系发育程度、市场供求的总体平衡状况、商业网点布局和同行业竞争情况等;经济环境信息,如国民经济发展速度、国家经济政策变化、人民消费水平及消费结构变动及经济结构变化等;政治环境信息,如国家政体、行政管理体制和基本方针政策等。

## 二、时尚服饰市场营销信息管理系统

时尚服饰企业的市场营销系统,一般由内部报告系统、外部信息系统和专题研究系统三个子系统组成。

### (一) 内部报告系统

内部报告系统普遍存在于各时尚服饰企业之中。主要原因是,时尚服饰企业每天都要产生大量的有关原材料消耗、生产(销售)进度、现金收支、库存变化等信息的业务报表。这些报表各自反映了与企业经营活动有关的一个方面,又互相联系。综合这些报表的总量信息,也是对企业经营活动全貌的描写。这些综合信息对企业领导做出正确的决策有非常实用的价值。

比较规范的信息系统应该是将系统计算机化。内部报告系统的计算机化,可以使企业领导及时掌握整个企业的经营情况,帮助领导进行决策。现在不少计算机管理软件都配有决策支持系统(DSS),使决策者在几秒钟内了解到某些经济参数如产品价格、原材料成本的变化对企业的利润、销售量的影响。比如,如果棉纺厂的原料1的价格上涨5%,原料2的价格上涨18%,企业的盈利将下降多少等问题,都可以通过软件解决。

### (二) 外部信息系统

内部报告系统提供的只是关于企业内部的有关信息。对从事市场营销的企业来说,内部信息是远远不够的。必须收集大量的经济信息、科技信息、市场信息为企业服务。这些信息来源于供销人员、出差人员、情报资料员、科技人员和出国人员等。由上述信息组成的系统称为外部信息系统。

### (三) 专题研究系统

上面的两个系统收集的都只是常规信息。由于需要,时尚服饰企业必须对一些专门问题进行研究，如预测市场对时尚服饰的需求、时尚服饰广告的效果等。这些问题可以由专题研究系统来进行。它是一个由研究主体、研究客体和研究手段三部分组成的有机整体。

企业在进行分析时，除了专门调查所得资料外，还需要前两个系统所提供的数据。在信息管理上做得好的时尚服饰企业，这些数据都以数据库的形式存在着。也可以采用数学模型作为工具进行资料的分析。有条件的时尚服饰企业，在建立数据库的同时，也应该收集各种有用的、已经计算机化的数学模型，逐步建立起模型库。

**练一练**：请分析某一品牌服饰通过什么途径来取得市场营销信息。

**任务小结**：完成本任务后，理解市场营销信息系统的构成。

## 项目三 小结

时尚服饰市场调查和市场预测都是企业在生产经营活动中研究时尚服饰市场变化的方法。市场调查是市场预测的前提和基础，而市场预测是市场调查的延续，同时，市场调查，对市场预测的结果又可以起到验证和修正的作用。因此，时尚服饰企业必须有组织、有计划地进行市场调查和市场预测活动。

**同步阅读**：

中国消费者是全球奢侈品市场的主要驱动力之一，他们的消费额在全球市场中的占比不断增长，2019年达到35%，奢侈品消费规模约为984亿欧元。中国内地奢侈品市场在2019年延续了过去几年的强势表现，市场整体销售额增长了26%，达300亿欧元。从不同品类奢侈品在消费者中的渗透率来看，成衣渗透率略微领先。2020年手袋、珠宝/手表因保值、经典抗周期等属性，渗透率提升明显。预计2020全年全球奢侈品市场将下降25%至45%，中国将上升20%至30%，市场率先回暖。

1. 中国消费者为奢侈品市场主力军，占全球比重达35%

中国消费者是全球奢侈品市场的主要驱动力之一，他们的消费额在全球市场中的占比不断增长。消费规模方面，尽管在2016年出现了下滑，但2017年又迅速增长至813亿欧元，同比增长11.04%；2018年中国奢侈品消费规模为865亿欧元，同比增长6.37%，约占全球奢侈品消费规模的33%。2019年，中国奢侈品消费规模约为984亿欧元（注：消费规模指中国国民在全球范围内购买的奢侈品总额，包括海外购买力）。根据贝恩公司与意大利奢侈品行业协会（Fondazione Altagamma）数据显示，2019年中国籍消费者占据全球个人奢侈品消费总额的35%，较2018年上升2个百分点。区域奢侈品消费排名第二为美国，2019年占比为22%，欧洲居全球第三，市场消费占比17%。

2. 国内奢侈品市场延续强势增长，仍低于境外消费市场

虽然我国奢侈品消费能力已跃居全球第一，但仍以海外消费为主，国内消费占奢侈品消费总额的比重虽然持续增加，仍不足三分之一，中国消费者在境外消费额远高于国内市场。2019年，我国国内奢侈品销售规模约为300亿欧元，同比增长26%。

3. 手袋、珠宝/手表因保值、经典抗周期等属性，渗透率提升明显

从不同品类奢侈品在消费者中的渗透率来看，2019年渗透率最大的品类为成衣，渗

透率达 61%；配饰和鞋履紧随其后，2019 年渗透率分别为 55%和 50%。2020 年，受疫情影响，消费者社交场合减少，在时装成衣上的购买相对略有减少，渗透率下降至 60%；同时，疫情对消费者的收入预期造成影响，消费者在购买奢侈品时更倾向于购买具有经典抗周期的手袋或保值属性好的珠宝/手表等品类，2020 年手袋及珠宝/手表奢侈品渗透率均上升为 50%。

4. 2020 年全球奢侈品市场受新冠疫情重创，中国率先回暖

2020 年起始，新冠疫情席卷全球，奢侈品市场受到重创，预计较上年将下挫 25%至 45%。在低迷的全球市场环境中，中国市场得益于疫情控制得当，率先回暖，预计 2020 全年可实现 20%至 30%的增长。市场表现令人瞩目，也让中国市场成为各大奢侈品牌的主战场。

**思考与练习**：试分析《2020 年中国奢侈品行业发展现状分析》采用什么调查方法。

**同步实训：**

**实训一　撰写市场调研报告**

**一、实训目的**

熟悉时尚服饰市场调研报告的基本格式，掌握撰写市场调研报告的能力和技巧。

**二、实训要求**

1. 掌握撰写时尚服饰市场调研报告的基本格式和方法。
2. 能熟练利用 Excel 制作表格和绘图。
3. 每小组上交一份打印的时尚服饰市场调研报告。

**三、实训内容**

利用图表说明，按照调研报告的基本格式撰写时尚服饰市场调研报告。

**四、实训准备**

1. 认真撰写时尚服饰市场调研报告方面的知识。
2. 熟悉 Excel 软件的操作。

**五、考核办法**

主要从时尚服饰调研报告格式的规范性，内容的完整性，问题分析的透彻性，原因解释的合理性，对未来预测的科学性和建议的可行性等方面，对学生上交的时尚服饰市场调研报告给出书面成绩。

**同步测试：**

**一、关键概念**

市场调查　市场预测　市场营销信息系统

**二、单项选择题**

1. 市场调查首先要解决的问题是（　　）。

　　A. 确定调查方法　　B. 确定调查对象　　C. 明确调查目的　　D. 解决调查费用

2. 在访问法中，获得信息量最大的是（　　）。

　　A. 面谈调查　　B. 邮寄调查　　C. 电话调查　　D. 留置调查

3. 市场预测程序是（　　）。

　　A. 明确目的、收集资料、分析、预测

　　B. 收集资料、明确目的、分析、预测

C. 分析、明确目的、收集资料、预测

D. 明确目的、收集资料、预测、分析

4. 调查项目地选择要做到（    ）

　A. 所列项目不宜过多

　B. 所列项目尽可能全面

　C. 每个项目要有明确，具体的说明

　D. 注意项目之间不能有相互联系

　E. 注意项目之间的相互联系

5. 实验法通过实验对比，可以比较清楚地分析事物的（    ）

　A. 变化规律　　B. 变化原因　　C. 变动结果　　D. 因果关系

### 三、思考题

1. 简述时尚服饰市场调查的一般程序。
2. 什么是时尚服饰市场预测？预测主要内容有哪些？

**与本项目相关的视频请扫二维码**

# 项目四

# 时尚服饰消费心理和行为认识与分析

**能力目标:**
通过完成本项目,你能够:
1. 体会时尚服饰消费者市场的特点
2. 掌握时尚服饰消费者购买行为模式
3. 能分析影响消费者行为的基本因素
4. 学会时尚服饰营销者在购买者决策过程中不同阶段的工作内容

**核心能力:**
1. 把握时尚服饰消费者市场特点
2. 能分析影响消费者行为的基本因素
3. 时尚服饰营销者在购买者决策过程中不同阶段的工作内容

**具体任务:**
任务1 时尚服饰消费者心理的认识与分析
任务2 时尚服饰消费者购买决策的认识与分析

**【引导案例】**

半个世纪以来,时尚服饰消费市场风云变幻,法国时尚服饰设计大师克里斯汀·迪奥(Christian Dior)的旷世辉煌似乎再次印证了分析和掌握消费需求的重要性。

迪奥创立品牌之路始于20世纪40年代末,当时整个西方国家刚刚饱尝了第二次世界大战的洗礼,人民生活动荡不安,物价飞涨,商品供应紧缺,人们靠定量供给的食品和日用品艰难地维持生活,二战的阴影仍笼罩在这个千疮百孔的星球上。英国、德国、法国的时尚服饰厂家仍在忙于生产体现战争风貌,无性别差异的粗糙时尚服饰。但爱美之心是人的本性,和平的来临再次唤醒了人们对美好生活的向往与追求。迪奥就是准确地抓住这一契机,以其大胆的构思和设计复苏了第二次世界大战以来一直为女人们刻意压抑又始终幻想的华丽之梦。在1947年的时装发布会上,迪奥强调丰胸、窄腰、宽肩的形象设计,一扫战争的丑恶与残酷、硝烟与流血,冲淡了战争以来巴黎时尚服饰界的沉闷,使战后颓丧而无奈的法国女士们再次欣喜若狂。用简单优美的线条和华丽高档的面料构成的迪奥时装是"年轻、希望、未来",它给被战争硝烟缭绕过的女性充分展示优美身段、高贵典雅和重新塑造自己的机会。对战后仍旧贫困不已的社会产生了巨大的冲击。

时尚服饰营销

这场被称为革命性的"新风貌",很快就迎来了消费者和国际时尚服饰界的强烈反映与迅速认同。旧时的时尚服饰被迫沦落到了廉价的市场上,而站在流行前沿的厂商们强烈意识到时尚服饰领域全新时代的开始,他们争先恐后地加入"新风貌"的行列。此后,迪奥在世界名牌的霸主地位越来越稳固,其时尚服饰的出口额曾占法国总出口额的5%,是法国时尚服饰出口额的75%。

如今,迪奥的产品遍布全世界,产品也从高级女装延伸到高级成衣、针织时尚服饰、内衣、各式香水、化妆品、珠宝和饰件等。几十年来迪奥人延续着迪奥品牌的精神与风格,不断创造着"新的机会,新的爱情故事"。

一个时尚服饰经营者在设计、生产新款时尚服饰之前首先要明确:你在为谁而设计,即谁将是新款时尚服饰的目标消费者?他们是在什么动机的驱使下采取购买行为的,即购买目的是什么?消费者愿意在何时、何处购买,即购买的时间和地点是什么?有哪些因素会影响消费者的购买决策?而消费者又是如何作出购买决策的等等。

只有充分掌握这些涉及消费心理活动和消费行为变化规律的问题,才有可能设计生产出消费者易于接受的时尚服饰。

# 任务1 时尚服饰消费者心理的认识与分析

**任务提示**:本任务将引领你了解时尚服饰消费者市场的特点!

**任务先行**:时尚服饰消费者市场是一切时尚服饰市场的基础,因此,任何时尚服饰企业都应关注自己产品的最终市场。而这一切都建立在对时尚服饰消费者市场特点的准确把握的基础上。

## 一、时尚服饰消费者的市场表现

时尚服饰的选择及穿着行为与人们的消费需要和动机有着密切关系。人们不仅通过时尚服饰满足生理需要,而且还要通过时尚服饰来满足心理需要。正是因为有了需要才产生购买欲望并形成购买动机。因此,时尚服饰企业就必须掌握人们对时尚服饰的心理和生理需求、购买行为的特点以及发展变化规律,才能制定出可行的营销计划,有效地开拓市场,满足消费者的时尚服饰需求,提高企业的经济效益和社会效益。

### (一)时尚服饰消费者的需求及其特点

1.时尚服饰消费者需求的分类

人的需求是多种多样的,从不同角度,依据不同标准和方法,可把需求分为以下几类。

(1)按照需求的起源可将需求划分为生理需求和心理需求两类。生理需求也可称天然需求或初级需求,是人在自身发展过程中,为了维持生存、保持人体生理平衡而形成的需求。如：穿着服饰是为了保护身体不受伤害，以及维持人的正常体温，是人的生理需要。心理需求也称高级需求，是人对社会生活的要求，也表达了个体在社会中期望发展，希望获得承认的愿望。如：人们常常借助穿着某种特定的时尚服饰满足赞赏、归属的需要。社会需求是受历史条件、社会制度、民族文化和风俗习惯等因素制约的，而且也是随着社会的发展在不断地深化和提高的。

（2）按照指定的对象可将需求分为物质需求和精神需求两类。物质需求是人的生存基础，人通过物质产品的占有和使用而获得满足。物质需求包括：衣、食、住、行的需要，以及日常生活中其他方面的物质需要。精神需求是人特有的需求。是通过对社会意识产品的获取和欣赏而得到的满足，包括：认识的需要、学习的需要、审美的需要以及道德完善的需求等。

物质需求和精神需求是有密切关系的。往往表现在需求对象的本身能同时满足人的这两种需求。如人们在买到如意的时尚服饰时，不仅物质需求得到满足，同时也能获得精神上的享受。

2. 时尚服饰消费者需求特点

时尚服饰消费的需求，不同于其他消费的需求。由于时尚服饰消费的人数多、需求变化快，形成了独特的消费需求特点。主要有以下几点。

（1）流行性。时尚服饰的流行性是一个具有时间性的概念。时尚服饰流行的时间长短是由消费者接受这种时尚服饰的时间长短所决定的。它不仅具有时间性，还具有时代感。通过流行，体现出时代的特征。时尚服饰消费需求的流行性，并不意味着所有的消费者或者大部分消费者都赞许，但从总体消费趋势上看，时尚服饰消费需求的流行性，是可以反映时尚服饰发展的总趋势的。

（2）多样性。时尚服饰消费需求具有多样性，是由于消费者的爱好、性格、年龄、收入水平、职业、文化、民族等因素具有差异性。即使是同一社会阶层的消费者，对时尚服饰的选择也不一样。再如同一年龄段的消费者，对时尚服饰的款式、色彩的偏好也不尽相同。时尚服饰消费需求的多样性，导致了时尚服饰市场出现的快速反应。随着社会的进步、观念的更新、生活水平的不断提高，购买力的增强，消费者需求的多样性也将越来越醒目。

（3）时尚服饰消费需求的周期性。时尚服饰消费需求具有周期性，许多需求能够重新产生，反复出现。

【小案例】

中山装是孙中山时代的产物，经过几十年之后，又重新受到消费者的喜爱；我国妇女穿的旗袍，是我国20世纪20—30年代的时尚服饰典范，沉默了若干年之后，又重新出现在消费舞台上。还有许多时尚服饰款式，如螺旋线一样，周期性地出现。

（4）时尚服饰消费者需求的层次性。消费者是由社会各阶层人士组成的，由于各阶层的经济收入、职业、审美观等存在着差异，自然就体现出消费需求的层次性。

【小案例】

演员、艺术家和普通教师，对时尚服饰的选择在款式、色彩、图案等方面会有不同的要求。

但是无论是哪一阶层的消费者的需求，都存在着这样一个共性，就是消费需求随着

## 时尚服饰营销

生活水平的提高，从低层次向高层次过渡和发展。

（5）时尚服饰消费需求的伸缩性。消费需求的伸缩性是指消费需求在受到内因和外因的作用时所产生伸缩的程度。内因是指消费者的购买欲望、购买能力等因素。外因是指时尚服饰的款式、色彩、品牌、价格等因素。这两个因素促使消费者需求产生弹性变化，既能加快消费者的购买速度，又能抑制消费者的购买行为。如果时尚服饰消费需求的弹性较大，那么时尚服饰市场变化也相应较快，否则，就恰好相反。

（6）时尚服饰消费需求的可诱性。消费需求的内在因素通常会在外在因素的作用下发生变化，这说明消费需求具有可诱性。企业可以通过各种促销手段和方法来刺激、诱导顾客，以提高消费水平。如时尚服饰在创名牌阶段，企业可以用电视广告、杂志广告、路牌广告等媒介进行促销，帮助顾客认识品牌，认识企业的形象，引导顾客购买，让顾客在购买过程中感到企业可靠，对产品的质量放心。此外还要加强售后服务工作。这样，就可以使消费者从无需求变为有需求，把潜在的市场需求变为现实的市场购买。

（7）互补性和互替性。时尚服饰消费品种类繁多，不同品牌甚至不同品种之间往往互为替代产品，形成竞争态势。

3. 时尚服饰消费者的购买动机及其类型

（1）购买动机

①求实动机。它是指消费者以追求商品或服务的使用价值为主导倾向的购买动机。时尚服饰消费者的求实动机表现为注重时尚服饰穿着的方便、舒适，强调时尚服饰的安全防护功能，一般不过分挑剔时尚服饰的款式、面料和花色，更不奢望是否流行。

②求美动机。它是指消费者以追求商品欣赏价值和艺术价值为主要倾向的购买动机。一般而言，时尚服饰消费者购买行为中不同程度地都渗透着审美意识，但具有求美动机的消费者则追求时尚服饰的审美艺术价值，注重时尚服饰的美感及穿着的艺术效果。

③求新动机。它是指消费者以追求商品、服务的时尚、新颖、奇特为主导倾向的购买动机。时尚服饰消费者出于求新动机，则会对新花色、新款式、新造型、新品种的时尚服饰产生浓厚的兴趣和强烈的购买欲望，对时尚服饰的流行性非常敏感。

④求名动机。它是指消费者以追求名牌、高档商品，借以显示或提高自己的身份、地位而形成的购买动机。时尚服饰消费者仰慕优质名牌时尚服饰，具有这种动机的人可以分为两类，一类是出于对知名度高的时尚服饰品牌质量的信赖，在挑选时择名牌而买，而对那些非名牌缺乏信任感；另一类"求名"者则是以追求名牌商品显示自己的个性、地位、价值为目的。

⑤求同动机。求同动机是一种为保持与别人或环境一致而产生的购买动机，它通常表现为消费者希望与某些人保持一致，满足"你有我也有"的趋同心理。在时尚服饰市场中，许多流行品牌的形成，与消费者求同动机有密切关系。

（2）时尚服饰消费者购买行为的类型

时尚服饰消费者购买行为的类型时尚服饰消费者的购买行为可以分为两大类，一类是有计划的购买行为，如何时何地需要买时尚服饰，买什么款式的时尚服饰等事先做好计划；另一类是冲动购买，是由某一因素的刺激，消费者产生即刻购买时尚服饰的行为。冲动购买常伴有非理性的因素。在商业发达、人们收入较高的社会里，冲动购买时尚服饰的比例越来越大。时尚服饰的冲动购买可分为四种类型。

①流行冲动购买。流行又称时尚，是指一个时期内社会上或某一群体中广为流传的生活方式。时尚服饰流行是一种典型的流行现象，是人们追求个性，求新求异等心理的表现，也是个体适应群体或社会生活的一种方式。我国曾出现过的"西服热""旗袍热""唐装热"等都是这些服饰在一段时期内流行的表现。当消费者觉察到某种时尚服饰的款式或面料等在流行，就会在追求新奇、时髦的心理驱动下产生购买行为。

②临场冲动购买。临场冲动购买是指消费者的购买决定是在商场或其他购买现场做出的。如消费者在逛商店之前，并没有打算购买时尚服饰，但当看到某种时尚服饰特价打折或由于导购员的劝说等而立即产生购买行为。

③提示冲动购买。提示冲动购买是指受某种提示或暗示的影响完成的购买行为。这种提示可以是比较明确的记忆，也可以是潜意识。如消费者在浏览商场时，突然发觉某条裙子与自己在时装杂志上看到的一条非常喜欢的裙子相似，于是马上买下。有时，消费者发现某件衣服似曾看过，很是喜欢，也会一下子就买下。这种似曾看过的感觉可能是他在看电视剧时留下的印象，只是深深地埋藏在潜意识中。

④纯粹冲动购买。纯粹冲动购买是一种非理性程度最高的购买行为，除了强烈的购买冲动之外没有合乎逻辑的动机和明显的影响因素。这类消费者会说："我一看到这件衣服，就有非买不可的冲动。"或"它太吸引我了，让我无法抗拒。"不同类型的消费者进行时尚服饰冲动购买的频率不同，一般来说，女性冲动购买的频率高于男性，青年人高于中老年人，较富有者高于较贫困者等。时尚服饰企业要提高消费者冲动购买的次数，在狠抓时尚服饰质量和服务的同时，还应设计出独特新颖的时尚服饰款式，做好时尚服饰品牌的策划宣传。

## 二、影响时尚服饰消费心理与行为的因素

消费者生活在纷繁复杂的社会之中，购买行为受到许多因素的影响。要透彻地把握消费者购买行为，有效地开展市场营销活动，必须分析影响消费者购买行为的有关因素。这些因素包括文化因素、社会因素、个人因素、心理因素等，如下表4—1所示。

表4—1 影响消费者购买行为的因素

| 文化因素 | 社会因素 | 个人因素 | 心理因素 |
| --- | --- | --- | --- |
| 文化<br>亚文化<br>社会阶层 | 相关群体<br>家庭<br>身份与地位 | 年龄<br>职业<br>经济状况<br>生活方式<br>个性 | 动机<br>感觉<br>学习<br>信念与态度 |

### （一）文化因素

**1. 文化**

每个人都生长在一定的文化氛围中，并接受这一文化所含的价值观念、行为准则和风俗习惯，这也会影响人们的购买行为。我国是一个历史悠久的东方文明古国，其文化背景使得我国消费者具有一些独特的民族心理特点和购买行为方式。

时尚服饰营销

（1）含蓄的民族性格和审美情趣。传统的中国人大多内向、含蓄、重理念，这些特点表现在时尚服饰的选择上，我国人民多喜欢淡雅、朴素而庄重的时尚服饰，传统的中国时尚服饰如旗袍、唐装等都反映出中国人的含蓄内敛的性格。

（2）朴素的民风和节俭心理。节俭自古以来被中国人视为一种美德，现在随着人们收入的不断提高，人们开始讲究穿得要漂亮、时尚，使时尚服饰消费支出大幅度提高，但注重实际，不铺张浪费还是很多人的消费准则。

（3）求同心理。东方民族习惯求同，不愿太张扬，希望自己能与他人保持一致。很多人在选择时尚服饰时，常考虑能否被他人接受和认可，不愿意"出风头"或"不守规矩"。但随着经济的发展和改革开放，人们的这种观念有了很大的改变，特别是越来越多的年轻人敢于尝试各种新奇时尚服饰，敢于表现自我。当今世界，每个国家都不可能离开其他国家而封闭发展，经济的全球化，使不同的文化相互交融、相互渗透，许多时尚服饰因此突破了文化的界限，出现了国际化的趋势。

2. 亚文化

在每一个文化群中，还存在若干更具文化同一性的群体，被称为亚文化群体。如民族群体、宗教群体、种族群体和区域群体等。时尚服饰企业是以一定的地区、一定的年龄、一定的民族的消费者为目标市场，而亚文体群体具有较近的生活习惯、方式，这为时尚服饰企业进行市场细分提供了条件。

3. 社会阶层

自有国家以来，社会就存在阶层。社会阶层是指一个社会的相对稳定和有序的分类，是由人的职业、收入、教育等方面存在的差异而形成的。社会上每个成员都生活在一定的阶层之中，每类成员都有类似的价值观、兴趣和行为。在时尚服饰选择方面，各社会阶层显示出不同的产品偏好和品牌偏好。

（二）社会因素

1. 相关群体

相关群体也称参照群体，是指对消费者的思想、态度、信念及行为具有一定影响的社会关系。它既可能是一个团体组织，也可能是一个行政部门，还可能是某几个人，如电影演员、运动员等。从广义上讲，朋友、邻居、同学和机关、企业等，都属于相关群体的范畴。心理学证明，一个人的习惯、爱好以至思想和行为准则，都不是天生就有的，而是在后天活动中，受外界影响逐渐形成的，在各种外界影响中，相关群体对消费者行为的影响是至关重要的。相关群体的范围非常广泛，可以按不同的方式划分。

（1）正式群体和非正式群体。正式群体一般指有固定组织形式、有特定目标、有经常性活动或成员活动的群体，如机关、学校、工厂等。正式群体有一定的规范，作为其成员，在行为上应遵守一定的准则，这些规范和准则，有些作为某种制度、纪律，成为群体对成员的组织约束手段；有些则属于观念、情感、情趣等方面的心理规范，它对消费者的价值观念、审美情趣的形成有重要的影响。

【小案例】

在购买行为中，科技群体成员对时尚服饰的面料、做工较为重视，而文艺群体成员对时尚服饰的款式、色泽及时尚服饰的社会效果更为注意。

非正式群体,指结构比较松散,一般是为完成某种任务或由于某种共同的兴趣而临时组成的群体。如都市许多年轻的女性为了健身而参加各种健身俱乐部,俱乐部成员的言行举止、穿衣风格等对她们都会产生影响。

（2）自觉群体与回避群体。消费者根据自我意识,自觉地把自己归属于某一群体,此群体为自觉群体。消费者个体也用此群体的特征约束自己的行为,例如教师职业的消费者会自觉地把自己归属于教师这一群体,并用此群体的行为规范约束自己。回避群体是指消费者极力避免归属的、认为与自己不相符的群体。回避的原因有很多有主观认识造成的,也有外界是舆论压力造成的。如有许多年轻的女孩不愿穿旗袍,因为社会舆论把它视为已婚女士的标志。

（3）所属群体与参照群体。所属群体是指一个人实际参加或归属的群体,包括学校、工厂、机关等。一个60岁以上的老年人,不论其心理状态如何,年龄因素使其自然成为老年人群体中的一员。参照群体是指消费者心理向往的群体,消费者希望自己的行为与参照群体一致。

【小案例】

一些青少年希望有一天能成为歌星或影星,他们从动作、发型到时尚服饰都模仿自己心目中崇拜的明星。也有人把文艺作品和影视中的某些形象当成自己的参照群体。

相关群体的群体压力使人们的消费行为趋于某种"一致化",同样,由于对群体的信任感和对偏离群体的恐惧,消费者也会自觉地向群体靠拢。相关群体通过语言、评论等也会影响消费者的态度、信念和购买行为。

2. 家庭

人们的价值观、审美观、爱好和习惯多半是在家庭的影响下形成的。在所有购买决策的参与者中,购买者家庭成员对其决策的影响是最大的。一个家庭处在不同的生命周期,家庭的需求结构、经济能力和消费水平也相应发生变化。根据我国目前的社会及家庭状况,可把城市家庭生命周期划分为单身青年期、核心家庭期及空巢期三个主要阶段。家庭生命周期的不同阶段有着明显不同的时尚服饰消费行为。

（1）单身青年期。这一阶段是青年人成家之前的阶段,他们经济上独立,有自己的工作和事业,有的仍和父母同吃同住,父母有时还会帮助一下子女。因此,单身青年购买力高,加上他们对新鲜事物十分敏感且乐于接受,又崇尚时髦,喜欢标新立异,有着较强的自尊心,故更希望有一个能取悦于人的外表,常常毫不犹豫地用时尚服饰来吸引人们的注意力,获得社会的承认。所以单身青年是流行时装最有实力的购买者,时尚服饰企业要抓住这个大目标市场。

（2）核心家庭期。这一阶段的时间较长,是指由父母与未婚子女组成家庭的阶段。这一阶段可分为初期、中期和后期。在核心家庭初期,孩子较小,家庭经济基础薄弱,负担较重,家庭的开支主要用于食品、日用品及儿童用品等消费上。青年夫妇对流行时装的追求势头下降,开始注重实际、实用。在中期,孩子正在上学,但尚未成年,经济负担不断加重,开支较大的是食品、学习用品,对时尚服饰的要求仍是以实用为主。在后期,夫妇已进入中老年期,子女开始工作,经济压力有所缓解,但对子女仍要做些经济上的付出。这一时期对时尚服饰和一些家庭用品开始注意更换。

（3）空巢期。这一阶段夫妇已进入老年，子女开始成家。这时的家庭经济较宽裕，夫妇开始重视身体保健，保健药品、保健时尚服饰是其追求的热点。随着全社会整体收入的提高和生活质量的改善，老年人的生活也更加丰富多彩，老年时尚服饰市场有十分广阔的前景。在生产中老年时尚服饰时，要改变以往以价格低为中心、忽视质量和款式的营销策略，应该注重"衣服为人服务"的观念，充分考虑中老年人的形体特征，注意老年人由于骨骼改变、脂肪堆积使体型改变所产生的时尚服饰需求上的差异，兼顾造型、色彩与穿着舒适，真正满足老年人对时尚服饰的需求。

3. 身份与地位

每个人的一生会参加许多群体，如家庭、公司等各类组织。一个人在群体中的位置可用身份和地位来确定，反映了社会对他的总评价。消费者在做出购买决定时往往会考虑自己的身份和地位。人们往往从一个人的穿着判断他在社会中的身份和地位，说明人们对不同身份和地位的人，有一种期待的着装模式。这种着装模式被社会所公认，是影响时尚服饰消费行为的主要因素。

### （三）个人因素

个人因素主要指消费者的经济条件、生理、个性、生活方式等对购买行为的影响。

1. 经济因素

经济因素指消费者可支配收入、储蓄、资产和借贷的能力，它是决定购买行为的首要因素。我们在分析经济状况对购买行为的影响时，主要是对家庭的实际收入状况加以分析。目前中国的消费层次按收入划分，可大体分为四种类型。

（1）高收入型。这一类型主要包括三资企业的经理及高级管理人员、一部分归国人员、演员和私营企业主等，他们的经济收入丰厚。这类消费者购衣以是否喜欢为准，不问价格，崇尚高档或进口商品，讲究名牌，也有一部分人常常购买一些豪华时装来炫耀自己的经济实力和身份。他们是高档百货店、高档专卖店和高档精品店的光顾者，但这些人占整个人口的比例较小。

（2）较高收入型。这一类型主要包括中外合资企业的中层管理人员、效益较好的企业的干部、部分知识分子等，他们收入较高，购衣既追求时髦又讲究实惠。

（3）中等收入型。这一类型主要是经营状况良好的企业的职工和农村富裕阶层。这些人家中略有积蓄，购衣时追求物美价廉，以实惠为首要标准，对商品质量要求较高。

（4）低收入型。这一类型包括经营状况不佳的企业职工以及下岗、失业人员、多子女家庭和农村贫困家庭。这类消费者基本没有什么存款，挣钱只够养家糊口。他们购买衣服只求便宜，对品牌、款式、色彩等并不在意。在这几类消费者中，较低收入型的消费者购买时尚服饰时以中低档百货店、中小时尚服饰店、个体时尚服饰摊或店铺为主。随着消费层次的提高，人们开始倾向于去高档百货店、专卖店和精品屋购买时尚服饰。

2. 生理因素

生理因素指年龄、性别、体征（高矮胖瘦）等生理特征。生理因素决定着人们对时尚服饰款式、面料、做工的需求。如儿童和老年人时尚服饰要宽松，穿脱方便；不同身高的人对时尚服饰型号有不同的要求等。

### 3. 个性

个性指一个人的心理特征。个性特征有若干类型，如外向与内向、活泼与沉稳、乐观与悲观、独立性与依赖性等。一个人的个性影响着消费需求和对市场营销因素的反应。

【小案例】

外向的人喜欢穿浅色和时髦的衣服，内向的人喜欢穿深色和庄重的衣服；独立性强的人，购买时尚服饰时能很快拿定主意，而依赖性强的人缺乏自信，反复比较，购买决策过程较长。

由于现代社会人们的个性趋向多元化发展，人们比任何时候都更加注重自我的实现和个性的表达，在时尚服饰的选择上尤其如此。人们更喜欢能代表个人喜好和情感的个性化时尚服饰，时尚服饰市场丰富多彩、千姿百态，给了消费者更广阔的选择空间。时尚服饰企业应不时推出新面料、新款式的时尚服饰，以满足消费者不同个性的需求。

### 4. 生活方式

生活方式指一个人在生活中表现出来的活动、兴趣和看法的模式。有些人虽然出自同一社会阶层，受着同一文化的熏陶，具有相似的个性，但由于有着不同的生活方式，其日常活动内容、兴趣、见解也大相径庭。

【小案例】

经常旅游、运动的人热衷于舒适轻便的休闲运动服，而在机关、公司工作的上班族更偏爱职业装。

随着社会的进步和经济的发展，人们的生活方式也在不断地改变。现代生活的特征是休闲时间增多，休闲内容丰富，人们的生活方式趋于多元化。人们既努力工作，又注重闲暇娱乐的文化内涵，从而导致了时尚服饰消费行为的复杂化，使得时尚服饰消费出现了层次化、多样化，更具有流行性。时尚服饰企业应了解消费者的生活方式及时尚服饰与生活方式之间的关系，并努力加强本企业时尚服饰对消费者生活方式的影响作用，从中捕捉设计的灵感，使时尚服饰更贴近人们的生活，使消费者的生活变得更加文明、健康。

例如：消费者在疫情中被快速催化的"零时差"购物模式将留存并继续演进。因此，零售企业创造多元场景与消费者在不同时段建立有效的连接显得尤为重要，如图4—1所示。

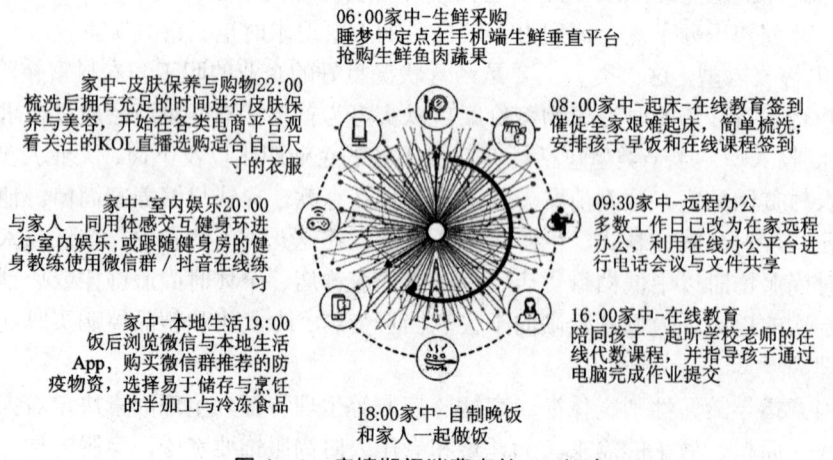

家中-皮肤保养与购物22:00
梳洗后拥有充足的时间进行皮肤保养与美容，开始在各类电商平台观看关注的KOL直播选购适合自己尺寸的衣服

家中-室内娱乐20:00
与家人一同用体感交互健身环进行室内娱乐；或跟随健身房的健身教练使用微信群/抖音在线练习

家中-本地生活19:00
饭后浏览微信与本地生活App，购买其微信群推荐的防疫物资，选择易于储存与烹饪的半加工与冷冻食品

06:00家中-生鲜采购
睡梦中定点在手机端生鲜垂直平台抢购生鲜鱼肉蔬果

08:00家中-起床-在线教育签到
催促全家艰难起床，简单梳洗；安排孩子早饭和在线课程签到

09:30家中-远程办公
多数工作日已改为在家远程办公，利用在线办公平台进行电话会议与文件共享

16:00家中-在线教育
陪同孩子一起听学校老师的在线代数课程，并指导孩子通过电脑完成作业提交

18:00家中-自制晚饭
和家人一起做饭

图4—1 疫情期间消费者的24小时

注：资料来自德勤研究。

### (四)心理因素

消费者的购买行为受到动机、感觉、学习以及信念和态度等主要心理因素的影响。

#### 1. 动机

心理学认为,人的行为由动机引起。购买行为也不例外,关于动机对人的消费需求的影响,最主要的是美国著名心理学家马斯洛在1945年提出了"需求层次论",如图4—2所示。该理论认为:人的需要从低到高分为若干层次,只有未满足的需要才会形成动机。一般说,只有低一级的需要得到相对满足,高一级的需要才会起主导作用,成为支配人们行为的动机。

**【小案例】**

不同的消费者在购买时尚服饰时的动机不尽相同,有人是为了遮风御寒,有人是为了舒适,还有人是为了获得归属感或希望得到他人的尊重。

对时尚服饰企业来说,要了解不同消费动机与时尚服饰购买之间的关系,从而判断何种时尚服饰能最好地满足处于不同需要层次消费者的需要。

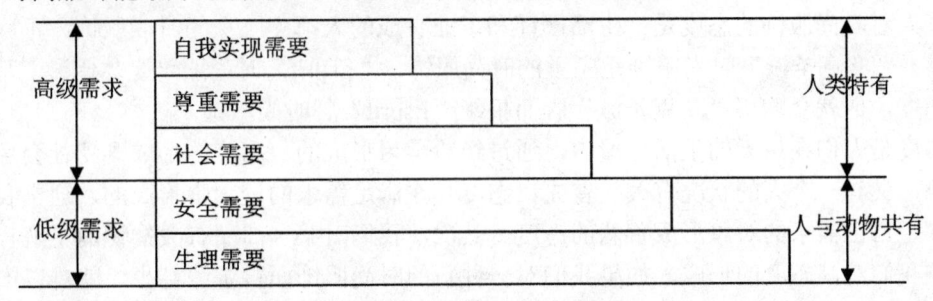

```
              ┌─ 自我实现需要
    高级需求  ├─ 尊重需要                    人类特有
              └─ 社会需要
              ┌─ 安全需要
    低级需求  └─ 生理需要                    人与动物共有
```

**图4—2 马斯洛的需要层次理论示意图**

#### 2. 感觉

感觉是人们通过各种感官对外界刺激形成的反应。人们每天面对大量的刺激,但对同样的刺激不同人有不同的反应或感觉,原因在于感觉是一个有选择性的心理过程,这种选择性表现在三个方面。

(1)选择性注意。选择性注意即并不是所有的外界刺激都会引起同等的注意,人们倾向于注意那些与自己的需要有关、与众不同或反复出现的外界刺激。如一个打算购买皮夹克的人十分留意皮夹克的信息,而对西服信息不在意。

(2)选择性理解。人们接受了外部刺激,并不一定会得出同样的解释,而是根据自己以往的经验对信息进行理解。

(3)选择性记忆。人们熟悉的大部分信息很快就被忘记了,只有少数那些证实了他的态度、信念,或正是他此时感兴趣的信息被记住了。时尚服饰感觉存在着个人差异,同一样式的时尚服饰对不同的人来说可能会形成不同的感觉。据研究,女性比男性对时尚服饰的感觉更正确且细致。对时尚服饰色彩、面料、样式的感觉,受消费者过去的经验和性格的影响。

#### 3. 学习

人们的行为有些是与生俱来的,但多数行为,包括购买行为是通过后天的学习得来的。学习是指由于经验引起个人行为的改变。

**【小案例】**

假如人们在市场上从未见过蚕丝面料衬衣，怎样建立起对这种衬衣的态度或信念呢？除了宣传广告以外，消费者自己买一件穿，对它有了亲身体验，就会形成某种观念或态度，学习过程即结束。

具体来说，学习是驱动力、刺激物、提示物、反应和强化诸因素相互影响和作用的结果，其中每一要素都是完成整个学习过程必不可少的。营销者需要创造这些条件，从而帮助潜在顾客完成学习过程，成为现实的顾客。

4. 信念和态度

信念和态度是人们通过学习、亲身体验或受传播媒介及他人的影响形成的对某种事物比较固定的观点或看法，它们影响人们未来的购买行为。如有的消费者认为黑颜色的衣服适合自己的年龄或体型，有的消费者对时尚服饰的样式、色彩及面料都有自己肯定或否定的态度等。信念和态度一旦形成就很难改变，它们简化了消费者的购买过程，引导消费者习惯性地购买某种商品。

**【小案例】**

某人对时尚服饰的态度是：生活严谨和事业有成的人都穿庄重的时尚服饰，不应穿休闲装。"艾克圣派"时尚服饰是庄重的时尚服饰，"Esprit"时尚服饰是休闲装。基于这种态度，他就会购买"艾克圣派"牌而拒绝"Esprit"牌时尚服饰。

态度是人们在后天的生活环境中，通过经验学习形成的。态度的形成既受社会环境的影响，又与一个人的状况有关。首先，态度是在满足需求的过程中形成的，通常我们对能满足自己需求的对象形成善意的态度。其次，我们对某一商品有关知识的了解程度会影响我们对其态度的形成。如果我们对一种新的时尚服饰面料了解甚少，就难以产生对它的偏好。再次，态度的形成与相关群体的影响有关。群体成员的相互作用、相互模仿和暗示等会使消费者形成与群体信念或规范相适应的态度。最后，态度与经验有关。很多情况下，态度是由经验积累转化形成的。当然，个人状况和个性等对态度的形成也有一定的影响。态度一旦形成便具有了相对的稳定性，改变较难但不等于说它永远不会变化。新的经验或新的信息（宣传、广告、他人的说服等）在某种程度上会对人们态度的改变产生作用。消费者从时尚服饰的购买、穿着、保养到放弃的过程都与个人对时尚服饰的态度有关。时尚服饰企业应争取消费者对自己的产品形成肯定的和积极的态度。

## 三、时尚服饰消费者行为模式

时尚服饰消费者的购买行为，是指消费者为满足个人和家庭的需要而购买时尚服饰的行为。时尚服饰市场具有广泛性、复杂性、易变性、地区性等特点，要研究时尚服饰消费者的购买行为，时尚服饰企业必须分析研究以下问题：时尚服饰的市场由哪些人构成？目前消费者市场需要什么样的时尚服饰？消费者为什么购买这种时尚服饰？哪些人会参与时尚服饰购买行为？消费者怎样购买这种时尚服饰？消费者何时购买这种时尚服饰？消费者在何处购买这种时尚服饰等。

研究消费者购买行为的理论中最有代表性的是营销刺激与消费者反应模式，如图4—3所示。一方面，消费者接受各种外部刺激，另一方面，消费者做出各种反应。外部刺激和消费者反应往往是有形的，看得见、摸得着的，而消费者如何消化各种外部刺激，从而形成各具特色的某种反应，则常常是难以揣摩，它成为消费者行为中的一个"黑箱"。该模式表明：同样的外部刺激，作用于不同特征的消费者，加上购买决策过程中所遇不同境况的影响，消费者将做出不同的选择。我们需要了解的是：当外部刺激被接受时，购买者"黑箱"内发生了什么？购买者在各方面的特征怎样影响他们的购买行为？在刺激和反应之间的消费者的"黑箱"由两个部分组成，即购买者特征和购买者的决策过程。

影响购买者特征的因素包括：个人因素，由年龄、性别、职业、受教育程度、经济状况、生活方式、个性等构成；心理因素，主要指购买者的感觉、动机、信念和态度等；社会文化因素，如社会阶层、相关群体和家庭因素等。购买者的决策过程直接影响最后的结果。

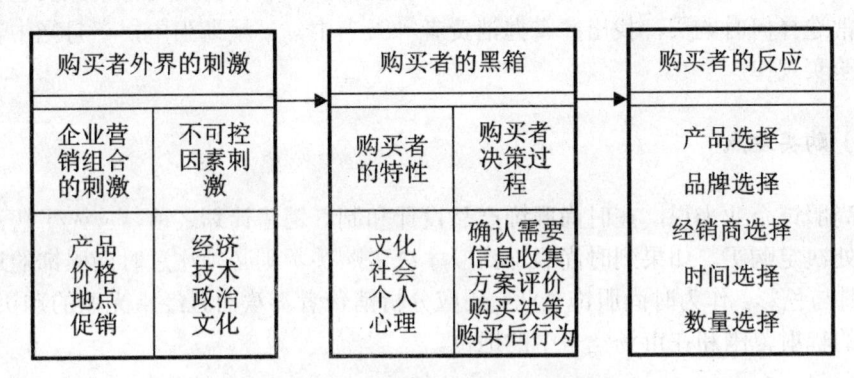

| 购买者外界的刺激 | | 购买者的黑箱 | | 购买者的反应 |
|---|---|---|---|---|
| 企业营销组合的刺激 | 不可控因素刺激 | 购买者的特性 | 购买者决策过程 | 产品选择<br>品牌选择<br>经销商选择<br>时间选择<br>数量选择 |
| 产品<br>价格<br>地点<br>促销 | 经济<br>技术<br>政治<br>文化 | 文化<br>社会<br>个人<br>心理 | 确认需要<br>信息收集<br>方案评价<br>购买决策<br>购买后行为 | |

图4—3 营销刺激与消费者反应模式

**练一练**：试着根据自己的理解，举例说明时尚服饰消费者市场的特点，并以自己日常生活中经历的一次购买时尚服饰过程为例，分析当时影响购买行为的因素。

**任务小结**：完成本任务后，请进行自我测试：你是否理解了影响时尚服饰消费者行为的因素？

# 任务2 时尚服饰消费者购买决策的认识与分析

**任务提示**：本任务将引领你对时尚服饰消费者购买决策进行认识与分析。

**任务先行**：时尚服饰消费者的市场购买活动是一个过程，时尚服饰营销人员应该了解这一过程中哪些因素起了决定性作用，以便制定针对目标市场的行之有效的营销计划。

## 一、时尚服饰消费者购买行为分析

### （一）购买的时机

市场营销员必须了解消费者购买时尚服饰、服饰的时间习惯。如果时尚服饰产品具有季节性，如遇到中国的春节、五一劳动节、六一儿童节、国庆节，多数消费者喜欢在节日前购买。比如，在六一儿童节前，父母有给子女添新衣服的习惯，营销人员应在节前将各类童装推向市场，这样有利于获取最大利润。当然，作为市场营销人员也要分析消费者经常选择何时购买，找出并掌握消费者一天当中，一星期当中，一月当中甚至一年当中的购买规律。

### （二）购买地点

对时尚服饰企业来说，在时尚服饰产品设计和制订销售计划之前，应先了解消费者一般在何处决定购买。如果到时尚服饰商厦才决定购买，则必须注意时尚服饰的造型、款式、面料与色彩。作为时尚服饰企业，还应分析消费者喜欢而且经常光顾的购买地方，了解他们的辐射范围和在市场竞争中的地位。

### （三）怎样购买

消费者怎样购买对时尚服饰厂家与时尚服饰店都很重要，因为它可影响产品的价格策略、销售计划与其他经营者的决策。分析消费者购买时尚服饰的方式，它主要是指购买时尚服饰时的货币支付方式，如现金购买、信用卡购买、微信支付、支付宝支付等。

### （四）谁购买

购买决策者是谁，这对时尚服饰企业和市场营销至关重要。如果小朋友是购买的决策者，时尚服饰企业可在童装内附卡通玩具赠品或举办抽奖游戏来搞促销；如果是女性消费者为购买的决策者，那么时尚服饰商厦应注意内部的装饰，保持店内空气洁净，最好能喷洒些香水，这样能触发女性温柔的感觉，同时使店内的时尚服饰更具有吸引力。

### （五）购买什么

时尚服饰营销人员分析消费者喜欢而且经常购买的时尚服饰款式类型，总结出高、中、低档所占的比例，再根据消费者的外表穿着和内在的气质，决定消费者购衣的档次。

### （六）为何购买

分析消费者购买时尚服饰的动机和原因，如上班穿、社交场合穿、演出时穿、休闲时或外出旅游时穿,以及作礼品送人等。

通过以上几方面的分析,就可以基本掌握消费者购买活动的规律。

## 二、时尚服饰消费者购买决策过程

消费者通过时尚服饰不仅要满足生理需要,而且还要满足心理需要。正是因为有了需要才产生购买欲望并形成购买动机。消费者的购买动机和购买类型各有不同,在购买决策中所表现出的特点也不尽相同,但从整体上看,购买过程是有一定规律的。消费者购买时尚服饰的过程,一般可分为五个阶段,即确认需求、收集信息、比较评估、购买决定和购后反应,如表4—2所示。

表4—2 消费者购买时尚服饰过程

| 确认需求 | → | 收集信息 | → | 比较评估 | → | 购买决定 | → | 购后反应 |

### (一)确定需求

它是消费者购买决策过程的起点。消费者有需求,才可能产生购买行为。需求可能由内部刺激引起;也可能由外部因素刺激而引起。消费者需求的产生,即可以是体内机能的感受所引发的,如因寒冷而引发购买时尚服饰、因刚买了一套新房子而引发购买装修饰品等,这种需求是内在的,是由生理所决定的。同样,需求又可以由外部条件刺激所诱发,如受电视中的西服广告刺激而打算自己买一套,在某酒店住宿看到新颖的窗帘而决定购买类似的产品,看到某个人穿着非常漂亮、得体、时尚的服饰,这个外在的刺激使你对这种时尚服饰产生了希望拥有的欲望。对企业来讲,就要通过适当的方式刺激顾客,使之了解、喜欢你的产品,并产生购买欲望。如加大宣传力度,以刺激顾客产生购买的欲望。当然,有时消费者的某种需求可能是内、外原因同时作用的结果。

### (二)收集信息

在市场营销中,研究发现,消费者购买决策的第二步是收集信息。当消费者产生了购买动机之后,便会开始进行与购买动机相关联的活动。如果他所欲购买的就在附近,他便会实施购买活动,从而满足需求。他便会把这种需求存入记忆中,并注意收集与需求相关和密切联系的信息,以便进行决策。消费者信息的来源有许多种,如报纸、杂志、电视、交通工具及各种新媒体等。了解了这些,企业在做广告宣传时,对广告媒体的选择也就有针对性了。

消费者信息的来源主要有四个方面:

1. 个人来源

从与家庭成员、亲戚朋友、邻居同事等个人交往谈话中获取有关消费某种商品的信息,对消费者个人购买决策起非常重要的作用,有很多时候个人消费决策就是由他们帮着做出的。

2. 商业来源

这是消费者获取信息的主要来源,其中包括广告、人员介绍、商品包装、产品说明书、产品推广会、权威机构推荐会、展览会等提供的信息。这一信息来源是企业可以控制的。

**3. 公共来源**

消费者从电视、广播、报纸、杂志、互联网等新媒体传播媒体或者消费者评审组织向消费者传递的信息,这些信息企业在一定程度上可以加以控制。

**4. 经验来源**

消费者从自己亲自购买使用商品的过程中得到的具体经验和感受。

上述信息来源中,个人信息来源是一个不可忽视的因素,邻居和同事对某商品的消费感受可能会成为指导他人消费的依据,属参考型信息来源。商业来源最为重要,也是最多的,是营销人员最能控制的。对消费者而言,它不仅具有指导作用,而且有很强的针对性和目的性。个人经验来源只能是经验判断,在购买决策中起一定作用,公共来源的信息可信度较高。

### (三)比较选择

消费者通过收集信息,熟悉了市场上的竞争品牌,如何利用这些信息来评价确定最后可选择的品牌?其过程一般是某消费者只能熟悉市场上全部品牌的一部分,而在熟悉的品牌中,又只有某些品牌符合该消费者最初的购买标准,在有目的地收集了这些品牌的大量信息后,便对可供选择的品牌进行分析和比较,并对某个种品牌的产品做出客观评价,最后决定购买。通常消费者分析比较的内容主要包括如下几个方面。

**1. 分析产品属性**

产品属性即产品能够满足消费者需要的特性。消费者一般将某一产品看成是一系列属性的集合,是消费者在购买决策过程中最为关注的。对一些熟知的产品,他们关心的属性一般是:

照相机:照片清晰度、速度、体积大小、价格等。

时尚服饰:柔软度、舒适度、保暖性、透气性、手感、面料、款式、价格等。

计算机:储存能力、图像显示能力、软件的适用性、安全性、辐射度等。

装饰用时尚服饰:颜色、光泽、图案、气味、安全性、透光性等。

手表:准确性、防水性、耐用性、式样等。

**2. 建立属性等级**

即消费者对产品有关属性重要程度所赋予的权数大小。在非特色属性中,有些可能被消费者遗忘,而一旦被提及,消费者就会认识到它的重要性。市场营销人员既要关心属性权重,又要关心属性特色。

**3. 确定品牌信念**

消费者会根据各品牌的属性及各属性权数的高低,建立起对各个品牌的不同判断,并在自己的购买意向中形成初步判断。

**4. 形成"理想产品"并做出最后评价**

消费者从众多可供选择的品牌中,通过各自不同的评价方法,对各种品牌进行比较评价,从而形成对它们的态度和对某种品牌的偏好。

针对顾客的比较选择阶段,企业应该做到:第一,在这个阶段,向消费者传播大量的能够打动他的信息。第二,提供消费者愿意接受的在性能和价格上让他比较满意的产品。第三,增加产品附加功能,尽量使产品能给消费者带来更多利益。所以,企业在宣传中,要注意突出自己产品的特色和优点,尽量让顾客多了解自己产品的特色和优点,吸引消费者做出正确的判断和选择。

### (四)确定购买

确定购买是消费者购买决策中的第四步。根据一项调查结果显示,在对 1000 名声称年内要购买某知名品牌时尚服饰的消费者进行追踪调查以后发现,只有近 200 名消费者实际购买了该品牌时尚服饰。因此,只让消费者对某一品牌产生好感和购买意向是不够的,真正将购买意向转为行动,还必须考虑以下两方面的影响,如图 4—4 所示。

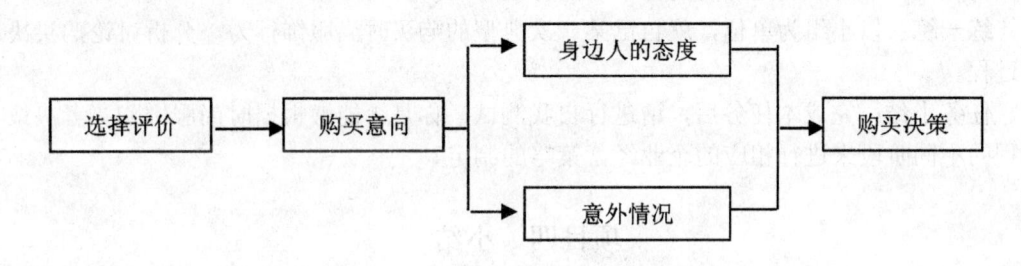

图 4—4 消费者确定购买意向过程图

1. 身边人态度

消费者的购买意图,会因身边人的态度而增强或减弱。身边人的态度对消费意图影响力的强度,取决于其态度的强弱及其与消费者的关系。一般说来,身边人的态度愈强、与消费者的关系愈密切,其影响就愈大。例如丈夫想购买某款式和颜色的窗帘,而妻子坚决反对,丈夫就有可能降低甚至放弃购买意向。

2. 意外情况

消费者购买意向的形成,总是与预期收入、预期价格和期望从产品得到的好处等因素密切相关。如果这些预期因素发生一些意外的情况,诸如因失业而减少收入,因产品涨价而无力购买,或者有其他更需要购买的东西等等,这一切都将会使他改变或放弃原有的购买意图。例如即将谈妥的一项时尚服饰购买生意,极有可能因为导购员服务态度的恶劣而告吹。

这个时候,企业应该注意,前期的工作尽管成功了,但在这个实际购买的阶段也一定要把握好。要做到热情接待、周到服务,让顾客在非常温馨的交易情景下接受你的商品。因为在这个实际购买的过程中,顾客依然可能做出否定购买的决策。因此,必须按照顾客接受的最佳状态、最佳时机来考虑接待方式。

### (五)购后感受

购后感受的含义是消费者购买商品后,往往通过使用或消费购买所得,以检验自己的购买决策是否正确，之后以确认消费的满意程度作为再次购买决策的参考依据。

在购后感受阶段，市场营销人员的工作并没有结束。消费者对购买的产品是否满意，将影响到以后的购买行为。如果对产品满意，则在下一次购买中可能继续采购该产品，并向其他人宣传该产品的优点。如果对产品不满意，则会尽量减少或避免再次购买同一产品，同时还可能告诉和规劝身边的人不要购买。

研究和了解消费者的需要及其购买过程，是市场营成功的基础。市场营销人员通过了解购买者如何经历引起需要、寻找信息、评价行为、决定购买和买后行为的全过程，就可以获得许多有助于满足消费者需要的有用线索；通过了解购买过程的各种参与者及其对购买行为的影响，就可以为其目标市场设计有效的市场营销划。

在购买时，消费者要经过一个决策过程，包括认识需求、收集信息、选择评价、购买决策和购后感受。营销者应该了解每一个阶段中的消费者行为，以及哪些因素在起影响作用。这样就可以制定针对目标市场的行之有效的营销方案。

**练一练**：以小组为单位，就自己某一次典型的购买时尚服饰行为，分析讨论购买决策过程。

**任务小结**：完成本任务后，请进行自我测试：你是否能够根据时尚服饰购买者决策过程的不同阶段来进行相应的企业经营策略的制定？

## 项目四 小结

影响时尚服饰消费需求的因素是多方面的，因素之间又是相互联系、相互制约的，这些因素交织在一起，共同影响和决定着时尚服饰消费者的购买行为。而时尚服饰消费者作出购买决策的过程是一个极其复杂的心理过程，最终的购买决策直接关系到时尚服饰企业的市场份额和盈利率。因此，企业必须研究时尚服饰消费者买卖行为及其影响因素，作出应对措施。

完成本项目后，学生能够进行时尚服饰消费者购买行为的认识与分析工作，并能够熟练完成时尚服饰消费者购买行为分析。

**同步阅读**：

根据中国消费现状，目前主流消费者正在第四阶段发展，消费者返璞归真，开始追求舒适、极简和高性能比。互联网推动消费的增量红利逐步消失，人工智能、大数据极大地提高了品牌满足消费者需求的"效率"。同时，也让企业之间的技术提升的能力"趋同"，技术不再会成为超越对手的核心手段，技术创新的普及让企业应用成为"常态"，这个阶段的竞争优势绝对体现在"创意"，"原创的能力"会成为差异化竞争的关键。每个品牌都需要展现自身的不同价值，但互联网让创意缤纷多彩，却给了每次创意更短的"生命周期"，大数据、人工智能只是提升了企业内部的"效益"，而"创意"打开了市场更大的"需求"，这个阶段必将淘汰那些根本不懂时尚，完全不相信生活方式的"土豪"企业，但奢侈品市场格局不会太大变化，在年轻人期待的高性价比、个性化市场必然充满了活力和激烈的竞争，想要保持持续竞争优势很困难，这个市场"百年品牌"的想法恐怕会让年轻消费者"贻笑大方"，"善变应万变"恐怕是未来时尚的"主题曲"。

时尚服饰营销

换句话说,当世界各国中产阶级崛起为消费主力时,一般都伴随一个现象:那就是国民本土文化崛起,国民自信心增强,消费者将更愿意为本土品牌、本土创新买单!但必须注意的是:全球化的国际品牌和本土品牌休戚与共。民族的才是世界的,未来是中国的世界,未来时尚是否是中国的时尚,我们需要努力。

**思考与练习**:如何理解这个市场"百年品牌"的想法恐怕会让年轻消费者"贻笑大方","善变应万变"恐怕是未来时尚的"主题曲"。

**同步实训:**

**实训一 大学生服饰购买行为调查**

一、实训内容

以小组为单位,对本校大学生服饰消费购买行为特征及其模式进行市场调查。

二、实训程序

请根据调查主题设计调查问卷,撰写调查报告,并制作PPT宣讲。每组派代表进行PPT演讲、演示,其他组学生提问,教师点评。

三、考核要点

对影响大学生服饰消费购买行为的因素的分析是否适当,对大学生服饰消费购买行为的模式阐述是否清楚,理论联系实际是否紧密。

**实训二 超市消费者购买行为特征观察**

一、实训内容

在超市中观察消费者购买服饰时的行为。记录下他们的特征(如年龄、性别等),推测并记录他们的气质、性格及所属的社会阶层,记录不同消费者的购买时间和购买行为(如选择的品种、规格、价位、数量等)。同时注意观察超市的营销者接待消费者所采用的方法是否合适。

二、实训程序

每个团队把观察结果和分析报告做成PPT,在班上进行交流汇报。每组派代表进行PPT演讲演示,其他组学生提问,教师点评。

三、考核要点

学生展示所发现的消费者购买行为的差异,并说明它们是如何与产品的购买相联系的,说明营销者在购买决策过程每个阶段的主要任务。

**同步测试:**

一、关键概念

消费者购买行为　消费者购买行为模式　消费者购买决策过程

二、单项选择题

1. 根据"需要层次论",下列属于第三层次的是(　　　)。
   A. 安全需要　　　　　　　　B. 自尊需要
   C. 社会需要　　　　　　　　D. 自我实现需要
2. 消费者购买过程是消费者把购买动机转化为(　　　)的过程。
   A. 购买心理　　　　　　　　B. 购买意志
   C. 购买行动　　　　　　　　D. 购买意向
3. 消费者认为可信度最高的信息来源是(　　　)

A. 个人来源 B. 商务来源
C. 公共来源 D. 经验来源
E. 消费者组织来源

4. 根据家庭成员在购买活动中所起的作用,(　　　)的作用是具有决定意义的。

A. 发起者 B. 影响者
C. 决定者 D. 购买者

5. 王刚准备买一套两室一厅的单元房,其购买行为属于(　　　)。

A. 习惯性购买行为 B. 寻求多样性购买行为
C. 化解不协调购买行为 D. 复杂购买行为

### 三、思考题

1. 试述时尚服饰消费者购买决策过程。
2. 结合自身特点,谈一谈自己属于哪一种时尚服饰购买行为。

**与本项目相关的视频请扫二维码**

## 项目五

# 时尚服饰目标市场的分析与识别

**能力目标：**
通过完成本项目，你能够：
1. 独立细分时尚服饰消费者市场
2. 明确时尚服饰目标市场营销策略
3. 进行时尚服饰市场定位

**核心能力：**
1. 独立进行时尚服饰消费者市场细分
2. 能制定时尚服饰目标市场营销策略
3. 能进行时尚服饰市场定位

**具体任务：**
任务1　时尚服饰市场细分
任务2　时尚服饰目标市场选择
任务3　时尚服饰市场定位

【引导案例】

李宁品牌作为国内运动品牌的老大哥，自1990年成立以来，对中国体育产业的发展有着重要的贡献。但在2012年，李宁公司由于库存过高等各方面原因，自上市以来首次出现了全年亏损，金额达到19.79亿，关闭店铺1821家，自2011年之后，再一次痛失国产第一的宝座。而通过对李宁公司亏损原因的分析发现，李宁公司2010年6月宣布开展的品牌重塑战略是整个产业亏损的导火索。所以，李宁公司要想摆脱当前的艰难处境，必须要从品牌营销着手，重新进行品牌定位，彻底放弃"90后李宁"的发展战略。从2015年开始，李宁做了大量的年轻消费者调研，尝试去重新定义消费者。从那时候开始，李宁的品牌策略出现了转变。在整个产品线里面，李宁除了专业运动产品之外，还拥有了以街头篮球为灵感的产品线。这个产品线就是当时经过做消费者调研诞生的。这也是阿里巴巴跟纽约时装周合作"中国日（China Day）"的活动时，首选李宁的原因。

2018年，李宁品牌在完成首次纽约时装秀后入驻亚马逊美国站点。通过客户评论（Customer Review）掌握第一手的零售数据，更直观地分析消费者对产品的需求，打破了只能靠市场走访把握消费者需求的传统模式。从而更有针对性地上架和改进产品，提升用户对产品的体验度。

李宁品牌通过互联网、线下宣传、赛事赞助等方式,打造专业的、全新的运动品牌形象,彻底摆脱了2010年品牌策略失误带给李宁的负面影响。

## 任务1 时尚服饰市场细分

**任务提示**:本任务将引领你了解时尚服饰市场细分及其依据和作用。

**任务先行**:时尚服饰企业要取得竞争优势,就要识别自己能够有效服务的最具吸引力的细分市场,而不是到处参与竞争。为什么呢?主要是由于市场是产品或服务的实际或潜在的购买者。然而,购买者实在太多,购买者的需要和购买行为有着很大的差异,因此,时尚服饰企业营销成功的关键在于发现和评价市场机会,进行正确的市场定位。

### 一、时尚服饰市场细分工作

#### (一)市场细分及其产生、发展

市场细分(Market Segmentation),也称市场区别、市场划分或者市场区隔,是指根据消费者需求的差异性,选用一定的标准,将整体市场划分为两个或两个以上具有不同需求特性的"子市场"的工作过程。将整体市场划分成若干个细分市场是有其客观依据的,首先是消费者需求的差异性,其次是由于企业有限的资源和为了进行有效的市场竞争。

市场细分是市场营销理论发展到20世纪50年代时提出的一个重要概念,是由美国著名营销专家温德尔·史密斯(Wendell R. Smith)总结一些企业的实践经验提出来的,它表现出极强的生命力,不仅立即为理论界和企业界接受,而且直至今日仍被广泛应用。

【相关链接】

市场细分概念的形成,至少经历了以下三个阶段。

第一,大量营销(Mass Marketing)阶段。在此阶段,企业面向整个市场大量生产销售同一品种规格的产品,试图满足所有顾客对同类产品的需求。例如我国时尚服饰业,20世纪60年代—70年代,由于经济水平较低和特殊的社会政治背景,人们穿着单调、缺乏色彩,企业生产时尚服饰就像生产标准件一样。

第二,产品差异性营销(Product-Variety Marketing)阶段。在此阶段,企业意识到产品差异在激烈市场竞争中的好处,开始采用差异营销,企业生产多种具有不同品质、性能、规格、外观款式及商标和包装的产品,这是为了给消费者提供多种选择,而不是为了吸引不同的细分市场,还没有划分市场、选择目标市场的意识。例如我国时尚服饰业,20世纪80年代,随着改革开放和经济形势的好转,长期被压抑的对美的追求终于可以实现了,各种款式、各种色调、各种面料的时尚服饰争奇斗艳。市场上的服饰品种大大丰富了,但几乎大多数时尚服饰店都千篇一律,什么好销卖什么,乍看品种很多,

时尚服饰营销

实际缺乏特色和目标。

第三，目标市场营销（Target Marketing）阶段。此阶段企业首先要辨认出主要的细分市场，然后从中确定一个或几个细分市场作为自己的目标市场，最后根据每一目标市场的特点来制定营销策略，以满足多样化需要。例如现在我国时尚服饰制造和销售企业，已经有意识地选择目标市场，以自己的专长和特色，独辟蹊径，发现和占领最有利的市场机会，以最少的费用取得最大的经济效益，企业可以有的放矢地进行面料开发、款式设计、工艺组织，使产品适销对路，并针对目标市场制定品牌定位和价格策略，进行促销宣传，安排分销渠道，设计销售终端（POS）环境，使企业在激烈的竞争夹缝中立足生存和发展。

### （二）市场细分的作用

市场细分不仅可以反映出不同消费者的不同需求，进一步分析，还可以使时尚服饰企业发现消费者尚未被满足的需求，对于时尚服饰企业，满足这方面的需求是个极好的营销目标。市场细分是时尚服饰企业确定目标市场和制定营销策略的前提和基础，这种理论对时尚服饰企业有重要的作用，概括地讲有以下三个方面。

1. 有利于时尚服饰企业发现新的市场机会，实现市场的开拓创新

通过市场细分过程，企业可以深入了解不同子市场中的消费者的不同需求。因此，更容易发现新的营销机会，形成新的目标市场。

【小案例】

日本吉田工业科技公司（YKK）通过市场细分发现了拉链的新的应用市场。他们把拉链推进了人类生活的每一个角落：帐篷、渔网、围网、化妆盒、皮包、时尚服饰、工具箱……吉田忠雄也因此成为了闻名遐迩的"世界拉链大王"。

另外，还可使企业比较不同细分市场（或子市场）中的需求情况和企业的竞争者在各个细分市场中的地位，在充分了解竞争态势的前提下，确定企业自身适当的位置。

2. 有利于时尚服饰企业有效地分配人、财、物力

通过市场细分，使企业营销人员更清楚地知道各细分市场的消费者对不同营销措施和策略的反应及差异，据此对企业的人、财、物力全面分派、使用，不仅可以避免企业资源的浪费，而且可以使有限的资源用在最适当的地方，发挥最大的功效。

3. 有利于时尚服饰企业自身的应变和调整

通过市场细分过程企业比较容易发现购买群体的反应，信息反馈快。因此，根据市场的变化调整产品结构、营销目标，提高企业的应变能力。

【小案例】

李宁公司根据消费者需求的变化，把产品一次又一次地重新定位，表现在广告上是：从最早的"中国新一代的希望"到"把精彩留给自己"到"我运动，我存在""运动之美世界共享""出色，源自本色"。又例如在国际市场上，特别是发达国家，对某些织物如老人时尚服饰、儿童时尚服饰以及家内装使用织物，都要有一定阻燃要求。

因此，我国时尚服饰企业可以根据市场的变化，不断调整产品。

### (三)市场细分的原则

时尚服饰企业在明确市场细分的意义之后,决定要对整体市场进行分割时,首先要掌握市场细分的原则、并寻求合适的细分标准,才能细分好整体市场,才能选择好自己的目标市场。

**1. 差异性**

差异性是指欲细分的市场需求差异比较明显,否则,细分意义不大,即使花了钱和时间进行了细分,也不会有多大效果。

【小案例】

人们对食盐形状的需求没有什么差异,企业不能从形状细分市场中获利,而人们对食盐是否含碘的需求有不同(如正常人都需要含碘盐,而甲亢病人禁食含碘盐),企业就能从细分这个市场中获利。又如意大利布料厂商在每季与每个流行周期都会开发出不同风格的新产品。他们除了在色彩及款式上提出最新的设计外,还在纱线成分与组织结构上进行改良,创造出意大利布料产品的差异性,并且能长期在国际市场享有良好的声誉与无法被取代的地位。意大利厂商展示的布料种类相当广泛,包括纯丝与人造丝、纯羊毛与羊毛混纺、棉与麻等各种材质,并配合最新的高科技与强大的产品开发设计能力,以应市场多元化的需求。

**2. 相似性**

相似性即同一细分市场中的顾客需求具有尽可能多的相似性,以便有效地应用一种市场营销策略。如时尚服饰市场,按照性别可以细分为男士时尚服饰和女士时尚服饰。但是,每一个细分市场由于又受消费者年龄、职业、个性、心理等许多因素影响,存在着太多的差异性,故很难应用市场营销策略。如果再在性别细分的基础上,采用年龄、职业等标准进一步细分,则可使每一个细分市场具有较多的相似性。

**3. 可衡量性**

可衡量性是指细分市场的规模、购买力是可以被衡量的,以便企业正确评价各个细分市场,有效选择目标市场。

某些细分变量很难衡量。例如左撇子,很少有产品是针对左撇子市场的。主要问题在于很难找到和衡量这个市场,目前还没有有关左撇子人口的统计数据。

**4. 可接受性**

这是指时尚服饰企业在细分整体市场之后,应选择哪些分市场作为自己的目标市场。面对这个问题,要考虑两方面的因素:一是考虑各个分市场吸引力的大小、也就是市场需求的大小,需求大,吸引力就大;二是考虑企业的资源实力,也就是企业的人力、物力、财力、技术等方面的问题。若市场的吸引力与企业的资源相适应,这样的细分市场企业才能接受为自己的目标市场,否则市场的吸引力再大,也应该放弃。

【小案例】

据说,妩媚动人的香港影星张曼玉在《花样年华》中穿了20多套旗袍,其动人的身体曲线展现得淋漓尽致。后加之电影中浓厚的怀旧情绪,立刻在全世界掀起了旗袍热。哈尔滨一家刚刚开业的婚纱店以"花样年华"为店名,搜集了上百套旗袍,还开展了量身定做服务,专门满足新娘们的复古愿望。由于市场定位准确,抓住了与电影同步的时

时尚服饰营销

机，该婚纱店一开张就顾客盈门。设想一下，假如一家从事食品的公司做起了旗袍生意结果会是如何。

5. 实效性

这是指企业对所选择的目标市场要求有相当的效益，对这样的目标市场的营销才有实际意义。为此，企业应对所选择的目标市场进行认真的核算，看其产品的成本多大、价格多高、利润多少，取得预期的效益多大，明确其开发的意义。若企业花大力气对目标市场进行开发，而取得利润甚微，甚至亏本，那么这样的细分市场就缺乏开发的意义，不应选择为企业的目标市场。

6. 稳定性

这是企业对所要选择的目标市场考虑其相对稳定的时间。若其相对稳定的时间能足以实现企业的营销计划，这样的细分市场才能作为企业的目标市场、否则企业尚未很好地施展其营销策略，市场就发生了变化，这样的细分市场就是昙花一现，就不应选为目标市场。中国将继续保持吸收外资政策的连续性和稳定性，这将会促使国外一些时尚服饰品集团加大对我国的投资，因为只有这样才能保证企业实现营销计划，实现盈利的目的。

## 二、时尚服饰市场细分标准

由于市场细分是建立在市场需求差异的基础上的，因此形成需求差异的各种因素均可作为市场细分的标准。本项目将重点放在消费者市场细分标准的分析上。

**（一）消费者市场细分标准**

1. 地理细分

地理细分就是时尚服饰企业按照消费者所在的地理位置以及其他地理变量（包括城市农村、地形气候、交通运输等）来细分消费者市场。

（1）地区。我国地域辽阔，不同地区的市场特征明显不同，市场是不同质的。经济特区和沿海地区的经济发展速度与市场发育程度要高于中部地区、西北地区和东北地区，主要表现在市场密度、购买力等方面存在着很大的差异。例如：北方人选择棉衣注重的是保暖性能，南方人选择棉衣注重的是款式。

（2）气候。气候也是一个重要的细分变量。如我国气候分热带、亚热带、中温带、暖温带、寒带等。不同的气候有着不同的消费需求，需要不同的产品。例如：生活在东北高寒地区的人们对羽绒服需求大，而且更注重其保暖，耐寒性能。

（3）地域文化。不同地区有着不同的消费方式与习俗，不同的传统与风情，不同的市场交换观念，这也将会对营销活动产生影响。所以，地域文化也常被营销者用来作为消费品市场细分的一个重要依据。

**【小案例】**

中国传统名锦有蜀锦、宋锦、云锦等，特别是云锦主要用于蒙、藏、满等少数民族的时尚服饰和装饰材料，也远销世界各国作为高级时尚服饰和装饰用品。

## 2. 人口细分

人口细分，就是时尚服饰企业按照人口变量（包括年龄、性别、收入、职业、教育水平、家庭规模、家庭生命周期阶段、宗教、种族、国籍等）来细分消费者市场。

（1）年龄。年龄是一个重要的变量，不同的年龄在体形上有大差别，消费者的欲望与需要常随着年龄的变化而变化。以年龄区段划分市场必须注意人口分布在各个年龄区段上是不均匀的，应根据人口普查的数据做时尚服饰品市场的推算。例如：不同年龄层次妇女的个性和对时装的要求都是不同的，如下表5—1所示。

表5—1 不同年龄层次妇女个性及对服饰的偏好

| 类型 | 个性特点 | 对服饰要求 | 营销特征 |
| --- | --- | --- | --- |
| 少女<br>（花季期）<br>15—17岁 | 生理心理不稳定、好动、爱新奇、爱引人注目 | 款式活泼新奇、鲜艳夺目、见异思迁 | 注重款式、颜色的跳跃、节奏、名牌效应、装饰配件、价格较低、对做工面料不讲究、运动装需求大 |
| 姑娘<br>（婚恋期）<br>18—24岁 | 生理心理趋成熟、刻意装饰、执着爱美、对他人的评价和穿着反应敏感、表现欲强烈、有收入、负担轻 | 追求时髦、对服饰欣赏品味高、对服饰美有强烈要求且目的明确 | 款式颜色应符合潮流、面料考究；注意名店、名牌、名师效应；易受广告诱惑；价格高；导购员应懂行；高级套装、礼服、休闲装看好 |
| 少妇<br>（成熟期）<br>25—34岁 | 有生活、社会经验和较高的文化素养；稳重、收入稳定；打扮成为生活的一部分 | 欣赏水平高，对衣着有独特的见解 | 款式颜色应符合流行趋势、面料考究、做工精细、名店、名师效应；对广告较为关注，价格较高；正规套装、休闲装 |
| 中年<br>（不惑期）<br>35—50岁 | 生活经验丰富，其中一大部分为职业女性；有较高文化素养、稳重；对渐去的青春留恋与回忆 | 雅而别致，俏而不艳，对服饰的选择标准趋于稳定 | 颜色冷而凝重、款式设计线条简洁、庄重而不古板，对正装、休闲装需求量大，不受广告诱惑 |

（2）性别。性别是经常用来细分诸如时尚服饰、化妆品、滋补品、个人服务等产品市场。人口的性别结构是指男女在人口总数中所占的比例。人们由于性别不同，其消费需求也有所差异。这种差异在时尚服饰品的消费中表现得更为显著。

【小案例】

鳄鱼是以生产针织品的运动衫起家，其中还包括T恤、运动装和其他时尚服饰品，鳄鱼商标的立意点是装束典雅华贵、轻松休闲。鳄鱼超越了传统时装的概念，独树一帜，灵活、随便、做工精良、耐用、时装化，注重性别差异，因此鳄鱼产品的特色不只是技术而是一种独特的品牌文化。

（3）收入。收入决定了支出，决定了购买力大小。

【小案例】

我国随着低收入人群收入的提升，国内时尚服饰消费还会保持快速增长的势头，如

## 时尚服饰营销

家纺工业将成为中国时尚服饰经济增长的主要拉动力,北京及上海、广州等沿海城市市场增长潜力最大。实际年收入 10 万元与实际年收入 1 万元的消费者在购买产品的档次和所能承受的价格方面有许多差别。

（4）家庭生命周期。家庭生命周期表示了一个家庭生活的变化过程,在周期的不同阶段,家庭的支出模式会发生变化,如下表 5—2 所示。

表 5—2　家庭生命周期八阶段及其购买模式

| 家庭生命周期阶段 | 购买或行为模式 |
| --- | --- |
| 1. 单身阶段<br>（Bachelor Stage）： | 无财务负担,领导潮流,喜娱乐 |
| 2. 新婚<br>（Newly Married Couples）： | 财务状况较好,有最高的购买率和耐久财购买量。 |
| 3. 满巢一期<br>（Full Nest I）：<br>最小的孩子小于六岁 | 购买家庭用品的巅峰时期,有很少的流动资产,对新产品有兴趣,喜欢广告的商品,对财务状况不满意。 |
| 4. 满巢二期<br>（Full Nest II）：<br>最小的孩子六岁 | 财务状况较好,购大型包装产品,数量多的商品,上音乐课等。 |
| 5. 满巢三期<br>（Full Nest III）：<br>中年夫妇,孩子未独立 | 财务状况仍好,很难受广告影响,对耐久财平均购买力最高。 |
| 6. 空巢一期<br>（Empty Nest I）：<br>小孩不同住,家长仍工作 | 自有房子,对财务状况满足,喜远游,娱乐,自我教育,对新产品没兴趣。 |
| 7. 空巢二期<br>（Empty Nest II）：<br>小孩不同住,家长年老退休 | 所得减少,购医疗用品及保健用品。 |
| 8. 年老丧偶独居<br>（Solitude）： | 和其他退休者类似。 |

3. 心理细分

心理细分就是按照消费者的生活方式、个性等心理变量来细分消费者市场。

（1）生活方式。生活方式是指消费者对自己的工作、休闲和娱乐的态度。生活方式不同的消费者,他们的消费欲望和需求是不一样的。企业可根据生活方式将消费者分为紧跟潮流者、享乐主义者、主动进取者、因循保守者等,划分为不同的细分市场。例如时尚服饰市场可以划分为"传统型""新潮型""严肃型"和"活泼型"等几个细分市场。

（2）消费者个性。消费者的个性是千差万别，表现各异的。消费个性会对消费者的需求和购买动机产生不同程度的影响。

【小案例】

目前市场上有不少床上用品的厂家，针对不同目标的消费群，包括新婚族、新居族、单身贵族等标榜个性化和时尚品位的消费者，推出具有个性化色彩的床上用品系列。这种风格的产品特点是不拘泥于以往既定的模式，在色彩和搭配上推陈出新。比如在色彩上，一款有着春天般绿意的床单，搭配上深蓝色的枕套及红色的被单，年轻人注重自我的个性就这样被张扬出来。在图案选择上，抽象、卡通图案成为最"in"的选择，加菲猫、史努比和各种抽象的图案成为年轻人不愿长大的宣言和追求个性的旗舰。

（4）购买动机。购买动机是驱使消费者实现个人消费目标的一种内在力量。购买动机可分为求实动机、求名动机、求廉动机、求新动机、求美动机等。企业可把这些不同的购买动机作为市场细分的依据，把整体市场划分为若干个细分市场。如廉价市场、便利市场、时尚市场和炫耀市场等。

【小案例】如亚麻产品属高档产品，是时尚与身份的象征，以其天然绿色环保的特性受到广大消费者的青睐。亚麻产业将会有更大的发展空间与前景。

（5）购买态度。购买态度通常指个人对所购产品持有的喜欢与否的评价、情感上的感受和行动倾向。企业可以按照消费者对产品的购买态度来细分消费者市场。消费者对企业产品的态度有五种：热爱，肯定，不感兴趣，否定和敌对。企业对持不同态度的消费者群，应当酌情分别采取不同的市场营销组合策略。对那些不感兴趣的消费者，企业要通过适当的广告媒体，大力宣传介绍企业的产品，使他们转变为兴趣的消费者。

4. 行为细分

行为细分，就是企业按照消费者购买或使用某种产品的动机、消费者所追求的利益、使用者情况、消费者对某种产品的使用率、消费者对品牌的忠诚程度、消费者待购阶段和消费者对产品的态度等行为变量来细分消费者市场。

【小案例】

利用阻燃纺织面料制作宾馆床上用品、出口欧美的儿童时尚服饰等，或用抗菌织物生产内衣裤、袜子等日用品在欧美消耗量很大，此类商品的包装一般以半打为宜，不仅便于购买与销售，也节约了包装成本。手绘真丝手帕只是在正式场合才使用，因此宜采用精致小包装形式。其定价宜高，以显示其珍贵，这是以使用率或数量细分的。

**练一练：** 自己试着总结时尚服饰消费者市场细分的标准有哪些？

**任务小结：** 完成本任务后，请进行自我测试：你是否能够初步进行时尚服饰市场细分工作？

## 任务2 时尚服饰目标市场选择

**任务提示：** 本任务将引领你完成目标市场选择任务。

**任务先行：** 在时尚服饰市场细分的基础上，怎样选择和确定最佳的目标市场呢？这就要研究选择目标市场战略。

## 一、时尚服饰目标市场选择工作

时尚服饰企业在进行了市场细分之后，便面临着选择目标市场的问题。这时，企业必须根据自己的资源条件选择一个或几个细分市场部分作为自己的服务目标，这样确定的市场即为企业的目标市场。在真正确定目标市场之前，大多数企业都必须做好多方面的准备工作，这些工作对于时尚服饰企业确立下一步的经营策略具有重要意义。

目标市场与市场细分是两个既有区别又有联系的概念。市场细分是发现市场上为满足的需求与按不同的购买欲望和需求划分消费者群的过程，而确定目标市场则是企业根据自身条件和特点选择某一个或几个细分市场作为营销对象的过程。因此，市场细分是选择目标市场的前提和条件，而目标市场的选择则是市场细分化的目的和归宿。

## 二、时尚服饰目标市场选择的策略

可供企业选择的目标市场策略主要有以下三种，如图5—1所示。

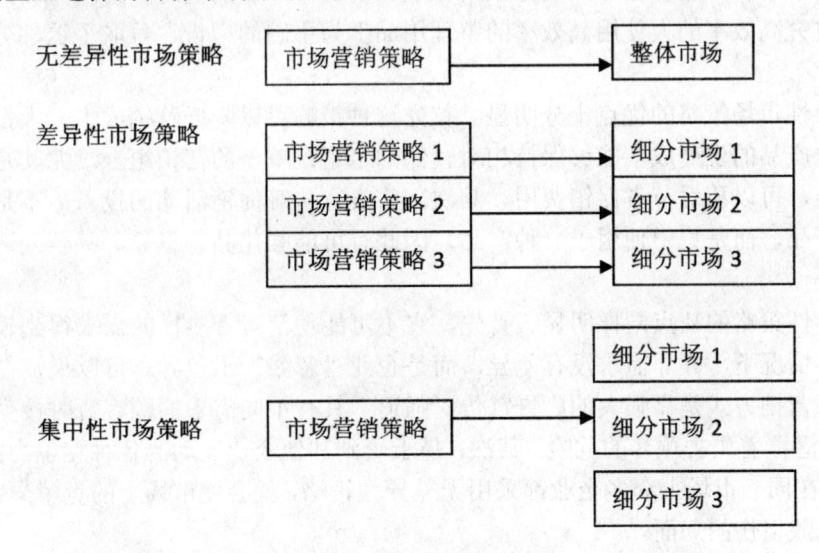

图5—1 三种目标市场策略

### （一）无差异性市场策略

无差异性市场策略即用一种商品和一套营销方案吸引所有的消费者。采用此策略的时尚服饰企业把整个市场看成一个整体，不进行细分，或是在时尚服饰企业作了细分的工作之后，决定把整个市场作为目标市场。这种无差异性的市场策略，可以解释为向全部市场提供单一产品。企业为什么采取这种策略呢？一般都是出于以下几点考虑：第一，认为他所经营的商品对所有的消费者都是需要的。没有什么特点，是共同需要。第二，认为购买者之间虽然有差异，但是差异的程度很小。第三，用广阔的销售渠道和推销方式可以节约营销成本。

**【小案例】**

国际上运用无差异性市场策略最成功的是可口可乐公司。早期的可口可乐公司在世界各地都用一种口味、一种包装、一种牌号和相同的营销策略。

在推行无差异性市场策略当中，一般企业是推出单一的品种，发展单一的营销方案，以迎合广大的消费者。综上所述只是无差异性市场策略最基本的方法。在实际营销活动中，也时常有这样的情况，即企业向全部市场提供单一的产品和服务。但在面对不同的消费者群时，则采取不同的营销方案。

**【小案例】**

美国一家洗涤用品公司，20世纪50年代推出一种新型擦地板洗涤用品。产品开发出来后，企业确认其目标市场是家庭主妇，就由广告设计部门设计出针对妇女心理的广告，如"使用某某洗涤用品，你的丈夫会满意的"。整个营销方案推出后，效果不如预期的理想，这个公司会立即分析原因，找到症结所在。根据调查，目标市场中大约30%的人（旧式的、保守型的家庭主妇）接受这样的广告口号，而妇女中的大部分对这样的宣传有抵触，其中有不少是妇女解放运动的热衷者和大批的有成就的职业女性。于是，此公司采用了一种产品多套方案的办法，在发布前一个广告的同时，为这些新式妇女设计了以"讲究高效率的人使用高效率的整理用品"为主题的广告，争取了这部分顾客取得了成功。

无差异性市场策略的优点十分明显。首先这种策略可以降低营销成本，大批量的生产，使单位产品的生产成本能够保持相对较低的水平；单一的营销组合，尤其是无差异的广告宣传，可以相对节省促销费用。其次，广告宣传等促销活动的投入，不是分散使用于几种产品，而是集中使用于一种产品，因此有可能强化品牌形象，甚至创造所谓超级品牌。

无差异性策略的缺点同样明显。首先，它不可能使消费者多样的需求得到较好的满足。在很多情况下，并非需求没有差异，而是企业"忽略"了差异。可以说，在一定程度上，这种营销方式是靠强大的广告宣传"强迫"具有不同需求的顾客暂时接受同一种产品。这就潜藏着失去顾客的危险。其次，易于受到其他企业发动的各种竞争力的伤害。再次，如果在同一市场上众多企业都采用无差异性策略，就会使市场上的竞争异常激烈，最后形成几败俱伤的局面。

一般而言，无差异性市场策略适用于两种情况：一是具有同质性市场的产品；二是具有广泛需求、可能大批量产销的产品。但对于大多数需求存在明显差异的产品而言，这种策略并不适用。特别要提醒企业注意的是，市场是不断变化的，那些具有同质需求的产品和需求差异性较小的产品，随着时间的推移，很可能在多种因素的作用下，由同质渐变为异质、由差异性较小渐变为差异性较大。如果企业不注意这些变化，及时改变策略，势必使企业陷入困境。

总之，采用无差异性策略，企业经营者都是千方百计地给大多数消费者造成一个产品优良的印象。显然，在多样化的时尚服饰品市场领域中，这种策略应用有限。但也有不少时尚服饰品时尚服饰企业在经营大众基本产品如中低档的袜类、牛仔裤、内衣裤等或休闲品牌时尚服饰时，应用这种策略获得成功。

### (二)差异性市场策略

即时尚服饰企业针对每个细分市场的需求特点,分别为之设计不同的产品,采取不同的市场营销方案,满足各个细分市场上不同的需要。运用这个策略比较成功的是日本丰田汽车公司。丰田推出不同类型的汽车,去满足不同收入、不同阶层、不同社会地位的消费者。这就是以不同特点的产品分别满足不同的消费者群体的需求。通过这种方法来取得最佳营销效果。丰田新的营销理念出现后,其方法被许多企业应用。

**【小案例】**

上海百货站经营的胶鞋就采用了这种差异性的市场策略。前几年胶鞋大量积压,可是上海生产的胶鞋供不应求,原因就在于它能够根据不同消费者的需求来设计不同的产品。上海百货仅胶鞋就有几十种,有适应农村需要的农田鞋、插秧鞋、防滑靴;也有适应少数民族的西藏靴;还有工矿靴,旅游鞋等等。运动鞋方面,上海百货站经营的品种包括乒乓鞋、足球鞋、排球鞋、网球鞋等,分别满足不同消费者的需要。另外,上海百货还有女青年的彩面鞋等。

采取差异性策略的企业,一般拥有较宽、较深的产品组合和更多的产品线,实行小批量、多品种生产;不仅不同产品的价格不同,同一产品在不同地区市场价格也有差异;分销渠道可能各不相同,也可能几种产品使用同一渠道;促销活动也有分有合,具体产品的广告宣传是分开进行的,而厂牌的宣传则常常是统一的。

差异性策略的优点有:第一,这种营销方式大大降低了经营风险。由于企业同时在若干个既互相联系又互相区别的子市场上经营,某一市场的失败,不会威胁到整个企业。第二,这种营销方式能够使顾客的不同需求得到满足,也使每个子市场的销售潜力得到最大限度地挖掘,从而有利于扩大企业的市场占有率。第三,差异性营销大大提高了企业的竞争能力,特别有助于阻止其他竞争对手利用市场空当进入市场。第四,如果企业能够在几个子市场上取得良好经营效果、树立几个著名品牌,则可以大大提高消费者或用户对该企业产品的信赖程度和购买频率,尤其有利于新产品迅速打开市场。

差异性营销也有其局限性,最大问题是营销成本的提高。小批量、多品种的生产,使单位产品的生产成本相对上升;多样化的广告宣传必然使单位产品的广告费用增加;此外,还会增加市场调研和管理等方面的费用。所以,这一策略的运用,要有这样的前提,即销售领域扩大所带来的利益,必须超过营销总成本的增加。由于受有限资源的制约,许多中小型时尚服饰企业无力采用此种策略。较为雄厚的财力、较强的技术力量和高水平的营销队伍,是实行差异性策略的必要条件。

### (三)集中性市场策略

集中性市场策略又称密集性策略。企业选择一个或少数几个子市场作为目标市场,制定一套营销方案,并集中力量为之服务,争取在这些目标市场上占有大量份额。这是一个比较特殊的策略,前两种策略不论哪一种,它面对的都是整个市场。而采取集中性策略的企业,是集中针对一个或两个细分后的小市场作为它的目标市场。这样的决策主要是考虑要避免财力资源的过分分散,也就是说把企业的实力集中用于一个市场细分的面上来求得成功。这个策略的出发点不是在一个大的市场当中寻求一个小的占有率，而是谋求在一个小的市场当中，获得比较大的占有率。

这种策略的优点是可以节省费用，可以集中精力创名牌和保名牌。这是一种特别适用于小企业的策略。小企业的资源和营销能力，无法与大企业正面抗衡。但通常市场上总是存在着这样一些子市场：它们的规模与价值对大企业来说相对较小，因而大企业未予注意或不愿踏足，但却足以使一个小企业生存并发展。如果小企业能够为其子市场推出独特的产品，并全力以赴加以开拓，则往往能够达到目标。实行这种策略，可以使某些子市场的特定需求得到较好的满足，因此有助于提高企业与产品的知名度，今后一旦时机成熟，便可以迅速扩大市场。值得注意的是，这种策略强调的是一种"独辟蹊径、蓄势待发"的经营思想，对于我国企业在选择目标市场方面避免近年来屡屡发生的"追风赶潮"现象，即一旦某个企业成功开发了某一市场，便有许多企业争相跟进，具有积极意义。这种策略的不足之处在于经营的风险较大，因为选择的市场面比较窄，把全部精力都放在这儿，一旦市场消费者突然改变了需求偏好，或某一更强大的竞争对手闯入市场，或预测不准以及营销方案制订得不利，就会使企业因为没有回旋的余地而陷入困境。因此，采用这一策略的小企业必须特别注意产品的独到性及竞争方面的自我保护，还要，密切注意目标市场及竞争对手的动向。

**【小案例】**

一家时尚服饰品连锁店为自己定位为"以其过人的创意为缝纫业者服务的零售店"，即为喜爱缝纫的妇女提供"更多构想的商店"，获得了成功。

## 三、时尚服饰目标市场选择的条件

上述三种市场营销策略各有利弊，它们各自适用于不同的情况，时尚服饰企业在选择营销策略时，必须全面考虑各种因素，权衡得失，慎重决策．这些因素主要有以下几种。

### （一）企业的实力

包括企业的设备、技术、资金等资源状况和营销能力等。如果企业的实力较强，则可实行差异性营销；否则，最好实行无差异性营销或集中性营销。

### （二）产品差异性的大小

指产品在性能、特点等方面的差异性大小。如食盐、白糖、大米等产品，需求的差异是很小的，因而可视为"同质"。对于同质产品或需求上共性较大的产品，一般宜实行无差异性营销：反之，对于差异性较大的产品，如时尚服饰品、化妆品、钟表等则应实行差异性营销或集中性营销。

### （三）市场差异性的大小

即市场是否"同质"。如果市场上所有顾客在同一时期偏好相同，购买的数量相同，并且对营销刺激的反应相同，则可视为"同质市场"，宜实行无差异营销战略；反之，如果市场需求的差异性较大，则为"异质市场"，宜采用差异性或集中性战略。例如多数时尚服饰企业应采用差异性或集中性战略。

### （四）产品生命周期阶段

对处于不同生命周期阶段的产品，应采取不同的目标营销战略。处在介绍期和成长期的新产品，营销重点是启发和巩固消费者的偏好，不宜提供太多的品种，最好实行无差异性营销或针对某一特定子市场实行集中性营销；当产品进入成熟期时，市场竞争剧烈，消费者需求日益多样化，可改用差异性营销战略以开拓新市场，满足新需求，延长产品生命周期。

### （五）竞争者战略

一般说来，企业的目标营销策略应该与竞争者有所区别，反其道而行之。如果强大的竞争对手实行的是无差异性营销，企业则应实行集中性营销或更深一层的差异性营销。如果企业面临的是较弱的竞争者，必要时可与之"对着干"，采取与之相同的策略，凭借实力击败竞争对手。

当然，这些只是一般原则，并没有固定模式，营销者在实践中应根据竞争对方的力量对比和市场具体情况灵活抉择。

**练一练**：自己试着总结选择时尚服饰目标市场战略的依据。

**任务小结**：完成本任务后，请进行自我测试：你是否掌握了选择时尚服饰目标市场战略的方法？

## 任务3　时尚服饰市场定位

**任务提示**：本任务将引领你完成市场定位工作。

**任务先行**：时尚服饰企业在市场细分的基础上选择了自己的目标市场，并确定了目标市场营销战略，这就明确了时尚服饰企业的服务对象和经营范围，接下来时尚服饰企业将面临的课题是时尚服饰市场定位。

## 一、时尚服饰市场定位工作

### （一）市场定位及其必要性

时尚服装企业选择了自己的目标市场和目标市场策略后，企业的服务对象和经营范围就可确定，但还需要对"市场定位"进行决策。

1. 市场定位的含义

市场定位就是时尚服饰企业为某一种产品在市场上树立一个明确的、区别于竞争者产品的、符合消费者需要的地位。也就是时尚服饰企业为某一种产品创造一定的特色，树立良好的市场形象，以满足消费者的特殊需要和偏爱。

2. 市场定位的必要性

在现代社会中，消费者对时尚服饰品的各种各样的偏好和追求都与他们的价值取向和认同的标准有关，时尚服饰企业要想在目标市场上取得竞争优势和更大的效益，就必须在了解购买者和竞争者两方面情况的基础上，确定本企业的市场位置，进一步明确企业的服务对象。企业在市场定位的基础上，才能为企业确定形象，为产品赋予特色，以特色吸引目标消费者，这是当代时尚服饰企业的经营之道。

### （二）市场定位方法

各个时尚服饰企业经营的产品不同，面对的顾客不同，所处的竞争环境也不同，因而市场定位的方法也不同。一般来说，市场定位的方法有以下几种。

1. 根据具体产品的特色定位

产品特色定位是根据其本身特征，确定它在市场上的位置。构成产品内在特色的许多因素都可以作为市场定位所依据的原则。如产品构成的成分、材料、质量、档次、价格等。

**【小案例】**

紫罗兰在产品特色上，以清新淡雅的特色绣花、提花、印花床品为主，每年推出的几百种花型系列床品在国内、国际市场都取得了很高的赞誉，产品涵盖套件、四件套、被子、枕芯等十大系列二百多款。用料讲究，款式新颖，做工精良，价格适中。产品设计将中国文化与近代法国文化相结合，其时尚的生活理念深得顾客青睐，并很难被同行效仿。紫罗兰用优秀的品牌文化和高品质的产品倡导全新的生活理念，它以生活温情、亲民高尚、健康身心为品牌传播核心定位理念，以期在消费者心目中形成亲切、温暖、健康的品牌形象。

2. 根据所提供的利益和解决问题的方法定位

产品本身的属性及由此衍生的利益，以及企业解决问题的方法也能使顾客感受到它的定位。

时尚服饰营销

**【小案例】**

环保棉时尚服饰品的开发对棉花的科研育种工作提出了较高的要求,而彩色棉花的种植、收购、生产加工等环节都必须实行高度的专业化。因此,企业在各个环节上的投入较多,加之环保棉花本身的单产量较普通的白色棉花低,其最终产品的成本也就远高于普通棉制品,一般来说要高出30—150%。同时,由于其绿色环保的特点,受到消费者喜爱,国际市场上需求旺盛、供不应求的特点,其产品价格往往高出普通棉制品1—3倍。相应地,其产品销售策略应该适应这一特点,具体到销售中所采用的品牌策略也应与此产品特性相一致。

3. 根据使用者的类型定位

根据使用者的心理与行为特征,及特定消费模式塑造出恰当的形象来展示其产品的定位。

**【小案例】**

对开发和经营环保棉时尚服饰品的企业由于最终产品的价格往往高出普通棉制品1—3倍。因此,目前该类企业一般使用单一品牌,面向中高档时尚服饰市场,针对受过较好教育、具有较强消费能力的中产阶层。可以说,这一市场定位及品牌策略基本上是正确的,因为其所面对的目标市场中的消费者既有消费环保棉时尚服饰品的能力又有消费的愿望,同时其品牌内涵也符合这一人群的爱好。

4. 根据竞争的需要定位

根据竞争者的特色与市场位置,结合企业自身发展需要,将本企业产品或定位于与其相似的另一类竞争者产品的档次,或定位于与竞争直接有关的不同属性或利益。

事实上,许多企业进行市场定位的方法往往不止一种,而是多种方法同时使用,因为要体现企业及其产品的形象和特色,市场定位必须是多维度、多侧面的。

## 二、时尚服饰市场定位的操作步骤

市场定位一般要经过如下步骤。

### (一)调查研究影响市场定位的因素

1. 竞争者的定位状况

调查者需要了解竞争者产品在顾客心目中的形象,衡量竞争者的竞争优势。

2. 目标顾客对产品的评价标准

调查者需要了解购买者对所要购买的产品的最大愿望和偏好,以及他们对产品优劣的评价标准。不同产品的评价标准是不同的,一般来说时尚服饰品消费者主要关心的是产品质量、价格、款式、服务等。

3. 企业在目标市场上的潜在竞争优势

一般地说竞争优势有两种形式:一是在同样条件下比竞争者价格可以更低,从而在价格上具有竞争优势;二是可以提供更多的且具备更多特色的产品,从而在产品特色上具有竞争优势。

## （二）选择定位优势和定位战略

企业通过对顾客喜好与偏爱的分析，以及与竞争者在产品、成本、促销、服务等方面的对比，就可以准确判定企业的竞争优势所在，选择合适的定位战略，进行正确的市场定位。

## （三）准确传播企业的定位观念

市场定位后，还需花大力气进行定位的广告宣传工作，能把企业的定位观念准确地传播给目标顾客和社会公众。

要避免因宣传不当而在顾客心目中造成的以下三种误解。

1. 宣传定位太低

宣传不能体现企业特色，如企业以高质量定位，却片面宣传价格如何低廉，或在一些信誉不高的小报上做宣传，结果使顾客对产品质量不信任。

2. 宣传定位太高

宣传定位太高，会不符合企业的实际情况，容易让公众认为企业经营的是高档产品，实际上高档产品的需求者看不上，中低档产品的需求者不敢光顾，反而失去了目标顾客。

3. 宣传上混淆不清

宣传上混淆不清，会使顾客心目中没有统一明确的形象。比如，有时宣传产品是高档产品，而宣传的是却是低档消费，会使同一产品在消费者中有人认为是高档的，有人认为是低档的。

# 三、时尚服饰市场定位的策略

我们对不同市场位置的时尚服饰企业，应采取不同的市场定位策略。

## （一）填补定位策略

填补定位策略是指时尚服饰企业为避开强有力的竞争对手，将产品定位在目标市场的空白部分或是"空隙"部分。其优点是可以避开竞争，迅速在市场上站稳脚跟，并能在消费者或用户心目中迅速树立一种形象。这种定位方式风险较小，成功率较高，常常为多数企业所采用。

需要注意的是，研究市场的空白处是因为没有潜在的需求，还是竞争对手无暇顾及。如果确定存在潜在需求，就要考虑这一市场部分是否有足够的需求规模，是否足以使企业有利可图。要客观地考虑企业的营销管理能力是否能够胜任市场部分的开发，自身是否有足够的技术开发能力去提供足够的产品。

## （二）并列定位策略

并列定位策略是指时尚服饰企业将产品定位在现有竞争者的产品附近，服务于相近的顾客群，与同类同质产品满足同一个目标市场部分。采用这种定位方式有一定的风险，但不少企业认为这是一种更能激励自己奋发向上的可行的定位尝试，一旦成功就会取得巨大的市场优势。因为，这个市场部分是最有利可图的部分。

需要注意的是实行并列定位，必须要知己知彼，尤其应清醒评估自己的实力，不一定试图压垮对方，能够平分秋色就已是巨大的成功。

### （三）对抗定位策略

对抗定位策略是指时尚服饰企业要从市场上强大的竞争对手手中抢夺市场份额，改变消费者原有的认识，挤占对手原有的位置，取而代之。采用此策略的目的在于企业准备扩大自己的市场份额，决心并且有能力击败竞争者。

需要注意的是企业在以下情况下可以采用对抗定位的策略。

1. 实力比竞争者雄厚。所谓实力，是指企业的产品开发、科研、销售、筹资、广告、宣传、形象战略诸方面的综合体现。

2. 企业所选择的目标市场区域已经被竞争者占领，而且不存在与之并存的可能，企业有把握赢得市场。

### （四）重新定位策略

重新定位策略是指随着时尚服饰企业的发展、技术的进步、社会消费环境的变化，企业对过去的定位作出修正，以使企业拥有比过去更多的适应性和竞争力。具体需要注意以下几种情况。

1. 企业的经营战略和营销目标发生了变化。
2. 企业面临激烈的市场竞争。
3. 目标顾客的消费需求的发展变化的。

**练一练：** 自己总结时尚服饰市场定位的步骤有哪些？

**任务小结：** 完成本任务后，进行自我测试：你是否能够初步进行时尚服饰市场定位工作？

## 项目五  小结

如何从时尚服饰企业自身的特色与能力出发来开发时尚服饰市场成为企业参与激烈竞争的重要砝码，而STP营销（市场细分、目标市场和市场定位）则是调节砝码的关键所在。时尚服饰企业只有对整体市场进行市场细分，明确目标市场并实施相应的营销策略，才能实现企业的营销目标。

完成本项目后，学生应该能够熟练进行市场细分、选择目标市场和市场定位工作。

**同步阅读：**

宸帆电商（钱夫人家雪梨定制母公司，以下简称雪梨定制）成立于2016年，是一家以红人为驱动的多品牌快时尚集团，也是国内知名的网红电商公司之一。截至2019年，该电商已有27家网红淘宝店，旗下拥有雪梨、林珊珊、蛇蛇等知名网红。该电商的销售额在 2016 年和 2017 年的双十一都取得巨大突破。2016 年的双十一，该电商的三家网红店铺销量破亿元；2017 年的双十一，钱夫人家的销售额在 350 秒内突破一亿元；雪梨本人在阿里发布的《2017 网红消费影响力指数综合排名》中位列第一，成为最受瞩目的网红之一；2018 年底，雪梨定制全年销售额已超过十亿，2019 年双十一，仅预售一项的销售额就超过一亿元。

就目前雪梨定制店铺的营销方式而言，其主要的市场细分标准以人口因素为主，而由于主营的业务大多以女性用品为主。因此，目前雪梨定制的细分标准以女性购买者的个人情况作为主要的数据分析来源，比如性别、年龄、消费能力等，得出店铺的消费群体以女性消费者居多。同时，由于店铺的衣物主打时尚风格，18—35 岁年龄段的女性消费群体占比最多，而由于店铺主打定制类型的衣服，在消费能力方面，绝大多数的消费女性都具备一定的消费能力。

**思考与练习**：根据以上资料，请大家分析雪梨定制的市场细分合理吗？如果不合理，存在什么缺陷？

**同步实训：**

**实训一　"谁是你的客户"**

**一、实训目的**

如果你是某品牌服饰产品的市场营销人员或经理，针对你所经营的服装，分析研究"谁是你的客户"，找准你的目标市场，实施市场定位策略。

**二、实训组织**

以实地调查为主，并在图书馆或利用互联网查找资料，收集相关资料，集体讨论、分析，最终得出结果。

**三、实训要求**

根据消费者需求的差异性和一定的标准，将整体市场划分为两个或两个以上具有不同需求特性的子市场。在市场细分的基础上，选择具有定规模的、能够进入的、可以盈利的一个或几个细分市场作为自己的目标市场，并根据消费者对服饰的偏爱及竞争者的市场定位状况，确定某品牌时尚服饰企业产品特色即对产品进行市场定位。

**四、实训步骤**

1. 学生自由组合，分成 3—5 人的项目学习小组。
2. 以小组为单位，收集、选择拟进行分析的项目的相关资料。
3. 根据资料信息，运用市场细分方法，分析该项目或该产品的细分市场特色。

**同步测试：**

**一、关键概念**

市场细分　目标市场选择　市场定位

**二、单项选择题**

1. 无差异性目标市场营销策略的优点是（　　　）

    A. 成本较低　　　　　　　　B. 风险较小

    C. 营销对象集中　　　　　　D. 能更好地满足消费者需求

2. 评价细分市场的有效性，应掌握该细分市场的可测量性、（　　）和实效性。

    A. 可进入性　　B. 可计算性　　C. 可盈利性　　D. 变动性

3. 企业进行消费者市场细分的关键是（　　）
   A. 进行市场定位　　　　　　　B. 选择目标市场
   C. 分析消费者需求的差异性　　D. 确定市场细分标准
4. 根据顾客为保持牙齿洁白而生产相应牙膏，这是（　　）的细分标准。
   A. 使用者情况　　　　　　　　B. 追求利益
   C. 产品使用频率　　　　　　　D. 品牌忠诚程度
5. 宁城老窖的广告语是"塞外茅台"，这种广告定位属于（　　）。
   A. 逆向定位　　　　　　　　　B. 强化定位
   C. 比附定位　　　　　　　　　D. 补隙定位

## 三、思考题
1. 结合时尚服饰企业的特点，说明时尚服饰企业应如何制定目标市场营销策略。
2. 调查一家时尚服饰企业对该企业的市场定位进行评价。

**与本项目相关的视频请扫二维码**

# 项目六

# 时尚服饰产品策略的分析与制订

**能力目标：**

通过完成本项目，你能够：

1. 制定时尚服饰产品生命周期各阶段营销策略
2. 进行时尚服饰品牌决策
3. 制定时尚服饰包装策略
4. 学会时尚服饰新产品开发

**核心能力：**

1. 制定时尚服饰产品生命周期各阶段营销策略
2. 制定时尚服饰品牌策略和包装策略
3. 时尚服饰新产品开发

**具体任务：**

任务1　时尚服饰产品组合及优化

任务2　时尚服饰产品的生命周期

任务3　时尚服饰品牌策略

任务4　时尚服饰包装策略

**【引导案例】**

2020年疫情之后，361°国际有限公司（以下简称361°公司）扩大了其在IP联名方面的布局，接连推出QQ飞车、圣斗士等联名产品。

361°公司于2003年成立，一直专注于设计、开发、生产、推广及分销高性能、具创新性且时尚的运动服饰产品。361°公司作为国产领先的运动品牌之一，近年的增长一直保持相对稳健的态势，但在竞争激烈且迅速增长的运动服饰市场，该公司却一直被资本市场低估。对此，公司近年也加强了对行业变化及消费趋势的应对，采取主动变革的方式以赢得未来的市场。

面对日益激烈竞争的局面和后疫情时代潜在的新爆发增长期，361°公司将目光瞄准了年轻人市场。如何吸引年轻消费群体，提升产品的溢价能力是摆在361°公司面前的首要任务。为此，361°公司探索出了一条IP联名整合营销的路径。自2019年以来，361°

公司陆续与高达、穿越火线、百事可乐、小黄人、队长小翼、圣斗士、宝可梦及三体等知名IP合作，不断推出联名产品。

361°公司IP联名营销首先是精准锁定目标人群。选择的这些IP有一定的共同点，那就是它们基本都是作为陪伴年轻一代成长的IP，对年轻消费群体有着极强的吸引力。而IP的粉丝群体，恰恰属于361°公司的目标受众。同时将营销资源集中在预热阶段，通过设置限量礼盒预约机制，用预售信息炒热话题，并结合线上电商平台推广资源引流。最后是线下联动，361°公司通过打造IP快闪店，并将产品投放至一二线城市繁华地段的潮流店铺，引爆话题，促成产品热卖。

## 任务1 时尚服饰产品组合、优化及开发

**任务提示**：本任务将引领你确立时尚服饰产品整体概念，明确时尚服饰产品的分类，掌握时尚服饰产品组合策略。

**任务先行**：在市场竞争十分激烈的今天，时尚服饰企业如何运用好的产品创意组合策略来扩大自身优势，提高市场占有率，已成为其必须谨慎考虑的问题。事实上，时尚服饰企业不能仅经营单一产品，但也不是经营的产品越多越好。可以说，产品及其搭配组合是一门决定企业成功的艺术！

### 一、时尚服饰产品的整体概念

在时尚服饰企业中，时尚服饰被定义为产品。时尚服饰企业在整个市场营销活动中都离不开产品。时尚服饰产品作为市场营销组合中的重要元素，其概念有不同的含义。

#### （一）时尚服饰的概念

人们常把时尚服饰分为艺术的时尚服饰、商业的时尚服饰、实用的时尚服饰和展示的时尚服饰。而时尚服饰在人类社会的发展过程中，随着社会历史的进步和生产力水平的提高，有着不同的划分和界定。

时尚服饰是日常穿着的各类衣、裤、裙的总称。时尚服饰在历史各个时期受人文思想、时尚内容和法律道德等因素的影响。时尚服饰也常常被称为是一种着装的状态，当它与人与环境形成了一种协调统一的状态时，才传达出一种高于物态的精神层面的美感。时尚服饰有高级时装、成衣和时装三种类别。

1. 高级时装

高级时装通常是量体裁衣、单件制作、工艺精致、价格昂贵的高级时尚服饰，这类时尚服饰传统而典雅。英国人查尔斯·弗雷德里克·沃斯是巴黎高级女装店的奠基人。

2. 成衣

成衣是指按标准号型、尺码规格大批量在流水线上生产的标准型时尚服饰，是20

世纪初出现的时尚服饰形式,是时尚服饰生产工业化的结果。时尚服饰工业的进步、现代化商业的发展使时尚服饰出现在时尚服饰商店、百货商店或是超市中。

3. 时装

时装是指在一定时期、一定地区最流行、最新颖的装束,其造型、色彩、材质与配饰都能反映当时、当地的社会潮流和穿着风貌。时装可以说是作为新价值观而出现的定义,与其相关产生出许多时装用语。它是介于高级时装和成衣之间的时尚服饰概念,属于时尚服饰类别中的一个分支。它不如高级时装那样豪华昂贵,却比普通常规成衣具有时尚感和时代感。

### (二)时尚服饰产品整体的概念

现代市场营销理论认为,产品整体概念包含核心产品、有形产品和附加产品三个层次,如图6—1所示。这里说的产品既可以指有形的产品又可以是无形的服务。对于时尚服饰企业来说,时尚服饰产品整体除了包括时尚服饰实体以外,还包括更多的附加值,如时尚服饰的品牌、式样、花色、服务及心理满足等因素。时尚服饰产品整体包含三个层次,即核心产品、形式产品和附加产品。

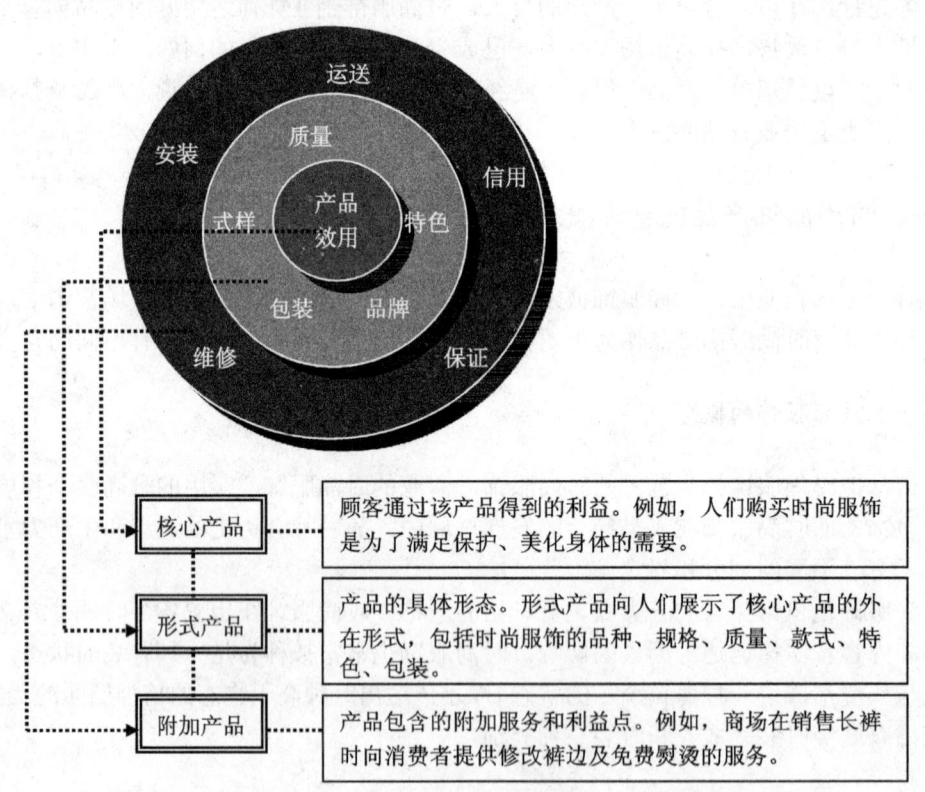

| | |
|---|---|
| 核心产品 | 顾客通过该产品得到的利益。例如,人们购买时尚服饰是为了满足保护、美化身体的需要。 |
| 形式产品 | 产品的具体形态。形式产品向人们展示了核心产品的外在形式,包括时尚服饰的品种、规格、质量、款式、特色、包装。 |
| 附加产品 | 产品包含的附加服务和利益点。例如,商场在销售长裤时向消费者提供修改裤边及免费熨烫的服务。 |

图6—1 产品整体概念

核心产品是指消费者购买某种产品时所追求的利益,是顾客真正要买的东西,因而在产品整体概念中也是最基本、最主要的部分。消费者购买某种产品,并不是为了占有或获得产品本身,而是为了获得能满足某种需要的效用或利益。

时尚服饰营销

　　有形产品是核心产品借以实现的形式,即向市场提供的实体和服务的形象。例如,产品在市场上表现出产品的质量水平、外观特色、式样、品牌名称和包装等都是有形产品。市场营销者应首先着眼于顾客购买产品时所追求的利益(核心产品),以求更完美地满足顾客需要,从这一点出发再去寻求利益得以实现的形式(有形产品),进行产品设计。

　　附加产品是顾客购买有形产品时所获得的全部附加服务和利益,包括提供信贷、免费送货、质量保证、安装、售后服务等。附加产品的概念来源于人们对市场需要的深入认识。因为购买者的目的是为了满足某种需要,因而他们希望得到与满足该项需要有关的一切。美国学者西奥多·莱维特曾经指出:"新的竞争不是发生在各个公司的工厂生产什么产品,而是发生在其产品能提供何种附加利益,如包装、服务、广告、顾客咨询、融资、送货、仓储及具有其他价值的形式"。

　　综上所述,核心产品是消费者想要解决的问题所在;形式产品是核心产品的载体,是其赖以生存的土壤和物质基础,是消费者解决问题的方法和途径。附加产品是消费者选择企业产品的依据,更是现代企业实施差异化营销、提高产品竞争力的重要途径。消费者接受产品过程中的满足程度,即取决于三个层次中每一个层次的状况,也取决于产品整体组合效果。如果过分重视核心产品而忽视形式产品对核心产品的实现作用及附加产品对核心产品竞争力的提高作用,则很容易使企业走向歧途。如果过分重视形式产品而"怠慢"了核心产品,则是企业营销观念的倒退。如果过分重视附加产品而忽略了核心产品和形式产品的"根基",则最终将不堪一击,在竞争中彻底失败。

　　因此,企业在制定营销策略时必须考虑产品的整体效果,并且对不同层次、不同因素的侧重程度的确定,要与企业的营销策略相符合。正确认识产品整体概念,有助于提高企业的整体营销水平。这里需要指出的是,在现实市场上,产品的核心部分有趋于"一致化"的倾向,企业之间的核心产品部分没有明显差别,故对形式产品和附加产品的策划显得十分重要。

## 二、时尚服饰产品组合的因素

### (一)时尚服饰产品组合的概念

　　时尚服饰产品组合,是指某一时尚服饰企业所生产或销售的全部产品大类(产品线)、产品项目的组合。时尚服饰产品组合又叫时尚服饰产品的各种花色品种的配合。时尚服饰产品组合是一个时尚服饰企业提供给顾客的一整套产品。时尚服饰产品组合由各种各样的时尚服饰产品线组成,每条时尚服饰产品线又由许多产品项目构成。

　　与时尚服饰产品组合有关的术语还有时尚服饰产品系列。所谓时尚服饰产品系列,又称产品线,是指一组式样不同但功能可以相互配合使用的相关项目。时尚服饰产品项目,指某一品牌或产品大类内由尺码、价格、外观及其他属性来区别的具体产品,有时也称库存单位。凡时尚服饰企业在其产品目录上列出的每种产品,就是一个单独的产品项目。

### （二）时尚服饰产品组合的因素

现代时尚服饰企业为了满足目标市场的需要，不断扩大销售分散风险以增加利润。往往生产经营的时尚服饰产品不止一种，这些时尚服饰产品在市场的相对地位以及对企业的贡献有大有小，时尚服饰企业需要根据市场需要和自身能力，确定经营哪些时尚服饰产品，明确时尚服饰产品之间的配合关系。时尚服饰企业需要对时尚服饰产品组合进行认真的研究和选择。

时尚服饰产品组合包含四个因素：宽度、长度、深度和黏性（关联性）。

1. 时尚服饰产品组合的宽度，是指一个时尚服饰企业拥有多少条不同的产品线。产品线越多，说明该时尚服饰企业产品组合的宽度愈广。一般来说，时尚服饰企业增加产品组合的宽度，即增加产品线和扩大经营范围，可以充分发挥时尚服饰企业的特长。

【小案例】

某时尚服饰企业只生产女装，而另一家时尚服饰企业却生产男装、女装、童装和鞋帽等产品系列，后者的产品组合宽度较大。

2. 时尚服饰产品组合的长度，是指一个时尚服饰企业产品组合中的产品项目总数。产品组合的平均长度反映了一个时尚服饰企业在各个细分市场中满足顾客不同需求的总体程度。时尚服饰企业增加产品组合的长度，会使各产品线具有更多规格、型号和花色的产品，更好地满足顾客的不同需要与爱好，从而扩大总销售量。

【小案例】

在童装这条产品线上，时尚服饰企业经营儿童羽绒服、夹克衫、衬衫、运动服四个产品项目。

3. 时尚服饰产品组合的深度，是指每条时尚服饰产品线上的产品项目数，也就是每条产品线有多少个品种。产品线中包含的产品项目愈多，产品组合深度愈深。例如，上述时尚服饰企业经营的儿童衬衫有大、中、小三种型号。

4. 时尚服饰产品组合的关联性，是指时尚服饰企业每条产品线之间在最终用途、生产技术、销售渠道以及其他方面相互关联的程度。相关程度愈密切，说明时尚服饰企业各产品线之间具有一致性，反之，则缺乏一致性。如果将生产女装和童装的时尚服饰企业和一家既生产女装、童装，又生产皮具的企业相比，则前者的产品组合的相关程度较强。

由于产品组合所包含的四个因素不同，就构成了不同的产品组合。图6—2是产品组合概念示意图。

如图6—2所示，产品组合的宽度为三，产品组合的长度为十。产品组合的四个因素使时尚服饰企业可以采用方法发展其经营业务。时尚服饰企业可以增加新的产品线，以扩大产品组合的宽度；时尚服饰企业可以延长它现有的产品线，以扩大产品组合的长度；时尚服饰企业可以更多地增加每一条产品线的品种，以增加产品组合的深度；时尚服饰企业还可以推出有较高黏性的新产品线或加强产品线之间的黏性。时尚服饰企业在进行产品组合时，涉及三个层次的问题需要做出抉择，即是否增加、修改或剔除产品项目；是否扩展、填充和删除产品线；而哪些产品线需要增设、加强、简化或淘汰，以此来确定最佳的产品组合。三个层次问题的抉择应该遵循既有利于促进销售，又有利于增加企业的总利润这个基本原则。

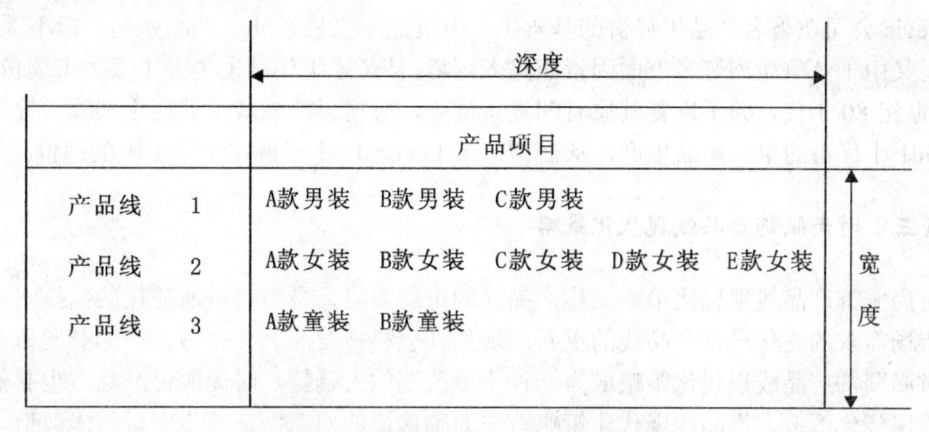

|  | 深度 | |
| --- | --- | --- |
|  | 产品项目 | |
| 产品线 1 | A款男装　B款男装　C款男装 | 宽度 |
| 产品线 2 | A款女装　B款女装　C款女装　D款女装　E款女装 | |
| 产品线 3 | A款童装　B款童装 | |

图6—2　时尚服饰产品组合概念示意图

## 三、时尚服饰产品组合策略

在明确时尚服饰产品组合四个要素的基础上，针对市场的变化，调整现有产品结构，从而寻求和保持产品结构最优化。具体有三种策略可供选用：时尚服饰产品线扩散策略、时尚服饰产品线削减策略、时尚服饰产品线现代化策略。

### （一）时尚服饰产品线扩散策略

时尚服饰产品线扩散策略，指开拓产品组合的广度或者加强产品组合的深度，增添一条或几条产品线，扩展产品经营范围。在维持原产品品质和价格的前提下，增加同一产品的规格、型号和款式；增加不同品质和不同价格的同一种产品；增加与原产品相类似的产品等。例如，世界著名品牌皮尔·卡丹就经历了从男装到皮鞋、皮具、领带的不断扩展，其产品组合覆盖服饰的方方面面，形成了产品风格、品味相互陪衬、和谐的整体。

产品组合可满足不同偏好的消费者多方面的需求，提高产品的市场占有率。并且，能充分利用企业信誉和商标知名度，完善产品系列，扩大经营规模。同时，可以充分利用企业资源和剩余生产能力，提高经济效益，分散市场风险。

### （二）时尚服饰产品线削减策略

产品线的削减也是产品组合决策的一个重要方面。不同的产品项目对企业利润的贡献是不一样的，有的产品项目长期亏损，应该进行削减。另外，如果公司生产能力或需求较为紧张时，也应该考虑削减一些产品线。缩减产品组合可以使企业集中资源和技术力量改进保留产品的品质，提高产品品牌的知名度，从而使企业生产经营更专业化，这样可以提高生产效率，降低生产成本。同时，缩减产品组合也有利于企业向市场的纵向发展，寻求合适目标市场，减少资金占用，加速资金周转。需要注意的是，无论产品组合增加还是削减，都必须通过收益成本分析来判断有利的或疲软的产品项目。

**【小案例】**
　　Levis 公司在著名产品牛仔裤的基础上，发展起了高档运动装产品系列。但不久后，该公司又由于竞争激烈等多方面因素而陷入困境，甚至连牛仔裤也失去了很多市场份额。在 20 世纪 80 年代，为了恢复其原有的竞争优势，公司果断缩减了其他生产线，仅保留 Levis501 牛仔裤的单一产品生产，从而树立了 Levis501 牛仔裤在牛仔王国的地位。

### （三）时尚服饰产品线现代化策略

　　时尚服饰产品线现代化策略又称产品线的更新策略，是指在迅速变化的高技术时代根据市场需求的变化进行产品线的更新。现代社会科技发展突飞猛进，产品开发日新月异，时尚服饰产品线现代化策略成为一种不可改变的大趋势。时尚服饰产品线也必然需要进行现代化改造。产品线现代化策略首先面临这样的问题：是逐步实现技术改造，还是快速现代化（即以更快的速度用全新设备更换原有产品线）。一方面，逐步现代化可以节省资金耗费，但竞争者很快就会察觉，并有充足的时间重新设计它们的产品线与企业抗衡；另一方面，快速现代化策略可以出其不意，击败竞争对手，但在短时期内耗费资金较多。因此，采用怎样的策略要根据时尚服饰企业的现实情况和市场状况来综合考量。

## 四、时尚服饰产品开发

　　企业生存和发展的关键在于不断开发时尚服饰新产品，不断开拓新市场。在激烈的市场竞争中，在时尚服饰工艺技术时尚服饰面料日新月异的时代，一个企业如果不积极发展新产品，就没有能力适应环境的变化，就不能在竞争中取得优势。因此，许多时尚服饰企业采取了"生产一代，开发一代，储存一代"的产品策略，把新产品的开发看作是企业生存和发展的首要条件。在生产时装的企业，时尚服饰的造型款式是其灵魂，也是时装适销的首要条件。时装造型款式虽然可以千变万化，但由于时装是给人穿的，必须符合时代潮流和人们的心理要求，这是时装造型变化的基本要求。对于生产传统款式的时尚服饰企业，由于时尚服饰的款式变化不大，但时尚服饰材料和面料在不断改良和更新，企业也要注意即将流行的面料和流行色，以最快时间生产出新产品，满足消费者的需求。

### （一）时尚服饰产品开发的时间表

　　时尚服饰产品的开发涉及很多环节。它从流行色的确定，到时尚服饰再到消费者手中，是一个漫长的过程，具体可以分成以下四个阶段。

1. 流行色确定

　　国际流行色协会每年两次在法国巴黎召开流行色会议，聚集国际上著名的纱线、面料和时尚服饰的设计师、色彩顾问及流行预测机构代表。他们将讨论确定两年以后的主要色彩流行趋势，最后以深色、亮色、粉色和中性色的主题形式发布。然后，时尚服饰工业的各种机构再根据自己的行业特色，在此基础上发布各自的色彩流行趋势预报，如国际羊毛局、国际棉花协会等国际行业组织以及中国流行色协会等地区性行业协会。

2. 面料与纱线确定

各地都有一年两次的纱线与面料展。它们将一年以后的纱线与面料结构、色彩和图案以纱样与布样的方式展出，接受时尚服饰企业的订货。

**【小案例】**

在法国的第一视觉面料博览会（Premiere Vision），香港的国际成衣及时装材料展（Interstoff Asia）以及中国的国际家用纺织品及辅料展览会（Intertextile Home）上，各地的时尚服饰设计师都会在这样的展览上，确定自己下一年时尚服饰主要面料的选择。

3. 时尚服饰的确定

一年两次的国际时尚服饰展将最后以时尚服饰成品的形式，向商界展示半年后的时尚服饰主要流行趋势。

**【相关链接】**

目前，大型的国际性时尚服饰展示主要有德国杜塞多夫的时尚服饰展（男/女装）、法国巴黎的国际女装展和国际时装周、美国拉斯维加斯的时尚服饰展等等。中国北京的中国国际时尚服饰博览会是中国最具影响力的时尚服饰展。

4. 媒体的宣传

当代社会媒体的力量日益强大，上述的专业化活动举办之后，媒体的宣传将完成最后一道对产品开发的影响。一方面，专业媒体通过对上述活动的介绍与报道，最终影响商界投入生产的决策；另一方面，大众媒体的宣传与报道，最终影响消费者的购买决策。

## （二）时尚服饰新产品开发的意义

发展新产品是时尚服饰企业制订产品组合的重要途径之一，企业的生存与发展关键在于是否重视产品创新。随着市场需求的变化和时尚服饰科学技术的不断发展，时尚服饰产品也会不断得到更新和改良。对于企业来说，时尚服饰新产品开发具有极其重要的意义，主要表现在下列几个方面。

1. 开发新产品，避免时尚服饰因过时而被淘汰，始终保持与市场需求相一致，更好地满足现在和潜在消费者的需求。

2. 开发新产品是提高企业市场竞争能力的重要保证，企业只有不断地推出时尚服饰新造型、新颜色、新品种等产品，才能在满足市场消费者需求的同时，增加企业赢利，增加企业的竞争能力和经济实力。否则就会被竞争者挤出市场，遭受失败或被淘汰的命运。

3. 开发新产品，可以降低企业的风险。一个时尚服饰企业经营多品种的产品，并推出有较高创利水平的新时装，满足各种消费者的需求，有利于分散企业的经营风险。同时，也可增加企业的市场开拓能力，扩大产品的销售，提高市场占有率。

4. 有利于树立企业的形象，主导市场的流行潮流。同时，增强企业内部的凝聚力，增强员工的归属感。

## （三）时尚服饰新产品的类型

时尚服饰新产品的类型大体上包括以下三类。

1. 新设计时尚服饰

它指在预测流行的新款式和流行色的基础上，采用新材料、新技术设计出的流行时装。这类新时装与现流行时尚服饰无雷同之处，是一种全新服饰产品。

2. 换代时尚服饰

它指采用新材料、新生产工艺或新技术对原有时尚服饰的外观、装饰等进行改良，如西装、衬衣、西裤等传统式样时尚服饰。但是，由于服装的款式造型变化不大，人们有时会按当时的流行情况改变一些细部设计，使之符合流行趋势要求。

3. 模仿与改进时尚服饰

时尚服饰的改进和仿制在市场竞争中是不可能避免的，开发模仿新产品有着积极的意义。如对一些名牌时尚服饰对其造型、工艺技术等进行吸收，对于提高企业的技术水平，增强竞争意识、扩大销售都有很大的作用。

**（四）时尚服饰新产品的开发程序**

时尚服饰新产品开发是一项难度大的工作，需要人们掌握流行信息，运用灵感和想象，让服饰从设计造型到选择材料、颜色等整体配合。另外，还要考虑消费者的心理需求、当地的风俗习惯、审美标准、时尚服饰企业的生产条件等。从确定开发方向到组织实施，再到最后开发完成，要经历以下六个阶段，如图6—3所示。

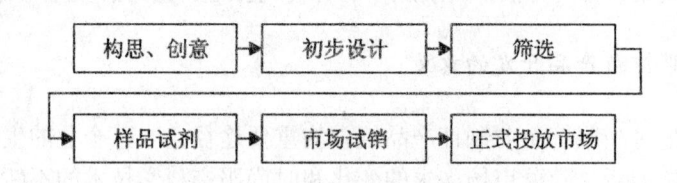

构思、创意 → 初步设计 → 筛选 → 样品试剂 → 市场试销 → 正式投放市场

**图6—3 时尚服饰新产品的开发程序**

1. 构思、创意

新产品的设想即构思，指在预测时尚服饰流行信息的基础上提出新产品的设计方向和设想。在构思时，企业设计人员应采取各种办法，集思广益，尽量多地收集即将流行的造型、颜色和面料等资料，绝不能闭门造车设计新产品。企业设计人员要根据收集的信息，从中选出具有价值且能形成批量生产的构思方案来。

企业设计人员设计新产品的目的是满足消费者的需要。但是，由于消费者审美标准千差万别，在这种情况下，设计人员要把自己的设计风格制作给特定的消费者，必须集中精力调查消费者的消费习惯、消费模式和消费心理。时尚服饰消费的多层次化、个性化的趋势，决定了时尚服饰需求差别大、款式变化快、流行周期短等特点。这就要求设计人员在选定设计方向时，不断调查研究，对消费者提出的要求和市场反馈的信息认真分析、总结。企业设计人员通过调查研究，收集消费者的需求特征和即将流行的造型款式、颜色和面料、当地的风俗习惯、服饰配件、体型特征等信息，进行产品构思。另外，在构思过程中还要注意收集以下几方面的资料。

（1）明确新产品的消费者。

（2）消费者在什么时候什么地点、以什么形式穿时尚服饰。

（3）消费者的消费水平，市场相似时尚服饰的供求情况。

（4）自己企业的技术情况、生产能力等。

2. 初步设计

根据收集到的资料，企业设计人员对即将设计的时尚服饰款式、结构、颜色、装饰物、配件等进行全盘考虑，设计出既能适合消费者需求又能与流行趋势相适应，并具有自己特色的新时尚服饰。为了便于评审筛选，时尚服饰初步设计包括以下几个方面的内容。

（1）绘制时尚服饰效果图。时尚服饰效果图是展示时尚服饰作品在人体上的效果，包括配件、面料、穿着场合、背景等。企业设计人员无论采用何种画法、何种颜料，都要求画得比例基本准确、结构表达清楚。时尚服饰画一般应以正面或正侧面为主，并加画后背图，有时还应根据款式特点加画侧面图和部件特写图，以便全面、准确、清楚地表达时尚服饰的款式结构。有的企业用画时尚服饰外形图代替效果图，其特点是不用画人体。

（2）产品外形结构。它指用文字简述产品设计构思、外形结构、造型特点、销售对象等。

（3）工艺制作说明。它指用文字或图表示出时尚服饰各部位的缝制方法、制作要求等。初步设计时的工艺要求说明可以不必像生产工艺制造单那样详细、具体，但对某些结构比较复杂的时尚服饰，对于设计效果关系密切的关键部分和特殊要求必须写明。

3. 筛选

筛选指企业设计人员对构思的许多设计图进行选择和改进，其主要目的是在尽可能短的时间内发现和放弃不好的设计作品。但对构思的设计图进行筛选时，会出现两种问题：一是对某些较好构思的潜在价值估计不够，以致漏选甚至失去赢利机会；二是误选了没有很大市场的新作品，仓促投产，造成浪费。企业设计人员在选择评审各种设计方案时，具体标准可归纳为希望成功的评定标准和风险分析的评定标准两个方面。

希望成功的评定标准主要有以下五种。

（1）设计构思是否符合市场需求。

（2）款式是否符合当前潮流，选料和配色是否恰当。

（3）结构及工艺是否合理。

（4）加工技术条件是否合理，成批生产原材料供应有无保证。

（5）结算成本，制订初步价格，分析产品的经济效益。

风险分析的评定标准主要有以下三种。

（1）产品的销售风险和供应风险。

（2）市场消费者接受的风险和市场占有率风险。

（3）产品被新的竞争取代的风险和被仿制的风险等。

4. 样品试制

经历了以上几个阶段，企业选定最佳产品概念后，就可以将抽象的产品转化成实际的产品。然后，企业设计人员正式判断产品概念在技术上和商业上是否可行，同时考查产品的结构、工艺，并进行合理修正，为新产品制作提供全套的技术文件。在样品试制过程中，企业设计人员则不必强求一次成功。一件完美的作品常常要不断修改，对其分割线的位置、弧度曲直以及每个部件的大小、形状、位置等都要反复修改、试穿，以便观察产品实际穿着的效果，以及活动是否方便、穿着是否舒适等。在样品完成后，企业设计人员应再进行一次技术经济分析，检查其是否具有产品概念所规定的所有特征，同时在经济上、技术上是否可行。

5. 市场试销

市场试销是企业有计划、有目的、有组织的市场营销活动。它必须在一定的市场条件下，即在限定市场范围，严格控制产品价格、促销等条件下向市场提供产品。市场试销是一种最可信赖而有效的检查产品方法。当企业把少量产品试投入市场时要做好以下决策。第一，确定产品试销的范围和时间。第二，选择市场销售的途径。第三，在试销过程中广泛听取意见，收集好资料，试销后改良产品，为正式投放市场做充分准备。当然，不是所有时尚服饰产品都要进行试销，如对于一些流行性特强的时装则不需进行试销。但对一些款式变化不大的时尚服饰，如西装、西裤、男式衬衣等，进行试销效果最好。试销的目的，能让企业设计人员大致了解市场潜在需求和消费习惯，并据此做出相应决策。另外，通过收集资料可为选择各种有利的市场营销策略提供依据，如质量标准和价格水平等。

6. 正式投放市场

新产品经过市场试销后，若是成功的，就可以以最短时间投入批量生产，满足市场消费者需求。在新产品正式上市时，不同的消费者对新款时尚服饰的接受时间、程度会有所不同。

**【相关链接】**

对于最早期的接受者，他们特别乐于接受新鲜事物。他们敢于冒险，追求时尚的东西，敢于表现自己，即使没有促销活动，也会主动接受新的产品消费观念，这类消费者被视为消费先驱。对于早期接受者，虽然能较早接受新鲜事物，但行动较为谨慎。一般来说，这类消费者在其所属的社团或领域中是有影响力的。他们最主要的需求是被尊重、被注目，或是跟随最早期的接受者，是赶时髦的一群。他们对晚期使用者的影响较大。对于晚期接受者，他们更为谨慎，而且行动迟缓，对事物疑虑重重。他们一般不会主动接受新时装，要等大多数人接受后并反映良好时，他们才会决定购买。对于不接受者，这类人性格保守固执，很难接受新鲜事物，或者对时髦的时尚服饰反感，在他们的思想中传统观念很强。这类人不是时装的消费者，只是传统款式的接受者。根据以上情况，企业产品设计和广告宣传的重点对象应是最早期的接受者和早期接受者。特别对早期接受者，企业更要努力促销。

**练一练：**试着总结时尚服饰产品的总体概念，知道时尚服饰产品的组合策略，试着总结时尚服饰新产品的开发程序。

**任务小结：**完成本任务后，请进行自我测试：选择自己所熟悉的时尚服饰产品，并说明该时尚服饰企业如何对自己的产品线与产品项目进行优化组合，你是否能够根据实际情况帮某一时尚服饰企业完成新产品的开发？

## 任务2 时尚服饰产品的生命周期

**任务提示**：本任务将引领你确立时尚服饰产品的整体概念，同时让你明确时尚服饰产品的分类，掌握时尚服饰产品的组合策略。

**任务先行**：在市场竞争激烈的今天，时尚服饰企业如何运用好的产品创意组合策略来扩大自身优势，提高市场占有率，已成为企业必须谨慎考虑的问题。事实上，时尚服饰企业不能仅经营单一产品，但也不是经营的产品越多越好，可以说产品及其搭配组合是一门决定企业成功的艺术！

### 一、时尚服饰产品的生命周期

产品生命周期是指某产品从进入市场到被淘汰出市场的全部运动过程。时尚服饰产品的生命周期一般分为产品引入期、市场成长期、市场成熟期和市场衰退期四个阶段，具体如图6—4所示。

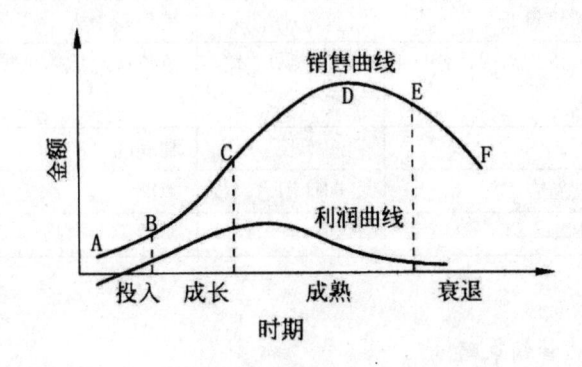

图6—4 时尚服饰产品生命周期图

1. 在产品投入期，市场上推出新产品，产品销售呈缓慢增长状态。
2. 在市场成长期，产品在市场上迅速为顾客接受，产品销售额迅速增长，成本大幅度降低，企业利润逐步提高。
3. 在市场成熟期，产品被大多数消费者接受，市场销售额缓慢增长或下降。
4. 在市场衰退期，产品的销售额急剧下降，利润逐渐趋于零。

### 二、时尚服饰产品生命周期各阶段的特点及策略

产品在市场生命周期的各个阶段，时尚服饰产品的销售额、成本、价格、利润等指数多呈不同的变化态势。表6—1归纳了时尚服饰产品生命周期四个阶段的特征、营销目标和营销策略。

表 6—1 时尚服饰产品生命周期四个阶段的特征和营销策略

| | | 引入期 | 成长期 | 成熟期 | 衰退期 |
|---|---|---|---|---|---|
| 营销目标 | | 创造产品知名度，提高试用率 | 市场份额最大化 | 保护市场份额，争取最大利润 | 压缩开支，榨取品牌价值 |
| 营销策略 | 产品 | 提供基本产品 | 扩大服务保证 | 品牌和型号多样化 | 逐步撤退衰退产品 |
| | 价格 | 用成本加成法 | 渗透市场市价法 | 定价与竞争者抗衡或战胜他们 | 降价 |
| | 分销 | 建立选择性分销 | 密集分销 | 建立更密集分销 | 有选择地减少无利润渠道出口 |
| | 广告 | 在早期使用者和经销商中建立知名度 | 在大众市场建立知名度激发兴趣 | 强调品牌差异和利益 | 降低至维持忠诚者的水平 |
| | 促销 | 加强促销引诱试用 | 减少促销鼓励转换品牌 | 加强促销鼓励转换品牌 | 降低到最低标准 |
| | 销售 | 销售量低 | 销售量剧增 | 销售量最大 | 销量衰退 |
| | 成本 | 单位产品成本高 | 单位产品成本一般 | 单位产品成本低 | 单位产品成本低 |
| | 利润 | 亏本 | 利润增长 | 利润高 | 利润下降 |
| | 顾客 | 创新者 | 早期使用者 | 中期大众 | 落后者 |
| | 竞争者 | 很少 | 增多 | 人数稳中有降 | 下降 |

## （一）投入期的营销策略

该阶段市场销售成长缓慢，由于销售量较少，市场促销费用较高，公司往往很难有利润，甚至亏损。在生产初期，时尚服饰制造成本相对较高，设计开发、技术、结构工艺性能等还不够完善，而生产数量不多，次品率较高，公司在这一阶段要承受很大的市场风险。引入期营销策略如表 6—2 所示。

表 6—2 引入期营销策略

| | | 促销水平 | |
|---|---|---|---|
| | | 高 | 低 |
| 价格水平 | 高 | 高价撇脂策略 | 缓慢撇脂策略 |
| | 低 | 低价快速渗透策略 | 逐步渗透市场策略 |

1. 高价撇脂策略

这一策略的特点是以高价和高促销费用推出时尚服饰新产品。该市场环境下，大部分潜在消费者不了解此类时尚服饰新产品，目标市场的顾客对时尚服饰求新的心理强烈，

**时尚服饰营销**

愿意出高价购买。同时，公司面临潜在竞争者的威胁，急需建立品牌。实行高价格是为了从单位销售额中获取最大的利润，高促销费用是为了尽快引起目标市场的注意，引起产品流行现象，占领市场。

2. 缓慢撇脂策略

这一策略的特点是以高价格和低促销费用将时尚服饰新产品推入市场。制定高价格，支出少量促销费用，公司可以获取更多利润。采用这种策略的市场环境是市场容量很大，消费者可以了解这种时尚服饰新产品。同时购买者愿意出高价购买该产品，其潜在竞争的威胁不大。

3. 低价快速渗透策略

这一策略的特点是以低价格和高促销费用推出时尚服饰新产品，其目的在于先发制人，迅速打入时尚服饰市场，取得最大的产品市场占有率。采用这种策略的市场环境是市场容量相当大，消费者对这种时尚服饰新产品不了解且十分敏感。同时潜在竞争比较激烈，时尚服饰新产品单位成本可因大批量生产而降低。

4. 逐步渗透市场策略

这一策略的特点是以低价格和低促销费用推出时尚服饰新产品，目的是鼓励消费者迅速接受新时尚服饰，少量促销费用使企业有利可图。采用这种策略的环境是市场需求大，顾客对这种时尚服饰新产品已经了解。消费者对价格比较敏感，市场需求价格弹性高而促销弹性小。同时，产品有潜在市场竞争者。这是众多中小时尚服饰企业常用的营销策略。

**（二）成长期的营销策略**

成长期的特点是时尚服饰开始流行。这一时期是时尚服饰产品在市场上打开销路、销售迅速增长的时期。此时期时尚服饰销售额迅速上升，销售成本大幅度下降，时尚服饰产品基本成型，其技术、工艺和设备均已成熟，时尚服饰市场价格趋于下降，公司利润迅速增加。竞争者受到时尚服饰新产品丰厚利润的吸引，开始大量加入、仿制，同类时尚服饰商品逐渐投入市场。

在时尚服饰产品的成长期主要采用以下营销策略。

1. 提高时尚服饰产品质量，增加时尚服饰产品的特色，发展时尚服饰产品的新型号、新款式，并开发新用途。

2. 营销策略要从以建立时尚服饰产品知名度为中心转移到以树立时尚服饰产品形象为中心，争取创立名牌，吸引新顾客。

3. 企业要积极寻求新的细分市场，进入有利的新市场。

4. 在大量生产的基础上，企业要选择适当时机降低价格，以吸引不同层次的对价格敏感的潜在消费者。

**（三）成熟期的营销策略**

1. 市场改进策略

公司可用组成销售量的两个因素，为它的成熟品牌扩大市场。

销售量=品牌使用者数量×每个用户的使用率

（1）公司可以通过三种方法来增加品牌使用者的数量，即转变非用户、进入新的细分市场、争取竞争对手的顾客。

（2）公司可以设法让当前品牌的使用者增加产品的使用频率，进而提高产品数量。公司通常使用的策略是提高产品的使用频率、增加各个场合的产品的使用数量以满足产品新的、更广泛的用途。如风衣除了其特有的功能外，在某种场合下，还可以当作大衣和外套便服；再如休闲西服也可以兼有西服和休闲服的功用等。

2. 产品改进策略时尚服饰公司应努力改进产品的特性，使其能吸引新用户，增加现行用户的使用量，以改善销售。

3. 市场营销组合和改进策略时尚服饰公司应努力通过改进营销组合的一个或几个要素刺激销售。在寻找刺激成熟产品销售的方法中，市场营销人员对营销组合的非产品因素应考虑下列关键性问题：削价还是提价是否有新的销售渠道进入？促销、人员推销等措施是否恰当？

### （四）衰退期、消亡期的营销策略

此时时尚服饰销售会出现持续的负增长态势。由于销售量锐减，利润丧失，很多竞争厂商纷纷倒闭或另谋生路。此时公司可把营销重点放在减少开支、加速倾销上。

**练一练**：试分析时尚服饰产品生命周期各阶段的特征和营销策略。

**任务小结**：完成本任务后，请进行自我测试：以身边某种熟悉的时尚服饰产品为例，分析其产品生命周期的变化及应采取的营销策略。

## 任务3 时尚服饰品牌策略

**任务提示**：本任务将引领你明确如何塑造时尚服饰品牌。

**任务先行**：中国时尚服饰工业联合会名誉会长杜钰洲曾在中国时尚服饰论坛上提出创新是品牌的灵魂，也是我们从制造大国向品牌大国转变最缺的要素。过去时尚服饰产业以劳动力投入、资源投入为主。一直以来，时尚服饰行业缺少创新，缺乏创造力。现在我们由制造大国向品牌大国转变，这意味着中国要变成一个创造性的大国，而创新是这种转变最为重要的动力。品牌是一个重要的决策领域，我们应该怎样做才能成功地塑造一个品牌呢？

### 一、时尚服饰品牌的内涵

时尚是变化的，品牌核心是永恒的。想占领市场，必须留住顾客；要留住顾客，就要最大限度地满足顾客的各种需求，包括主导需求、潜在需求、直接需求和间接需求等。

时尚服饰营销

### （一）时尚服饰产品品牌的含义

品牌是一个综合、复杂的概念，它是名称、包装、价格、历史、声誉、符号、广告风格的无形总和。美国市场营销协会对品牌的定义是，品牌是一个名称、名词、标记、符号或设计，或是它们的组合。其目的是识别某个销售者的产品或劳务，并使之同竞争对手的产品和劳务区别开来。品牌包括品牌名称和品牌标志。品牌名称是指品牌中可以用文字表达的部分，也称品牌名。品牌标志是指品牌中以符号、图案或颜色等形式显示出来的部分，是一个可以被识别、辨认但不能用语言称谓的部分，也称品标。

品牌在本质上代表着公司对提供给市场的产品特征、利益和服务的一贯性的承诺。最佳品牌是质量的保证，也是一系列复杂特性含义的象征。

品牌与商标并不相同。品牌是生产经营者给自己的产品所规定的商业名称，是产品的一种标志，也叫厂牌。而商标则是经过政府有关部门注册的品牌，是受法律保护的品牌，有专门的使用权，并具有排他性。可以说所有的商标都是品牌，但不是所有的品牌都是商标。

### （二）时尚服饰品牌的确立

1. 品牌名称的确立

品牌名称是形成品牌概念的基础，是树立时尚服饰品牌的核心要素。常用的时尚服饰品牌主要有以下几种类型。

（1）企业式名称。企业式名称即借用公司名称作为时尚服饰产品的品牌名称，如顺美、阿迪达斯等时尚服饰品牌都是采用公司的名称。

（2）人物式名称。人物式名称即直接以人物名作为产品品牌名，如香奈儿、范思哲等时尚服饰品牌。

（3）动物式名称。动物式名称即以动物名作为品牌名称，如海螺牌衬衫、雪豹皮衣等。

（4）植物式名称。植物式名称即以植物名作为品牌名称，如杉杉西服、红豆西服等。

2. 品牌标志的设计

品牌标志是商品的象征，是产品信息的外在表现。标志通常由文字单独构成或文字与图形组合而成，可以划分为文字标志和图形标志两种。名称和标志能极大地影响消费者和潜在消费者如何看待一个品牌。

3. 品牌价值的确立

品牌价值主要体现在以下三个方面。

（1）品牌价值为消费者提供了一种辨别商品质量的重要标志，从而大大简化了商品的选择过程。

（2）品牌价值能够帮助企业保持老顾客、争取新顾客，提高顾客对本企业和本企业所生产产品的忠诚度，建立竞争障碍，带来竞争优势。

（3）同等质量的产品，消费者愿意为名牌支付更高的价格。因此，品牌是企业的一笔无形资产。

## 二、时尚服饰品牌策略

### (一)时尚服饰品牌策略

1. 品牌化决策

现在,很少时尚服饰产品不使用品牌。时尚服饰企业喜欢使用品牌,是因为消费者倾向认为有品牌的产品质量可靠、可信度高。有品牌便于生产和营销,并能对产品的特点提供法律保护,为销售者提供吸引忠诚顾客的机会,进而控制细分市场,建立公司良好的形象。

2. 品牌使用决策

品牌使用决策即决定使用制造商品牌还是中间商品牌。品牌是生产企业的标志,产品的设计、质量和特色都是由生产企业决定的。消费者一般通过制造商的品牌来判断产品质量。同时,制造商也希望通过自己的品牌来控制市场,并帮助以后的营销。大多数产品采用制造商品牌,但也有产品采用中间商品牌。时尚服饰生产小企业可以借助中间商品牌来推销商品,扩大影响。大公司名牌时尚服饰自然使用制造商自己的品牌,采用开辟专卖店、连锁店的形式直接营销。

3. 品牌名称决策

品牌名称决策即决定产品使用专用品牌还是统一品牌。

(1) 专用品牌即一个企业生产的各种产品分别采用不同的品牌。专用品牌适用于经营产品线较多而关联性较小、生产技术条件差异较大的企业。

(2) 统一品牌即企业将自己所生产的全部产品都用统一的品牌,或以一定的品牌为基础,采用各种相关的文字或符号,使其成为一个品牌系列。统一品牌一般运用在产品特点、价格和目标市场大致相同的产品上。

### (二)品牌管理

品牌的使用直接关系着消费者、企业和国家的利益。品牌策略的最终目的是把品牌变成市场知名度高的名牌。纵观世界各著名企业的发展史,无一不是创造名牌的过程。创立了名牌能够有效保护民族工业、保住和扩大国内市场,提高国际市场占有率。国际时尚服饰市场的竞争实质上是品牌的竞争,名牌的多寡已成为衡量一个国家时尚服饰行业强弱的标志。纵观当今世界经济强国,无不以名牌产品称雄世界。企业要生存和发展,需要有创造名牌的意识。创造名牌不是一朝一夕的事情,而是一项长期艰巨的工作,是创一流产品、一流管理、一流服务和一流人才的过程。创造名牌之后,还要发展、保护和管理好名牌。

品牌的管理包括以下几个方面内容。

1. 保护品牌

申请注册取得法律保护是保护品牌的最有效的方法。对于实力较强的企业,最好做到产品流通前,品牌先保护。否则,品牌被他人抢先注册,其后果就不堪设想。如我国时尚服饰著名商标"杉杉""红豆"已在42个国家和地区注册。

2. 强化品牌意识

企业管理人员要使员工明确意识到著名品牌的信誉来之不易,是企业全体人员长期努力奋斗的结果,是管理和智慧的结晶,是产品信誉和质量的标志,是产品的主要附加值。企业人员要自觉做好重视品牌的工作,不要轻视品牌的作用和价值。

3. 重视质量、外观

要成为知名度高的品牌,光有好的名字是远远不够的,还要有高质量的美观产品,才能使品牌立于不败之地。要保证时尚服饰的质量和外观,首先材料要好,不论面料质地、色彩等都要保持优质。同时,做工必须精细,不论裁剪、缝制、熨烫都要精益求精。另外,设计的造型要新颖、外观要美观,确保名牌产品始终具有优于竞争对手的质量。这是名牌久盛不衰的首要条件。其次,要重视企业员工的培训,员工技术业务素质的高低决定了产品质量的好坏。其三,要严把质量关,不合格的材料不能用,不合格的产品不出厂。

**【相关链接】**

目前,我国时尚服饰总产量第一,出口额世界第一。但是,我国时尚服饰与发达国家相比相差还很远。一是档次不高,二是名牌太少,我国至今还没有一个在国际上叫得响的品牌。出口的时尚服饰在国际上基本上是中低档产品。它们的销量大、附加值低,一般只相当于发达国家的1/3甚至更低的售价,只能出现在国外的摊市和超级市场上,很难进入高档商店。当然,这里边有许多原因,但关键是产品的质量、外观过不了关。从商检部门反映的信息来看,时尚服饰的线头、污渍、缝制不良、整烫不佳等缺陷普遍存在。

4. 加强宣传重质重名

一手抓质量,一手抓宣传,是保护和发展名牌不可缺少的重要环节。由于市场上同一类别产品的品牌越来越多,人们对企业和品牌很快就会忘记。品牌拥有者必须坚持不懈地加强宣传,巩固品牌的地位,使之在人们心中根深蒂固。调查表明,如今消费者购物消费,有84%的人注重产品品牌,特别是经常作宣传的名牌,更是消费者争相拥有的。名牌不光代表质量好,而且还能满足消费者的自我表现心理,使消费者表示出与众不同的个性。选择名牌能给消费者最大的享受感与最小的遗憾感,人们一般都愿意买信誉好的名牌产品。

5. 加强服务

抓好售后服务和产品质量跟踪,保证消费者利益,也是保护好品牌的因素。因为,名牌并非百分之百质量保证。

**【小案例】**

耐克鞋闻名天下,然而也会有鞋面与鞋底分家的厄运。在运动会上如遇到这种情况,该公司的有关人员必会火速赶到现场并寻找"万分之一开胶可能"的原因。这种可贵的精神唤起人们对耐克质量的信赖和对它的好感。

**【小案例】**

好来西公司宣布,消费者凡购买它的衬衣,如在正常穿洗中发现领子、袖口洗破之前出现起泡的现象，会予以退换，并赠送一件致歉。结果，一年中，该公司销售了衬衣一百万件。但是，其中只有104件起泡，比例仅占万分之一。这样的服务，公司不只宣传了品牌，而且以真诚赢得消费者，赢得市场。

6. 自我保护

著名品牌本身就是一笔财富，品牌越出名财富越大，它是企业强大竞争力和巨大盈利能力的来源。如果企业不善于保护自己的品牌，可能会被不法之徒假冒，使品牌这一无形资产在不知不觉中流失。

【小案例】

广东恒丰制衣公司的飞高牌牛仔裤，当时这一敢与国外名牌服饰比高低的品牌，被假冒产品大量仿制。恒丰公司生产一条牛仔裤，假冒企业就能生产出150条假冒品牌的牛仔裤，真货80元一条，而假货只要40元一条。最终真货竞争不过假货，飞高品牌被假冒者吞食殆尽。

为了保护自己的品牌，企业一方面可依靠法律来保护自己，另一方面可提高时尚服饰产品的技术含量或增强新产品上市的突然性，使之不易仿制。

7. 加强管理

创名牌工作是一项系统工程，需要各方面互相配合，才能成功。包括生产、营销、宣传、消费各个环节的准备；科技、质量、法律、知识产权等各个方面的规范；企业、政府、社会各个方面的支持与关心。名牌是企业的旗号，是企业综合素质的表现，也是一个国家经济实力的体现，创立名牌、发展名牌、宣传名牌、保护名牌应成为一种全民意识，注入到我国的时尚服饰工业之中。

**练一练**：试着总结时尚服饰的各种品牌策略。

**任务小结**：完成本任务后，请进行自我测试，了解时尚服饰品牌代言人与品牌个性吻合的意义。

## 任务4　时尚服饰产品包装

**任务提示**：本任务将引领你了解时尚服饰产品包装策略

**任务先行**：一个设计良好的包装能为顾客创造便利价值和为产品创造促销价值。营销人员必须建立一个时尚服饰包装概念，并设计出合理的时尚服饰包装策略，以保证实现预期目标。

### 一、包装的概念和分类

包装有两方面的含义：其一，包装是指为产品设计、制作包装物的活动过程；其二，包装即是指包扎物。一般来说包装应该包括品牌或商标、形状、颜色、图案、材料和标签等要素。品牌或商标是包装中最主要的构成因素，应在包装整体上占突出位置。

大多数时尚服饰产品在从生产领域流转到消费领域的过程中，都需要有适当的包装。

**时尚服饰营销**

时尚服饰产品包装，是消费者对产品的视觉体验，是产品个性的直接和主要传递者，是时尚服饰企业形象定位的直接表现。好的包装设计是时尚服饰企业创造利润的重要手段之一。产品包装一般包括首要包装（即产品的直接包装，如牙膏皮、啤酒瓶）、次要包装（即保护首要包装的包装物，如包装一定数量的牙膏的纸盒或纸板箱）和装运包装（即为了便于储运、识别某些产品的外包装）

### （一）包装的作用

包装作为一个品牌的外在表现，它所产生的差异以及由此而表现出的"品牌特征"，是吸引消费者的主导因素。在商品极大丰富的今天，包装在市场营销中的作用越来越重要，其表现出销售力，承担着吸引消费者的主要功能。包装能够综合利用颜色、造型、材料等元素，同时表现出产品、品牌等企业的内涵和信息，突出了产品与消费者的利益共同点，对消费者形成较直观的冲击，进而影响到消费者对产品和企业的印象，有效地完成吸引消费者的目的。搞好产品包装，对企业市场营销可起到如下作用：

1. 保护产品

良好的包装可以使产品在市场营销过程中，在消费者保存产品期间不致损坏、变质、散落，保护产品的使用价值。

2. 促进销售

特别是在实行顾客自我服务的情况下，更需要利用产品包装来向广大顾客宣传介绍产品，吸引顾客注意力。

3. 增加价值

由于收入水平和生活水平的提高，消费者一般愿意为良好包装带来的方便、美感、可靠性和声望多付钱。所以，良好的包装不仅可以促进销售，而且可以提高产品附加价值。

### （二）包装设计原则

企业在包装设计时，应考虑以下几点。

1. 包装应与商品的价值或质量相适应，避免"一等产品，三等包装"或"三等产品，一等包装"现象的出现。

2. 包装应能显示商品的特点或独特风格。对于以外形和色彩表现其特点的商品，如时尚服饰、装饰品、食品等，包装应向购买者直接显示商品本身，以便于选购。

3. 包装应方便消费者购买、携带和使用。这就要求包装有不同的规格和分量，适应不同消费者的需要。

4. 包装上的文字说明应实事求是，如产品的成分、性能、使用方法、数量和有效期限等要符合实际，以增强顾客对商品的信任。

5. 包装应给人以美感，设计时要考虑消费者的审美习惯，使消费者能从包装中获得美的享受，并产生购买欲望。

6. 包装上文字、图案、色彩等不能和目标市场的风俗习惯、宗教信仰抵触。

## 二、时尚服饰包装策略的运用

时尚服饰包装的策略一般有以下三种。

### （一）一致性包装策略

一致性包装策略也称类似策略，即企业将其所生产的各种产品在包装方面采用相同的图案、色彩和外形。它们具有共同的特征，消费者易于辨认同一企业的产品。这样不仅可以借以提高企业的声誉，还可以为新产品打开销路，同时还能节省包装的设计费用。

**【小案例】**

"皮尔·卡丹"时尚服饰包装风格十分简洁、醒目，均以黑色为底色，上面标有品牌名称及标志。莱尔斯丹的包装以白色为底色，以黑色的英文标志出品牌名称。

### （二）配套产品包装

配套产品包装即时尚服饰企业依据消费者生活消费的习惯，把几种相关的产品一起配套包装、销售，以便于消费者购买使用。这样将产品放在一起，消费者不知不觉中接受并了解了产品和观念，扩大了产品销售，对推广新产品有一定的好处。在时尚服饰产品中常见的是把一些服饰配件配套包装。

**【小案例】**

"金利来"的领带、皮夹和皮带的联合包装，精致而方便，且其定价低于三者之和，有利于商家促进销售。

### （三）再用包装策略

再包装策略即原包装使用后，空的包装可以转作其他用途，很多时尚服饰包装袋可以用作购物袋。当顾客提着这种购物袋时，由于袋上有品牌标志，它们就构成了活动的广告。

**练一练：** 试着总结各种时尚服饰包装策略。

**任务小结：** 完成本任务后，请进行自我测试：到时尚服饰商场找出你认为非常好和非常不好的产品包装，并说出你的理由。

# 项目六　小结

在市场营销活动中，时尚服饰企业满足顾客需要通过一定的产品来实现，时尚服饰企业和市场的关系通过产品来连接。产品是买卖双方从事市场交易活动的物质基础。

学习本项目后，学生将了解时尚服饰产品和产品组合的概念，了解时尚服饰产品生命周期的理论，掌握时尚服饰产品品牌、包装和新产品的概念，理解时尚服饰产品品牌策略、包装策略和新产品开发策略的基本内容。

时尚服饰营销

**同步阅读：**

在2020年疫情"黑天鹅"之下，消费者基于抗菌防护的需求从而对纤维和织物的要求向更高层次转变，尤其是对各种贴身衣物的要求更严苛。考虑到消费者的健康及其未来庞大的市场需求，太平鸟决定携手杜邦™SORONA®开发抑菌功能服装。他们通过纤维纺丝中特别添加纳米金属氧化物，能有效杀灭常见细菌，赋予服装面料持久的抑菌功能，为消费者带来一整天的动感和舒适生活。

"高污染""高耗能"服装产业对环境的危害不容小觑，太平鸟携旗下Material Girl、乐町、乐町家居三大品牌与杜邦™SORONA®合作，于T恤、卫衣、家居服三个穿着服装品牌类领域中推出抑菌功能服装，为消费者带来精准的满足和服装环保安全的高品质体验。同时纤维中特别植入抑菌因子，赋予面料持久的抑菌功能，令一整天的穿着舒爽清新。

此次太平鸟与杜邦™SORONA®的合作，既是基于消费者的抑菌健康的需求，深入服装品类领域为消费者带来舒适安全的功能性服装产品，更是从源头出发传递出时尚可持续、环境可持续的理念，具有环保和生态传承的重要意义。

**思考与练习：** 请问太平鸟为什么决定携手杜邦™SORONA®开发抑菌功能服装？

**同步实训：**

**实训一  产品线调查**

一、实训内容

每组选择一个时尚服饰企业，对其所处的行业现状和产品布局进行分析，了解该时尚服饰企业的产品组合计算其产品线的长度、宽度和深度，并分析各条产品线之间的关联性。

二、实训程序

学生先进行分组，分享调研经验，后学生提交报告，教师进行点评。

三、考核要点

需要知道同学们对时尚服饰企业的选择是否适合，对行业特点和产品布局是否了解，操作流程是否熟悉，计算方法是否正确。

**实训二  身边的品牌统计**

一、实训内容

需要同学们对身边的时尚服饰品牌进行调研，选择几个熟悉的品牌，统计一周之内该品牌出现的次数和宣传载体的类型，从品牌名称和品牌标志两方面分析该品牌的优点和不足。

二、实训程序

同学们需要记录看到该品牌的时间、地点、次数以及宣传载体，做成表格提交，由教师点评。

三、考核要点

同学们应选择熟悉的、身边容易见到的时尚服饰品牌，可以多人统计同一品牌，然后汇总分析。

**同步测试：**

### 一、关键概念
产品整体概念　产品组合的要素　产品线延伸策略　产品生命周期　新产品开发过程　品牌与商标　包装

### 二、单项选择题
1. 新产品开发的第一个阶段是（　　　　）。
   A. 提出目标，搜集构想　　　B. 形成产品概念
   C. 营业分析　　　　　　　　D. 评核与筛选

2. 企业所拥有的不同产品线的数目是产品组合的（　　　　）。
   A. 深度　　　　　　　　　　B. 长度
   C. 宽度　　　　　　　　　　D. 关联度

3. 某种产品在市场上销售迅速增长，利润显著上升，该产品这时正处在其市场生命周期的（　　　　）阶段。
   A. 导入期　　　　　　　　　B. 成长期
   C. 成熟期　　　　　　　　　D. 衰退期

4. 药物牙膏属于哪种类型的新产品？（　　　　）
   A. 全新产品　　　　　　　　B. 换代产品
   C. 改进产品　　　　　　　　D. 新牌子产品

5. 用来识别一个卖主商品劳务的名称、术语、记号、象征、设计，或其组合，叫作（　　　　）。
   A. 商标　　　　　　　　　　B. 品牌
   C. 品牌名称　　　　　　　　D. 品牌标志

### 三、思考题
1. 时尚服饰新产品开发包括哪几个阶段？时尚服饰企业的新产品开发策略有哪些？
2. 调查一家时尚服饰企业通过查阅企业时尚服饰产品目录，计算该企业服饰产品组合的广度、长度和深度，并为该企业选择合适的产品组合策略。

**与本项目相关的视频请扫二维码**

## 项目七

# 时尚服饰价格策略的分析与制订

**能力目标:**
通过完成本项目,你能够:
1. 掌握影响时尚服饰营销定价的因素
2. 运用时尚服饰定价方法和技巧
3. 实施时尚服饰定价策略

**核心能力:**
1. 灵活运用时尚服饰定价方法和技巧
2. 实施时尚服饰定价策略

**具体任务:**
任务1　时尚服饰定价影响因素的认识
任务2　时尚服饰定价程序的认识与分析
任务3　时尚服饰定价策略的分析与调整

**【引导案例】**

时装初创品牌运营咨询公司 Ten Yards 总部设在纽约,其创始人、首席执行官说自己总会问设计师他们对自己公司的期望是什么?因为不同类型、规模的公司,需要设计师做出的决定也大不相同。

那么,品牌究竟该如何给产品定价?

定价的第一步是确定"上岸成本",即产品的基本生产成本,包括材料、劳动、包装、关税、运输和分销成本。产品的零售价(批发商在商店中出售产品的价格)通常为"上岸成本"的六倍。如果一只包包的"上岸成本"(外加营销成本)为20美元,那么这只包包的建议零售价为120美元,品牌可能会向零售商收取50美元。此时,品牌和零售商的销售利润率分别为60%和58%。

品牌的销售目标一般是实现60%的平均利润率。有些产品的利润通常较少,例如生产成本高昂、但品牌营销价值较高的一次性产品,而成本较为固定的核心产品利润更高。例如T恤和牛仔裤,它们通常被视为"利润驱动器"。许多零售商会设法让大部分商品保持较高的利润率,以便开展折扣促销活动。以直面消费者(DTC)渠道为主的品牌就完全没必要设置高价,因为它们不用和中间商分享利润。

如果将品牌战略和市场定位计算在内,定价问题会变得更加复杂。假设一名设计师打算降价,因为价格"看起来"太贵了,但她没办法削减成本。为了让零售价降到期望的水平,她只能牺牲利润,更换供应商,或提高产量,来削减"上岸成本"。但提高产量可能也会有风险。多出来的大多数存货最终可能只是打折出售,品牌因此很快失去了获得可观利润的机会。Metcalfe 认为,依赖季末折扣与折价业务"必然会失败,你的品牌价值也会被彻底稀释。"

现如今,消费者对产品价格和定位的了解远胜以往,因为他们可以方便轻松地对比不同的选择。因此,品牌应当更加灵活地确定合适的价位。Pookie Burch 说:"这一代消费者的受教育程度很高,他们很清楚自己想要什么,这让我们的工作更加复杂。我们必须时刻保持警觉。"

通过学习,我们将一起寻找一个合理的答案。

## 任务1 时尚服饰定价影响因素的认识

**任务提示:** 本任务将引领你了解给时尚服饰产品定价时须考虑的因素。

**任务先行:** 价格是时尚服饰企业市场营销组合中十分重要的因素之一。它不仅关系到时尚服饰企业的赢利和亏损,还关系到时尚服饰企业产品的市场竞争力。时尚服饰产品的价格往往受到企业内部因素和企业外部因素的影响。在时尚服饰市场营销实践中,正是由于消费者对时尚服饰需求的多样性和多层次性,也就决定了时尚服饰价值的复杂多变性和时尚服饰价格的明显差异性。

### 一、时尚服饰价格的构成

#### (一)时尚服饰的价格

时尚服饰的价格是时尚服饰价值的货币表现,时尚服饰价值由生产过程中所消耗的物化劳动和活劳动组成。在实际交换过程中,时尚服饰价格表现为时尚服饰经营者对所经营的某一款式、品牌的时尚服饰制定的需消费者支付的货币数量。

#### (二)时尚服饰商品的比价和差价

时尚服饰商品作为消费者的一种选购商品,时尚服饰价格是影响消费者选购时尚服饰的一个重要因素,而时尚服饰价格对消费者购买行为的影响往往是通过时尚服饰商品的比价和差价反映出来的。时尚服饰商品的比价是指消费者在时尚服饰消费经历中建立起来的,对不同产地、不同品牌、不同质地、不同款式的一种价格对比。这种价格对比直接影响消费者对时尚服饰企业产品价格定位的接受程度。时尚服饰商品差价是指时尚服饰企业针对不同的购销环节、不同的销售地区、不同的销售季节、不同的时尚服饰质量而采取的差异化定价，充分利用时尚服饰的地点效用、时间效用、质量效用，疏通时尚服饰商品流通渠道，促进时尚服饰销售。

### （三）时尚服饰价格目标

时尚服饰企业发展的目标往往可以在定价决策中反映出来，企业往往会根据其定价的目标选择相应的定价水平。企业的定价目标可以划分为以下几个方面。

#### 1. 生存目标

在一个有限的市场中，如果生产者太多，竞争激烈，产品销不出去，企业可能面临倒闭的危险，这时生存目标比利润目标更重要，这样企业必须设定一个较低的价格，增加销售量，维持企业的生产。有时企业会采取最小亏损的价格策略，将价格确定在保本价格水平和变动成本水平之间，维持现状，等待市场盈利机会。

#### 2. 利润最大化目标

在这一指导思想下，企业通过测算产品成本及产品的市场需求弹性之后，确定一个价格水平保证此时企业的利润最大。对于生产流行时装的企业，由于面临产品过时、被仿制的风险，为了能迅速从市场中回收产品开发的投资及获取利润，通常采用这种定价目标。

#### 3. 市场占有率目标

这是企业经营的一种长期发展战略，提高市场占有率不仅可以达到增加销售量，从而降低产品的生产成本，增加企业产品的利润能力的效果，也能提高企业产品的声誉，从而增强企业产品的综合竞争实力。为了提高企业产品的市场占有率，定价时价格会定得较低。

#### 4. 产品品质目标

企业在制定产品的价格时，生产成本是构成产品价格最基本的因素。

为了配合产品的品质目标，企业在确定生产成本水平时，提高产品质量成本的水平，从而使产品价格中的质量成本比重增加。为了树立高质高价的名牌形象，往往采取这一定价目标。

### （四）时尚服饰价格的构成

时尚服饰的价格由以下五个方面构成。

#### 1. 成本

时尚服饰的成本主要包括原材料费用（布料、缝纫线、纽扣、拉链等）、包装材料费用（胶袋、纸盒、纸箱、大头针等）、人工费用（工人的工资、管理人员的工资等）、间接费用（设备的折旧等）等。另外，对于时装而言，尤其是高级时装，其成本还包括市场调查费用、设计费用和广告费用等。

#### 2. 工业利润

工业利润是指生产者取得的利润。通常时尚服饰加工企业的盈利能力较小，而拥有自己品牌的时尚服饰企业，其盈利能力较强。对于不同的时尚服饰，单位产品盈利水平的高低有很大的差异。名牌时尚服饰较无牌时尚服饰盈利能力强，时装较传统时尚服饰盈利能力强。

3. 税金

上缴税金是时尚服饰经营者应尽的义务,在制定时尚服饰的价格时,要把税金计入在内。在对外报价或接受报价时,必须注意其价格是含税价还是不含税价,避免产生经济纠纷。

4. 流通费用

流通费用是商品从生产领域向消费领域转移中产生的劳动消耗和货币支出。包括时尚服饰的运输费用、保管费用、商品的损耗、利息的损失以及店铺的租金和管理费等。

5. 商业利润

商业利润是指商业企业取得的利润。时尚服饰企业如果选用中间商分销产品,就必须向商业企业让出部分商业利润,其比例取决于时尚服饰企业的声誉及其产品的市场占有率。

由以上五种基本要素构成的时尚服饰价格是时尚服饰销售价格的基础。在时尚服饰销售价格中各个部分所占的比例往往存在较大的差异。就成本而言,普通时尚服饰的成本是以基本成本为主的,而高级时装或名牌时尚服饰的成本则向设计、广告等营销成本倾斜。就利润的产生而言,有的时尚服饰在相当长的一段时间,均可获得较为稳定的利润,而有的时尚服饰,尤其是流行期很短的时装往往是在流行初期、中期有较高的获利能力。

## 二、时尚服饰定价环境

### (一)影响时尚服饰价格的内在因素

1. 时尚服饰材料

时尚服饰材料的价格直接影响到时尚服饰的成本,其中时尚服饰面料的价格对成本影响最大。如从相同款式的西服看,在不考虑品牌因素的情况下,纯毛料的西服可卖上千元,混纺的西服可卖几百元,而中长化纤的西服不到百元。另外,对大批量生产的时尚服饰产品,其时尚服饰辅料的价格对成本的影响也是较大的,如拉链、纽扣、衬料等的价格,也会影响时尚服饰产品的价格。

2. 时尚服饰的质量

要提高时尚服饰的加工质量,就必须改进生产设备,增加品质控制成本,这些都会使时尚服饰的成本提高。在市场上,消费者通过对时尚服饰质量和价格的比较就可以得到高质高价、低质低价、质优价廉、质劣价高的结论,从而做出自己的购买选择。

3. 时尚服饰的产量

由于时尚服饰企业生产的总费用包括固定费用和变动费用,在规模效益的作用下,固定费用会随产品产量的增加而分摊到更多的产品上,从而使单位产品的成本下降。因此,大批量生产时尚服饰价格较为便宜。

4. 时尚服饰的品牌

时尚服饰企业要创造名牌时尚服饰,不仅要加大生产技术和管理的投入力度,更需要投入大量的促销费用，从而时尚服饰价格中的促销费用比重升高，提高时尚服饰产品的资本密集度和时尚服饰产品的附加值，这是名牌时尚服饰价格较贵的重要原因。

### （二）影响时尚服饰销售价格的外部因素

#### 1. 经济因素

时尚服饰作为人民生活的必需品，其受经济因素的影响极大。当宏观经济形势向好时，消费者的收入增加较快，时尚服饰消费就会上升，生产企业就会扩大生产，提高产品质量，增加产品款式，争取更多的市场份额，时尚服饰价格也会因时尚服饰消费市场的繁荣而上升。

#### 2. 时尚服饰的流行情况

在时尚服饰流行的初期，时尚服饰的价格往往较贵，在人们求新求异的心理下，物以稀为贵，其价高一样会被消费者接受。而在时尚服饰流行的末期，由于该时尚服饰在市场上的广泛上市，必须依靠人们的求廉心理，才能将时尚服饰销售出去，故这时时尚服饰的价格较低。

#### 3. 时尚服饰的销售环境

时尚服饰的销售环境也是直接影响时尚服饰价格的因素之一。在一个环境幽雅的购物环境中，消费者对这种环境中的商品亦会产生一种信任感。因此，对高档时尚服饰的销售，往往通过周围环境的衬托，可以卖得高价。而对于降价的时尚服饰，则通常采用比较普通的购物环境，可以让消费者产生一种廉价的感觉。

#### 4. 时尚服饰的竞争环境

时尚服饰与其他产品不同，人们对时尚服饰的需求具有多样性，这就决定了时尚服饰的竞争手段的多样性，包括品种、品牌、价格、质量等。对于非名牌时尚服饰，其价格竞争就显得更为重要，随行定价便成了大众非名牌时尚服饰定价的主要方法。

#### 5. 时尚服饰产品的比价与差价因素

时尚服饰产品的比价与差价是时尚服饰企业进行时尚服饰产品价格定位的一个重要参考因素。通过分析时尚服饰产品的比价，有利于时尚服饰企业制订出消费者接受的价格水平，通过对时尚服饰产品差价的控制和调整，有利于时尚服饰企业产品销售渠道的畅通及正确引导消费者的消费。

**练一练**：深入时尚服饰企业，就某一产品分析影响该产品的定价因素。

**任务小结**：完成本任务后，请进行自我测试：你是否初步掌握了影响时尚服饰产品定价的因素？

## 任务2　时尚服饰定价程序的认识与分析

**任务提示**：本任务将引领你认识时尚服饰定价，了解给时尚服饰产品定价程序和定价方法。

**任务先行**：为时尚服饰企业的产品制定一个恰当的价格，必须采取一系列步骤和措施。一般来说应采取六个步骤，需要综合考虑企业目标、成本基础、需求弹性、竞争状况等因素，在动态组合中寻求平衡点，运用定价方法。

## 一、时尚服饰定价步骤

对时尚服饰产品定价一般遵循以下六个步骤，如图7—1所示。

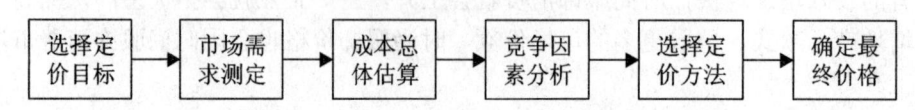

选择定价目标 → 市场需求测定 → 成本总体估算 → 竞争因素分析 → 选择定价方法 → 确定最终价格

图7—1 时尚服饰定价的六个步骤

### （一）选择定价目标

时尚服饰企业的定价目标以满足市场需要和实现企业盈利为基础，它是实现企业经营总目标的保证和手段，同时又是企业定价策略和定价方法的依据。若公司导入了营销策划系统，那么产品定价就与营销目标直接挂钩。每个公司在制定营销策略时，一定有某些特定目的，或者是为了扩大市场份额，或者是为了提升品牌档次，或者有别的市场战略目标。营销目标会不同程度地影响价格的制定。公司常有的定价目标有以下四个：当期利润最大化；市场占有率最大化；产品质量最优化；维持生存。

### （二）市场需求测定

价格会影响市场需求。在正常情况下，市场需求会按照与价格相反的方向变动。价格上升，需求减少；价格降低，需求增加。

### （三）成本总体估算

需求在很大程度上为企业确定了一个最高价格限度，而成本则决定着最低价格限度。价格应包括所有生产、销售和推销该产品的成本，还包括对公司的努力和承担风险的一个公允的报酬。

如果把不变成本与可变成本都列出来，那么成本估算表上将开列出很多项目。但是，实际上，公司都会按简化的方式进行估算，具体如表7—1所示。

表7—1 公司成本估算

| 公司类型 | 成本估算 |
| --- | --- |
| 时尚服饰生产公司 | 用于材料上的成本+工缴费 |
| 时尚服饰商业公司 | 用于进货的成本+毛利 |

时尚服饰营销

1. 时尚服饰生产公司的成本核算

时尚服饰材料成本是产品成本的主要部分，是以货币形式表现的已耗费的生产资料的价值。时尚服饰的生产资料主要就是时尚服饰的面料、辅料和配料。工缴费主要包括产品设计和开发费、生产加工费、市场营销费、管理费和其他的支出。

【小案例】

某时尚服饰企业的成本核价单如下。

款式及质量要求：女单排4粒扣时装套装，质量要求上衣应符合GB／T 2664—93、裤子应符合GB／T 2666—93的各项规定。

面料：纯毛高支花呢，价格62元／m，每套毛料为2.58m，合计159.96元／套。

辅料：里子33.60元／套；胸衬、有纺衬、无纺衬、裤腰衬、袋布、垫肩、线、纽扣等，合计51元／套。

包装运输费：单件立件挂袋、防水隔尘布罩、衣架，20件／箱。送货到宁波，15元／套。

设计打样费：均摊600套，5元／套。

生产等工缴费：上衣12元／件；裤子5元／条。

成本合计：281.56元／套

时尚服饰产品的设计公司真正重视之后，设计成本也被作为独立项目列入产品的成本之中。在实施科学品牌操作的时尚服饰企业中，设计成本一般体现在信息与资料费用、产品设计与研制的投入、设计技术人员的劳动报酬，以及与产品设计相关的成本投入。这些成本费用尽管不像时尚服饰面辅料成本那样便于计算，但也时时体现在时尚服饰品牌的产品运作过程中。

2. 时尚服饰商业公司的成本估算

成本估算在时尚服饰商业公司中也是至关重要的。商业公司的进货成本就是销售收入与商业毛利的差额。在商业毛利中还包含着一定的流通费用。在价格中流通费用一般按六个项目计算，即储运费用、仓管费用、包装及整理费用、利息、商品耗损、经营及管理费用。时尚服饰经营者要根据自身的经营条件给出一个销售盈亏平衡点，把利润目标与流通费用均摊到每件时尚服饰上，再加上进货成本，就形成了产品的销售价格。

（四）竞争因素分析

价格受市场供求状况的影响，而且还与竞争激烈程度密切相关。即产品的最高价格取决于市场的需求，最低价格受总成本的制约，而在此之间，企业究竟能制定多高的价格，要受竞争者同类产品价格的影响。

（五）选择定价方法

企业的产品价格受市场需求、成本费用和竞争情况三个方面因素的影响和制约。具体定价方法将在下面介绍。

### (六) 确定最终价格

企业最后拟订的价格必须同企业定价政策相符合，还要考虑消费者的心理，如将价格定为 1299 元（奇数定价法）。选定最终价格时，还须考虑企业内部有关人员（如推销人员、广告人员）、经销商、供应商等对所定价格的意见，另外还要考虑竞争对手对所定价格的反应。除此之外，公司还必须清楚拟订的价格是否已经偏离了公司品牌发展的整体计划。

## 二、时尚服饰定价的主要方法

时尚服饰定价的方法，是时尚服饰企业在特定的定价目标指导下，依据对成本、需求及竞争等状况的研究，运用价格决策理论，对产品价格进行计算的具体方法。定价的方法主要包括成本导向定价法、顾客导向定价法和竞争导向定价法。

### (一) 成本导向定价法

成本导向定价是企业定价首先需要考虑的方法。成本是企业生产经营过程中所发生的实际耗费，客观上要求通过商品的销售而得到补偿，并且要获得大于其支出的收入，超出的部分表现为企业利润。以产品单位成本为基本依据，再加上预期利润来确定价格的成本导向定价法，是企业最常用、最基本的定价方法。

从本质上说，成本导向定价法是一种卖方定价导向。它忽视了市场需求、竞争和价格水平的变化，在有些时候与定价目标相脱节，不能与之很好地配合。此外，运用这一方法制定的价格均是建立在对销量主观预测的基础上，从而降低了价格制定的科学性。因此，在采用成本导向定价法时，还需要充分考虑需求和竞争状况，确定最终的市场价格水平。

如一件衣服的生产成本为 30 元，流通费用为 140 元，加成率为 30%，则这件衣服的价格为：价格=（生产成本+流通费用）×（1+30%）=221 元。

### (二) 顾客导向定价法

现代市场营销观念要求，企业的一切生产经营必须以消费者需求为中心，并在产品、价格、销售和促销等方面予以充分体现，只考虑产品成本而不考虑竞争状况及顾客需求的定价不符合现代营销观念。根据市场需求状况和消费者对产品的感觉差异来确定价格的方法叫作顾客导向定价法，又称市场导向定价法或需求导向定价法，其特点是灵活有效地运用价格差异，对平均成本相同的同一产品。它的价格随市场需求的变化而变化，不与成本因素发生直接关系。

### (三) 竞争导向定价法

竞争导向定价法即在竞争激烈的市场上，企业通过研究竞争对手的生产条件、服务状况、价格水平等因素，并依据自身的竞争实力，参考成本和供求状况来确定商品价格。其特点是价格与商品成本、需求不发生直接关系。商品成本或市场需求变化了，但竞争者的价格未变，就应维持原价；反之，虽然成本或需求都没有变动，但竞争者的价格变动了，则应相应地调整商品价格。当然，为实现企业的定价目标和总体经营战略目标，谋求企业的生存或发展，企业可以在其他营销手段的配合下，将价格定得高于或低于竞争者的价格，并不一定要求和竞争对手的产品价格完全保持一致。

时尚服饰企业常用的是通行价格定价法，即将本企业某产品价格保持在市场平均价格水平上，利用这样的价格来获得平均报酬。此外，采用通行价格定价法，企业就不必全面了解消费者对不同价差的反应，从而为营销、定价人员节约了很多时间。时尚服饰企业应对照竞争者产品的价格，谨慎保持与竞争对手价格的差距。

**练一练**：深入某一时尚服饰企业，了解其是如何给时尚服饰产品定价的。

**任务小结**：完成本任务后，请进行自我测试：你是否初步把握了时尚服饰产品定价步骤和定价方法？

## 任务3 时尚服饰定价策略的分析与调整

**任务提示**：本任务将引领你掌握各种定价策略。

**任务先行**：价格的生命力在于其灵活性和适应性，即根据市场、需求和竞争状况的变动而变动。价格是一把双刃剑，用得好，可以创造需求；用不好，则会失去市场。因此，价格策略成为时尚服饰企业市场营销组合中的重要环节，选择正确的定价策略是定价过程的基本内容。

### 一、时尚服饰定价策略

#### （一）新产品定价策略

时尚服饰企业在推出新款时尚服饰上市时，价格定位十分重要。一方面，它影响时尚服饰消费者对时尚服饰新产品的接受程度；另一方面也影响新产品的盈利能力。时尚服饰企业在对新产品的价格进行定位时，可以选择以下几种定位策略。

1. 高价定位

时尚服饰是一种技术含量较低的产品，较容易被他人仿造。故时尚服饰产品的高价定位和一般新产品的撇油定价法不同，其高价定位的目的不是为了在短期内收回投资，赚取高额利润，而是为了维持一种产品的形象。对于高价定位的时尚服饰，一定要配合以大量的广告宣传，从而产生一种名牌高价的效果。由于在巨大利润的诱惑下，所有的名牌产品都会有假冒的产品，但这些假冒的产品，从时尚服饰的品质上和销售的渠道上，都是较容易识别的。由于假冒名牌时尚服饰的价格低，可以满足那些想买名牌时尚服饰，却没有消费能力的人的需求。所以，假冒名牌时尚服饰也有它的市场，对高价的名牌时尚服饰的市场构成了一定的威胁，增加了这种定价的风险。

2. 廉价定位

廉价定位是通过该产品与同类产品的价格比较，以较低的价格打开销路、占领市场，但这种定价的获利较少，需有较长的投资回收期，而企业在产品打开市场以后，可以通过逐步提高价格来提高获利能力。对于市场竞争较强的常规时尚服饰可以采用这一策略。如"富绅"衬衣就是用这种策略打开市场的。

3. 不定位的变价

对于大多数的季节性流行时尚服饰都是采用这一定价策略的，它的特点是在不同的时间内采用不同的价格。在时尚服饰流行的初期，以高价赚取高额的利润、在流行的末期则以低价售出剩余的商品，以回收资金取得最后的利润。

### （二）时尚服饰产品组合定价策略

时尚服饰的组合是时尚服饰生产企业依靠原有生产某种名牌产品的能力。它们开发出一系列或一整套的时尚服饰产品，使消费者在一间店铺内能买到所有类型的时尚服饰，以满足消费者多方面的需求。其定价是依靠原有产品的名牌效应，利用消费者的求名、求新、求便心理，而对不同的时尚服饰定出适当的价格。

时尚服饰组合定价可以说是家族品牌定价中的一种。如果制造商的原有品牌已经具有良好的声誉，那么他在同一品牌下推出的新产品就不需要庞大的广告费用来建立品牌的认知与偏好。尤其对于时尚服饰产品系列，其产品间差异性不是很大，并带有较强的相关性，这样通过有效的组合定价，企业往往能获得更大的利润。

【小案例】

"真维斯"专卖店的成名商品是牛仔裤。为适应市场的需要，该公司先后开发了休闲西服、外套、衬衫、T恤、毛衣等商品。其价格是在以牛仔裤200元的基础上确定的：西服（套）1000元、西裤200元、衬衫150元、外套500元、T恤120元、毛衣150元。此外，还有鞋、袜、皮带等商品。通过这种定价策略，使其产品成为一个整体，既保持了产品形象又提高了盈利水平。

### （三）心理定价策略

心理定价策略是根据心理学的原理，以强化消费者某种购买心理动机而采取的销售策略它主要包括以下几种。

1. 尾数定价策略

尾数定价是在定价时故意留一尾数，使消费者认为价格较低，以激发消费者购买动机中的求廉心理，从而达到扩大销售的目的。如九元九角的汗衫从感觉上比十元的要便宜得多。这种定价策略一般适用于中、低档的时尚服饰，对高档时尚服饰则不宜采用。

2. 整数定价策略

整数定价是将价格定在一个整数分界线以上，以显示商品的身价，满足那些为了显示自己身份和地位的消费者的心理需要。如将九百多元的西服定在一千元时，可以提高该时尚服饰的身价，满足部分消费者的心理需要。这种定价策略适用于部分高档时尚服

时尚服饰营销

饰。

3. 名牌定价策略

名牌定价策略是一种高价策略，对在市场上有一定声望和名气的名牌产品采用这种策略，可以迎合消费者的求名心理和炫耀心理。如市场上的名牌时尚服饰多是采用这一策略。

4. 特价品策略

特价商品是商家为了迎合消费者的求廉心理，特意将几种商品降价销售，以招揽更多的顾客。如"佐丹奴"专卖店，通过对T恤衫的特价销售，吸引了大批的顾客，使其他商品的营业额也随之上升。

5. 分档定价

分档定价是根据产品的规格、型号或款式的差异而将产品分为几个档次，而时尚服饰产品的分档定价往往是根据相同款式、不同布料或相同布料不同款式分别定出不同的价格，以便消费者根据不同的需求来选购。商业企业对经营的商品采取分档定价的方法，有利于企业对商品价格进行分类管理，提高企业对商品价格的管理效率。

6. 招徕定价策略

这种定价策略是利用消费者的比价心理，在制定时尚服饰商品的价格时，将其商品分为赢利商品和招徕商品。招徕商品采取让利销售的方式，价格较低。其目的是利用招徕商品吸引顾客，促进其他商品或互补品的销售。

（四）折扣定价策略

折扣定价是卖方为了正确处理和买方的利益关系，促进本企业的生产和经营，根据商品交易的内容和条件，如交易的对象、交易的数量、付款的条件等，对买方进行一定的价格折扣。时尚服饰市场上的折扣定价表现为时尚服饰生产企业对时尚服饰经销商的折扣和时尚服饰零售商对顾客的折扣。

时尚服饰生产企业对时尚服饰经销商的折扣主要是在买方以现金支付货款或买方购买的批量较大时，卖方给买方一定的优惠。这种优惠可以表现为价格上的折扣，也可以表现为数量上的折扣。通过这种折扣，卖方不仅可以加速资金的周转，节约流通的费用，还可以减少呆账的风险。

时尚服饰零售商对顾客的折扣主要是季节性的折扣。时尚服饰是季节性很强的商品，一旦季节转换，时尚服饰就很难销出。它们不仅资金占用时间长，无法周转，而且来年的时尚服饰可能带来新的流行趋势，使这些陈年时尚服饰更难销出。因此，时尚服饰的零售商往往是在时装上市的初期，通过高价以取得足够的利润，等到转季时，再以低廉的折扣价将剩余的商品销售出去。

## 二、价格调整策略

价格在确定以后，一般不应轻易改变，但也并不是一成不变的，而是应该随经营环境的变化而加以适当调整。其主要有两种调整方式：主动调整价格和被动调整价格。也有两种调整方向：调低价格和调高价格。其实，无论是为何调整价格，还是调高调低价格，对消费者的影响往往都未必相同，营销人员应该重点关注的是消费者如何看待价格的调整并采取什么样的行动来回应价格的调整。

### （一）主动调整价格

企业对价格主动调整，有两种方式：调高价格和调低价格。提价一般会遭到消费者和经销商反对，但在许多情况下不得不提高价格，比如产品品牌声誉提高产品供不应求；新产品采取渗透定价后，对市场已有一定程度的控制；产品成本上升等不同情况。在调整过程中，应注意的问题是一要掌握好适当的涨价幅度。要考虑需求弹性、行业竞争的激烈程度。二要选择合适的时机。国外有些行业常在通货膨胀时期调高价格，而且调价幅度超过通货膨胀率。三要注意和消费者的沟通，因为有时可能存在消费者短期内很难接受提价的情况，容易形成价格骗子的形象。

对于调低价格，其原因可能是生产能力过剩，产品出现积压；或者是产品进入成长期或成熟期后，平均成本随销量增加而下降；激烈的价格竞争，市场占有率下降；新产品上市；处于经济衰退时期等原因。调低价格的风险是易造成低质量的现象。同时低价虽然会提高企业的市场占有率，但市场忠诚度不一定相应提高，当市场情况变化时顾客会转向价格更低的公司。此外，企业的价格实践表明，降价可能会引发持久的价格竞争。

### （二）被动调整价格

价格的被动调整指竞争对手价格变动时，企业做出的反应策略。图7—2说明了企业对竞争对手价格调整做出反应的决策过程。事实上，在不同行业中，对竞争对手价格变动需要做出的反应并不相同。如果是在产品高度同质的市场上，需要对竞争者的价格变动做出积极反应，特别是当对手大幅降价时，如未能做出有效反应将会面临市场占有率下降的风险；如果在产品同质性较低的市场上，当竞争对手价格下降时，企业可以有较多的做出反应的自由度。除了价格外，还可以调整服务、产品质量、使用成本等因素与竞争者抗衡。

通常情况下，当竞争对手以降价的方式对本企业发起进攻时，企业可以有以下反应方式。

1. 维持原价

如果维持原价不会使市场占有率下降太多，企业可以通过维持原价，并提供产品认知质量的方式与竞争者抗衡。企业可以强调虽然本产品价格高于竞争对手，但拥有更低的包括使用成本、维护成本在内的综合成本。如果企业可以判定维持原价而提高认知质量所需付出的代价低于降低价格而付出的代价，可以采用这种方法。

2. 相应降价

当竞争对手降价时，企业在考虑成本和利润的基础上也相应调低价格，这样通常会引起价格战。更明智的方法是，面对竞争者的降价，企业推出新的低价进攻性产品，这种策略既摆脱了价格战又能与竞争者抗衡。特别是当失去的目标市场对价格十分敏感时，这种策略更有效。

# 时尚服饰营销

### 3. 提高价格

在竞争对手降低价格，企业不降价反而提高自己产品的价格，以塑造产品较高的市场形象。这种策略如果配合推出新品牌与竞争者相抗衡，将会起到较好的市场效果。当然提价要有提价的理由，比如产品质量提升或功能改进等。

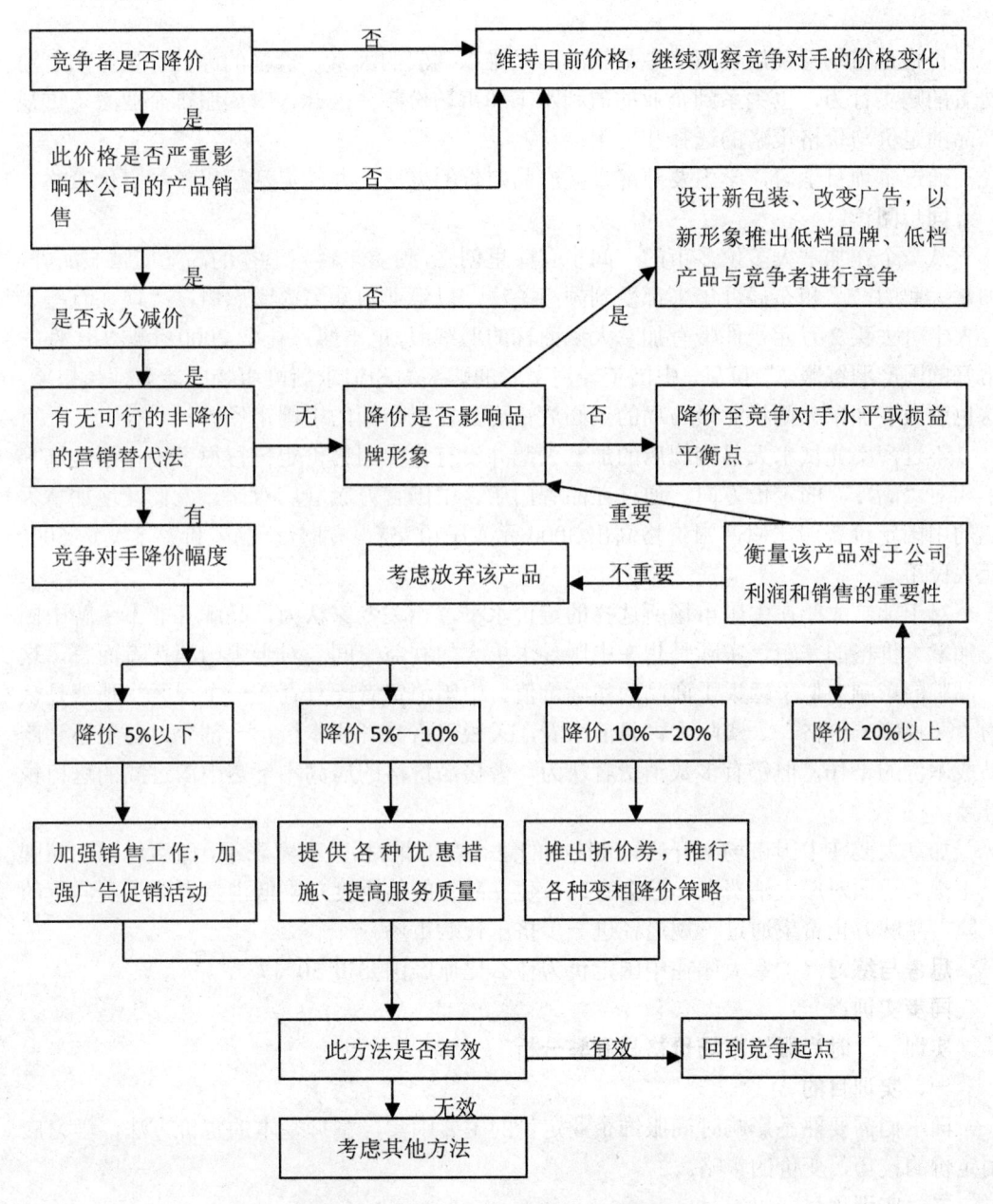

**图 7—2　企业被动调整价格的决策流程**

实践证明，消费得对产品价格的变动在一定范围内是可以接受的。同时，在产品知名度提高、收入增加、通货膨胀等条件下，消费者可接受的价格上限会提高；在消费者对产品质量有明确认识、收入减少、价格连续下跌等条件下，下限会降低。

**练一练：** 深入时尚服饰企业或时尚服饰市场，了解某集中产品价格形成的理由。

**任务小结：** 完成本任务后，请进行自我测试：你是否初步掌握了时尚服饰定价策略？

# 项目七　小结

价格是市场营销组合策略中最敏感而又难以驾驭的因素，价格的高低直接影响着消费者的购买行为，也关系到企业的盈利水平和市场份额。因此，时尚服饰企业必须重视产品的定价与价格策略的选择和应用。

通过本项目学习，学生要熟练掌握产品定价的方法，并能灵活运用各种定价策略。

**同步阅读：**

从一个在加拿大多伦多市的一间小仓库里创立，到受年轻人追捧的高端羽绒服品牌，加拿大鹅的产品和布局近年来都受到颇高关注。以致业内知名人士感慨："现在有些年轻人宁可去买2万元一件带有加拿大鹅商标的羽绒服，也不愿意花费2000元购买一件非常好的国产羽绒服。"可见，中国年轻消费者的购买力和追求新鲜事物的能力远超想象，这也刺激着加拿大鹅将业绩布局的重心放在更具发展空间的中国市场。

不过，率先试水天猫旗舰店的加拿大鹅并没有将中国售价定位得很亲民，而是选择了相对"高冷"的定价方向。通过在品牌门店、中国官方旗舰店对比，人们发现加拿大鹅的中国定价普遍比原产国价格高出3000元人民币左右，部分产品差价甚至高达5000元人民币。

对于加拿大鹅在中国市场所选择的定价水平，相关专家认为，品牌并非不了解中国与加拿大价格的差距，实际是想在中国寻求更大的利益空间。对于中国消费者而言，这一品牌的影响力似乎远大于商品的实际价值。中国消费者一直存在一个误区，那就是认为"关税影响价格"。实际上，目前来看，关税仅占品牌成本极小一部分，甚至不到产品成本价的1/10，但仍有多数消费者认为，奢侈品价格的居高不下是中国过高的进口税导致。

加拿大鹅在中国市场上开店，最核心的意义在哪里？相关专家表示，门店可以让品牌以正规渠道面对广大消费者，这会有助于建立品牌的信用度，降低消费者购买到假货的风险，品牌方也希望通过正规途径进一步挤压代购市场。

**思考与练习：** 加拿大鹅在中国定价为什么比原产国要贵50%？

**同步实训：**

**实训一　时尚服饰市场价格战利弊分析**

**一、实训目的**

同学们需要熟悉影响时尚服饰企业定价的主要因素，掌握基本的定价方法，学习应用定价的技巧、变价的策略。

**二、实训项目**

同学们需要学会对时尚服饰市场价格战利弊的分析。

**三、实训步骤**

1. 学生通过网络及实地调研掌握本地时尚服饰市场总体状况，特别是价格竞争现状的基本资料。

时尚服饰营销

2. 学生以小组为单位在市场上收集该类服饰产品中相近产品的不同企业的定价情报。
3. 学生分析手头掌握的资料，了解存在的问题，分析时尚服饰市场价格战利与弊。
4. 学生写出调研报告，拟出相应的建议策划方案。

**同步测试：**

### 一、关键概念
定价目标　折扣定价　定价策略

### 二、单项选择题
1. 在企业定价方法中，目标投资收益率定价法属于（　　　　）。
   A. 成本导向定价法　　　　　　　　B. 需求导向定价法
   C. 竞争导向定价法　　　　　　　　D. 市场导向定价法
2. 如果甲产品价格下降引起乙产品需求的增加，那么（　　　　）。
   A. 甲和乙是互替商品　　　　　　　B. 甲和乙是互补商品
   C. 甲为低档商品，乙为高档商品　　D. 甲为高档商品，乙为低档商品
3. 随行就市定价法最适用于（　　　　）。
   A. 同质产品　　　　　　　　　　　B. 异质产品
   C. 无形产品　　　　　　　　　　　D. 工业品
4. 某服装店售货员把相同的服装，以800元、600元卖给顾客，该服装店的定价属于（　　　）
   A. 顾客差别定价　　　　　　　　　B. 产品形式差别定价
   C. 产品部位差别定价　　　　　　　D. 销售时间差别定价
5. 企业利用消费者具有仰慕名牌商品或名店声望所产生的某种心理，对质量不易鉴别的商品采用（　　　）法？
   A. 尾数定价　　　　　　　　　　　B. 招徕定价
   C. 声望定价　　　　　　　　　　　D. 反向定价

### 三、思考题
1. 时尚服饰产品的定价策略有哪些？如何运用？
2. 试分析时尚服饰企业采用调价策略的原因。

**与本项目相关的视频请扫二维码**

# 项目八

# 时尚服饰分销渠道的设计与管理

**能力目标：**

通过完成本项目，你能够：

1. 识记时尚服饰分销渠道的类型
2. 设计与管理分销渠道
3. 熟悉时尚服饰中间商的类型和功能

**核心能力：**

1. 设计与管理时尚服饰分销渠道
2. 区别时尚服饰批发与零售

**具体任务：**

任务 1　时尚服饰营销渠道的认识
任务 2　时尚服饰营销渠道决策
任务 3　时尚服饰连锁经营
任务 4　时尚服饰零售策略

**【引导案例】**

2020 年 4 月 20 日晚，中国服装协会副会长单位、宁波太平鸟时尚服饰股份有限公司（以下简称太平鸟）发布 2019 财年年报。报告显示，一年内，太平鸟实现营业收入 79.28 亿元，较去年同期增长 2.80%。

太平鸟将业绩增长归功于优化商品全流程管理及非传统线下渠道的突破。太平鸟方面表示，公司自 2016 年便已开始试水相关模式，到 2019 年已能动态分析消费者需求变化，从而进行追单生产及销售。

目前，其商品跨区域调拨的流动性方案和快速应对市场反应的自主设计研发方案已分别在男、女装主品牌推进。其订货会模式下的夏装、冬装初始下单比例则降至约 70%。公司相信，随着消费需求也将随着疫情好转而逐步恢复。该模式将在快速响应消费者需求方面发挥出更大的作用。

太平鸟于 2019 年度在渠道管理方面除了继续加大入驻万达、银泰、百联、龙湖等传统线下百货及购物中心渠道外，亦发力拓展奥特莱斯业务及数字化渠道。

其中，奥特莱斯业务的发展助力太平鸟更高效地处理过季库存产品。2019 年，太平鸟通过奥特莱斯渠道实现的零售额占比 3.81%，较去年同期增长超 40%。太平鸟在 2019 年末的库存商品原值则相比 2018 年末下降 5.08%，延续了库存商品原值连续 3 年的下降趋势。

其全年网上销售额则较 2018 年度增长 22% 至 44 亿元。其中，2019 年双十一期间，太平鸟的单日销售额达到 9.17 亿元。2019 年，其线上渠道产生的零售额占比达到该公司总零售额的 24.09%，较 2018 年提升了 3.02%。

值得提到的是，目前传统电商仍是其最主要的线上渠道收入来源。但太平鸟方面表示，其亦在探索微信小程序、直播带货等社交新零售渠道，并希望加强线上、线下渠道的协同效应。此次新冠肺炎疫情期间，前述非传统线上渠道对于太平鸟业绩贡献不小，即使是处于疫情严重地区的太平鸟女装湖北宜昌门店，亦在 2 月上旬的疫情高危时段业绩表现不俗，同比增长约 20%。

# 任务1　时尚服饰营销渠道的认识

**任务提示：** 本任务将引领你了解时尚服饰分销渠道的作用和类型

**任务先行：** 时尚服饰市场营销的目的是以适宜的价格，运用适宜的销售渠道和促销方法，在适宜的时间和市场里，销售适宜的时尚服饰、获得适宜的利润。对时尚服饰消费者、时尚服饰产品、时尚服饰产品价格、时尚服饰市场等营销因素进行调查与分析，是时尚服饰市场营销活动的基础，而在时尚服饰市场营销实务中必须解决以下问题：选择什么销售渠道分销企业的时尚服饰产品？

## 一、时尚服饰分销渠道含义及其成员组成

时尚服饰销售渠道是指时尚服饰的流通渠道，是时尚服饰从生产者手中转移到消费者手中所必须经过的路线或中间环节。销售渠道畅通与否，直接关系到时尚服饰流通的速度与费用，从而影响时尚服饰企业的经济效益和时尚服饰产品的市场竞争能力。销售渠道是由以下四个基本成员组成。

1. 时尚服饰生产商

它指提供时尚服饰产品的生产企业。

2. 时尚服饰中间商

它指从事时尚服饰批零业务及代理业务的商业企业，在销售渠道中，起着穿针引线、牵线搭桥的重要作用，是生产商和消费者的双边传话筒。在市场营销实务中，中间商又可按照他们服务的对象、服务的内容、经营方式不同划分为批发商、代理商、经纪商及零售商。

3. 时尚服饰消费者

它是销售渠道的最后一个环节，也是时尚服饰产品服务的对象，销售渠道的选择往往要考虑消费者的地理分布、收入多少、购买特性等因素。

#### 4. 其他辅助商

辅助商是指其他一些支持渠道业务的成员，如运输公司、仓储公司、保险公司、银行、咨询公司和广告公司等。他们不直接参与商品所有权的转移，只是为商品的交换提供便利，或为提高商品交换的效率提供帮助。

## 二、时尚服饰分销渠道的基本模式

时尚服饰分销渠道的起点是企业，终点是消费者。时尚服饰分销渠道的模式又称时尚服饰分销渠道的结构，是时尚服饰企业产品进入市场领域的必由之路。按照分销渠道中间环节的多少，即渠道层级的数量，可以将分销渠道分为零级、一级、二级和三级渠道。

### （一）零级渠道

零级渠道又称为直接渠道（direct channel），是指没有渠道中间商参与的一种渠道结构，如图8—1所示。零级渠道也可以理解为是一种分销渠道结构的特殊情况。在零级渠道中，产品或服务直接由生产者销售给消费者。零级渠道是大型或贵重产品以及技术复杂、需要提供专门服务的产品销售采取的主要渠道。例如电力防护服的生产商直接面对电力公司推销和雅戈尔集团设立的直营店等。

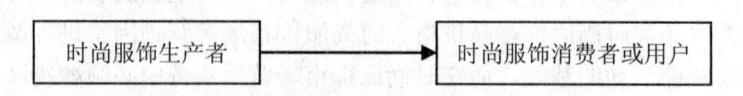

时尚服饰生产者 → 时尚服饰消费者或用户

图8—1　时尚服饰分销渠道零级渠道示意图

### （二）一级渠道

一级渠道即时尚服饰生产者与消费者之间包括一个渠道中间商，如图8—2所示。在工业品市场上，这个渠道中间商通常是一个代理商、批发商或经销商；而在消费品市场上，这个渠道中间商则通常是零售商。

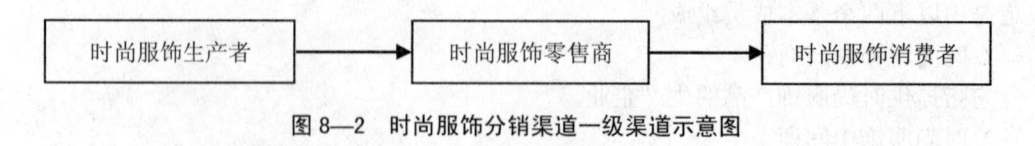

时尚服饰生产者 → 时尚服饰零售商 → 时尚服饰消费者

图8—2　时尚服饰分销渠道一级渠道示意图

### （三）二级渠道

二级渠道即时尚服饰生产者与消费者之间包括两个渠道中间商，如图8—3所示。

时尚服饰营销

```
时尚服饰生产者 → 时尚服饰批发商 → 时尚服饰零售商 → 时尚服饰消费者

时尚服饰生产者 → 时尚服饰代理商 → 时尚服饰零售商 → 时尚服饰消费者
```

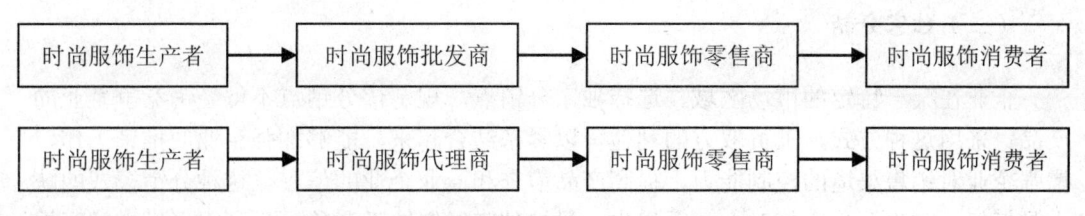

图8—3　时尚服饰分销渠道二级渠道示意图

### （四）三级渠道

时尚服饰生产者与消费者之间包括三个渠道中间商，如图8—4所示。这是因为有些时尚服饰是消费面较宽的产品，有些小型的零售商通常不是大型代理商的服务对象。因此，便在大型代理商和小型零售商之间衍生出一级专业性批发商，从而出现了三级渠道结构。

```
生产者 → 代理商 → 批发商 → 零售商 → 消费者
```

图8—4　时尚服饰分销渠道三级渠道示意图

## 三、时尚服饰分销渠道宽窄的选择

时尚服饰销售渠道宽窄是指时尚服饰企业选择中间商的数量多少及地域分布。销售渠道宽窄不同直接影响到企业产品的销售范围、企业对中间商的控制能力，企业在确定销售渠道的宽窄时，有以下三种形式供选择。

### （一）广泛分销

时尚服饰企业为了开发某地域的市场，采取遍地开花的分销模式，让尽可能多的中间商来销售本企业的时尚服饰商品。通过选择较多的中间商，一方面可使广大消费者能及时、方便地购买本企业时尚服饰产品；另一方面也可增加销量，提高市场份额，配合时尚服饰企业以廉取胜的经营策略。这种模式的主要缺点是时尚服饰企业对中间商的控制能力差，中间商对本企业的时尚服饰推销不重视。对于无品牌时尚服饰或非选购时尚服饰，通常采用这种模式。

### （二）选择性分销

时尚服饰企业在选择中间商时，往往只选择部分业绩良好的中间商经营本企业的时尚服饰产品，并同中间商之间建立密切联系。选择性分销，一方面可提高中间商分销本企业产品的积极性，充分利用商业企业的声誉，扩大销路；另一方面，时尚服饰企业容易对中间商实施控制，避免因中间商的经营行为不当而损害本企业的声誉。对于选购性时尚服饰可采用这种分销模式。

### （三）独家分销

企业在某一特定的市场区域，选择独家分销点，规定该分销点不得经销竞争企业的产品。采用这种方式，工贸双方的利益可以紧密结合起来，能够加强企业的推销工作，增强企业对销售渠道的控制能力，提高产品信誉和商业企业的信誉。这种分销模式的缺点是任何一方失败都会使对方蒙受损失，另外独家经销缺乏竞争，不利于促进中间商提高工作效率。企业对于高档的时尚服饰可以采用这种分销模式。

**练一练**：试着和同学一起讨论交流，总结时尚服饰分销渠道概念及其各类型的优点。

**任务小结**：完成本任务后，试试你能否能够说出分销渠道的基本模式和分销渠道的各种类型。

## 任务2　时尚服饰分销渠道选择

**任务提示**：本任务将引领你了解时尚服饰分销渠道的选择。

**任务先行**：在了解了时尚服饰分销渠道的作用和类型后，我们将学习如何根据实际设计分销渠道。

### 一、影响时尚服饰销售渠道的因素

销售渠道设计的中心环节是确定到达目标市场的最佳途径，它首先要求对影响销售渠道的因素进行分析和研究。

#### （一）市场特性

1. 目标市场的大小

不同企业生产的时尚服饰面对的目标市场是不同的，市场范围大，可采取的销售渠道一般较长，反之则短。

2. 市场消费的季节性

季节性强的时尚服饰，如T恤衫、皮大衣等，应尽量缩短销售渠道，降低过季积压的风险。

3. 市场竞争状况

时尚服饰市场的竞争日趋激烈，企业可结合自己的实力及品牌优势，采取与竞争者相同或相异的销售渠道，从而突出自身的特色，在竞争中取胜。

4. 消费者的购买习惯

消费者购买时尚服饰的方式、地点、数量、时间等对销售者会提出不同的要求，这将影响企业对销售渠道的选择。

## （二）产品因素

对时尚服饰企业而言，以下产品特性会影响其销售渠道的选择。

1. 时尚服饰的价格

一般来说，时尚服饰价格昂贵，其销售渠道大多较短、较窄；时尚服饰价格低，其销售渠道大多较长、较宽。如生产高级时装的企业，一般把时尚服饰交给大的百货公司以及高级时尚服饰店出售。

2. 时尚服饰的款式

款式多变，时尚性、流行性强的时尚服饰，应尽量选择短渠道，以减少中间层次，缩短时尚服饰到达消费者手中的时间，避免因潮流的变化而引起的损失。

3. 时尚服饰的性质

对于定制的时尚服饰或需要提供一定服务（如尺寸测量、调换、免费修改、试穿等）的时尚服饰宜选择短渠道，如由时尚服饰企业直接供应给消费者。而标准品因有固定的规格、式样和品质，可利用较长的销售渠道。

## （三）企业特性

时尚服饰企业本身的条件（或特性）对销售渠道的选择也有很大的影响。

1. 企业实力

企业实力是指企业的声誉、资金、人力等综合竞争力。企业的实力强，可选择较短的销售渠道，甚至可以建立自己的销售系统，直接销售；而实力弱的企业常常依赖中间商所提供的各种服务，销售渠道较长。

2. 控制销售渠道的要求

不同的时尚服饰生产企业对销售渠道的控制要求是不同的。为了控制零售价格，增强销售力量，保持产品的时尚性和企业形象等，时尚服饰企业必须尽可能缩短销售渠道，因为企业不易控制较长的销售渠道。

## （四）环境因素

对企业销售渠道的选择产生影响的环境因素主要是指文化环境、经济环境、自然环境、人口环境、技术环境和政治环境等。从某种意义上讲，环境因素会影响和制约其他因素作用的发挥，如消费水平较高的地区，消费者对时尚服饰质量、款式、服务等都有较高的要求，企业在选择中间商时就要考虑其实力、声誉、服务等因素。

# 二、时尚服饰分销渠道的管理

销售渠道管理需要挑选和激励各个渠道成员，并且随时评价他们的工作表现。

### (一)选择渠道成员

时尚服饰企业在选择中间商时常处于两种极端,一是毫不费力地就能找到特定的中间商并使之加入渠道系统,这可能是因为企业很有声望,也可能是因为它的时尚服饰能赚钱。二是企业必须费尽心思才能找到满意的中间商。

不管企业寻找合作者是难是易,它们必须明确中间商的优劣特性,必须评估其从事时尚服饰经营的年限、发展和利润纪录以及协作性和声誉等。如果中间商是销售代理商,企业应评估他经营的其他产品的数量和性质、销售人员的规模和素质等。如果中间商想取得独家销售权,企业应评估他的顾客类型、发展潜力和该店的位置等。

### (二)激励渠道成员

对于被选中的渠道成员,必须不断地加以激励,使其更出色地完成任务。不过由于生产者和销售者所处位置不同,他们考虑问题的角度存在差异,这使得激励中间商这一工作非常复杂。

生产者对中间商的以下行为存在不满:缺乏产品知识;忽略了某些顾客;不能重视某些特定品牌的销售;不认真使用生产者的广告资料;不能准确地保存销售记录。而中间商是一个独立的经营者,他们通常按照自己的方式经营时尚服饰。生产者若不给中间商特别奖励,中间商绝不会保存所销售的每个品牌的记录。而那些有关产品的开发、定价、包装、促销等信息常常是保留在中间商很不系统、很不准确、很不标准的记录中,有时甚至故意对生产者隐瞒不报。

因此,要确实激励中间商,生产者首先要了解中间商的需要,站在他们的立场了解现状,设身处地为其着想。无论哪个中间商,必须获得足够的金钱回报,才愿意经营和促销生产者的产品。所以,利润必须能满足中间商的要求。其次,要保持信息传递的连续性,经常用信函、业务通讯期刊等形式与中间商保持联系,以此增进工作关系,减少矛盾。再次,提供一些有利的付款条件和技术协助,增强中间商对产品的信心。最后,采取共事协商的态度,不强加给中间商不应承担的工作,形成良好的工作氛围。

### (三)评估渠道成员

时尚服饰企业必须定期评估渠道成员的绩效,对完成合同任务的中间商支付相应的报酬,对完不成任务的,则需找出主要原因,考虑可能的补救方法。如果经过一段时期情况仍没有改变,则应考虑终止关系。评估渠道成员的指标有:销售额完成情况;平均存货水平;次品及丢失品的处理情况;对消费者提供的服务和货款回收等。

## 任务3 时尚服饰中间商

**任务提示**:本任务将引领你明确时尚服饰中间商的类型和作用。

时尚服饰营销

**任务先行**：时尚服饰企业的中间渠道主要包括时尚服饰批发商、时尚服饰经销商和时尚服饰代理商等。各类时尚服饰中间商，就像是在生产商和消费者之间的一座桥梁，通过自身广泛的销售网络，把生产商时尚服饰产品配送零售终端，再销售到消费者手中，同时又把市场的供求情况及时传达给生产商。可以说，中间商在渠道中起着重要的作用。

## 一、时尚服饰中间商

### （一）服饰批发商

时尚服饰批发商是指从时尚服饰生产商手中购买时尚服饰，再销售给零售商以赚取差价的中间商。一般批发商可以分为一级批发商和二级批发商。一级批发商指的是直接从生产商处购买时尚服饰，然后到时尚服饰批发市场进行销售的批发商。二级批发商指的是从一级批发商购买时尚服饰（也可以从生产商直销处直接购买）后再分销给零售商的批发商。目前许多时尚服饰二级批发商承担着双重角色，即作为批发商面向零售网点，又作为零售商面向消费者。

一般一级批发商与生产商的关系较为紧密，交易也相对稳定，而二级批发商与经销商（如生产商直销处、一级批发商）的合作是纯粹建立在利益基础上，一旦某经销商对其提供的价格比别处高，或者产品的市场反应不好，他们就会毫不犹豫地从别处进货，不论他们与此经销商合作曾是多么友好、愉快或长久。因此，二级批发商对品牌的忠诚性更是完全建立在利益基础上的，只有该产品能给自己带来足够的利益时，他们才愿意经营，一旦该品牌不能为他们带来直接或间接的利益，他们就会毫不犹豫地放弃它，不论该品牌曾经为他们带来了多少利润。这正是有时尚服饰品牌在经历了一段鼎盛时期后，突然消亡的原因之一。也是有些二级批发商为谋求短期超额利润而不惜经营假冒时尚服饰的原因所在。

同时，由于时尚服饰批发市场竞争的激烈，不少时尚服饰批发商开始向上游或下游进行延伸，直接进入终端销售或者与生产商联合开发新品牌，以扩大自身的利润空间。

### （二）时尚服饰经销商

时尚服饰经销商是指为特定的时尚服饰生产商在某个地区专门销售其时尚服饰产品的商家。经销可以分为独家经销和非独家经销两种形式。独家经销是指在一定的市场范围内（如某一个城市），生产商只选择一家中间商来经销自己的产品。非独家经销则是指在一个市场范围里有两家以上的经销商。

独家经销的好处可以避免经销商之间的恶性竞争，从而有助于销售价格的稳定，有利于调动独家经销商的积极性，并充分利用其销售渠道。但是，如果独家经销商的经营能力有限，或者独家经销商凭借其独家经营的地位故意压价，就会直接影响企业的销售和利润。如果生产商给予独家经销商一定的销售任务，这时的独家经销亦可称之为包销。而非独家经销的优劣情况正好与独家经销相反。

## （三）时尚服饰代理商

时尚服饰代理商是代理生产商进行销售时尚服饰产品，其本身并不参与购买，也不享有该产品的所有权，只是通过销售来提取佣金。与经销不同的是，经销商是买断了产品，必须自行承担产品销售不出去的风险，而代理商并不承担此风险。代理商主要分为总代理、区域与分品牌代理、总代理自己建立的省级分公司等。

在代理商的层次上，除设立总代理外，代理商还可以根据生产商的渠道模式，下设一级代理或区域代理并同时与终端销售商合作。这样，代理商从简单的分销转换成具有管理职能的渠道维护者，除业务管理外，代理商同时具备品牌管理、促销管理、财务管理等各项职能。因此，目前许多时尚服饰品牌都是采用代理制的模式建立销售网络的。

## 二、时尚服饰中间商的选择

时尚服饰企业在选择中间商时，如果不对中间商进行全面的评价，就可能作出错误的选择判断，给企业带来不必要的损失。如有的中间商拖欠货款，有的中间商故意制造很多麻烦，拒付货款，有的中间商的经营行为会损害时尚服饰企业的声誉。为了正确选择中间商，企业可从以下几个方面对中间商进行分析和评价。

### （一）中间商的影响区域

中间商的影响区域可以反映中间商的商誉及顾客范围。如某地最大的百货商场，全地区的居民都可能是它的顾客，影响范围大，商誉高。

### （二）服务对象

服务对象指中间商顾客的多少与层次，在一定程度上反映了中间商所代表的市场潜在需求的水平。

### （三）中间商的经营范围

中间商的经营范围一方面反映了中间商的经营能力及经营水平，另一方面也反映了中间商的顾客是否属于本企业的目标顾客。

### （四）经营组织

选择一个具有健全组织和高度责任心的中间商是时尚服饰企业产品推销成功的关键，对于受托代销者，不负责不仅会使时尚服饰企业亏损，还会损害时尚服饰企业的产品形象。

### （五）提供售后服务的能力

企业总是希望能用最为合理的价格获得来自中间商最多的服务。但评价中间商服务的优劣往往是从企业的直观感觉出发的，带有较强的主观性。所以，在对中间商进行分析和评价时需要谨慎对待这个问题。

### （六）财务等级

企业可以运用以上各种因素，对其用户进行排队分析，以便选择和控制。如按累积订货量分类将中间商划分为大、中、小客户；按信用等级分类将中间商划分为好、中、差客户；按中间商同企业之间的业务关系分类将中间商划分为老客户和新客户。

## 任务4 时尚服饰连锁经营

**任务提示**：本任务将引领你学习时尚服饰连锁经营的相关知识。

**任务先行**：连锁经营作为一种零售商业的组织形式，在国外已有一百多年的历史了。现在连锁经营模式已成为许多时尚服饰品牌开发零售网络的主流形式。它对推动时尚服饰现代化的生产，引导时尚服饰消费、降低时尚服饰生产和经营成本、提高时尚服饰流通效率、建立时尚服饰市场有序竞争和正常的流通秩序发挥了重要作用。

### 一、时尚服饰连锁

#### （一）时尚服饰连锁店的含义

所谓连锁，国际连锁协会的定义是"以同一资本直接经营管理11个以上商店的零售业或饮食业的组织形式。"我国学者的定义是"在营销实践中，连锁作为一种经营模式，对资本来源、店铺售量并没有严格规定，但连锁的战略任务与营销策略应统一。"

"时尚服饰连锁店"就是所经营商品为时尚服饰的连锁店。由于时尚服饰连锁店主要经营一种品牌时尚服饰，故"时尚服饰连锁店"有时亦称为"时尚服饰专卖店"。从一般意义上，时尚服饰连锁店具有其他连锁店共同的特点，同时，由于时尚服饰产品的特点，亦使它也具有一定的特殊性。

#### （二）时尚服饰连锁店的种类

1. 直营连锁

它是指连锁店的所有权和经营权均高度集中于总部，连锁店的经理人选、进货计划、销售方式、广告宣传及员工工资、奖金等皆由总公司控制。由于正规连锁店只有一个决策者负责决定各分店的经营产品，集中采购以争取最大的数量折扣优惠，并将产品运送到各连锁店中，统一制订价格，决定销售策略，统一商店布置，在消费者中树立统一的形象，增强消费者对连锁店的信心。

## 2. 自由连锁

它是指总部与分店是协商服务关系，分店的所有权和经营权相对独立。各分店自负盈亏，每年向总部交纳一定比例的加盟金或指导金，总部的利润也要部分返还分店。这是一种既相互独立又相互缔结的连锁关系，在使商品进货及其他事业共同化的同时，达到共享规模利益的目的。这种形式的时尚服饰连锁店并不多见。

## 3. 特许连锁

它亦称加盟连锁店，是指通过合同的形式，把一个企业（总部）的特别资源（如商标、商号、服务标志等）的经营权有偿转让给他人（分店）的一种经营方式。分店和总部连锁关系的纽带是合同，在这种方式下，双方订立契约，特许权授予者允许经营者销售它的商品或使用它的经营方式，并且提供各种协助性服务。同时经销者除依照契约规定，使用特许权授予者的商标、器具、服务方式外，还须与授予者分享利益。

**【相关链接】**

与直营连锁相比，特许连锁有其独特的优势。对加盟总部来说，从表面上看最直接的好处就是不需要更多的自有资金，通过加盟商的资金就可以迅速实现规模的扩张、占领更大的市场份额，同时收取的加盟费还能够直接增加企业的利润，但更深层次的好处是使加盟总部可以从店铺日常琐碎的事务中解放出来，集中精力研究市场需求的变化、开发新产品、改善经营管理，以优质的产品和服务来满足消费者的需求，从而从根本上保障企业本身的赢利能力。对时尚服饰加盟总部的要求也就是要认真研究流行的趋势，设计出满足消费者需求的系列产品提供给各加盟店，同时制订严格的经营管理制度进行管理。对加盟店来说，最直接的好处是可以使用加盟总部的商标和品牌、获得稳定的货源支持，但更重要的应该是可以得到一套科学的管理方法和营业帮助。因为，企业拥有一套成熟、科学高效的管理方法是事业成功的关键。如果投资者没有必要的专业知识和管理经验，要投资创业时需要走很长的路，而且风险较大，而加盟店则可以实施总部已经经过多年被证明是行之有效的管理系统，其成功的机会大大增加了。因此，做加盟商已经成为投资者创业成功的捷径。对时尚服饰加盟店店主而言，时尚服饰加盟对时尚服饰加盟商的资金要求相对不大。而且，他可以不必懂时尚服饰设计、也可以不必懂流行趋势，只要依靠加盟总部配送的时尚服饰商品，执行总部的经营方针，做好店铺日常的管理活动就行了。

## 二、时尚服饰连锁经营的优势

时尚服饰连锁店得以迅速地发展，是因为其优于传统的经营方式。其主要优势可以概括为以下几点。

### （一）规模经营优势

连锁店经营的货品是由总部统一进货的，由于大批量的进货可以享受较高的价格折扣，从而降低了进货成本。使其在价格上具有较强的竞争优势。

## （二）商品流通优势

一方面，由于连锁店采用的是统一进货、统一送配的管理经营模式，使商品到货币的转化可以较快地进行，使生产的连续性得以保证，缩短了流通的时间，减少了生产的费用。另一方面，由于连锁店分布的广泛性，在时尚服饰市场上可以形成时尚服饰随季节流动的可能性。例如，南方的天气总是比北方热得早，当南方进入夏季时，北方还是春天，这时可以将南方连锁店中未能销售的过时春装调往北方的连锁店继续销售。这样就避免了由时尚服饰过季而引起的积压，降低了储存成本。

## （三）专业分工优势

连锁店的专业分工主要表现为买卖职能的分离。连锁店的总部负责采购，以如何降低进货成本为主；连锁店的店铺负责销售，以如何扩大销售为主。这种分工必然促进经营效率的提高。另外，在连锁店中，仓储、商品陈列、橱窗装饰、财务管理、公共关系和经营决策等各个领域都有专家负责，从而保证了较高的连锁店经营管理水平。

## （四）信息优势

由于连锁店的分布极为广泛，每个店铺都直接面对消费者，可以更多地了解消费者的需求，反映各地市场的流行趋势。连锁店的总部通过各分店反馈的信息，可以为其以后的经营决策提供可靠的依据。同时，连锁店中的各分店和总部之间没有任何中间环节，使信息传递和反馈的速度飞快，保证了信息的及时性。

## 三、时尚服饰连锁特许经营的风险

特许经营也并非一定会成功的。如果加盟总部决策失误，那么加盟店也必然受到损害。同样，如果加盟店经营失败，不仅会损害整个企业产品在消费者心中的形象，也会降低整个连锁体系的声誉。

有时总部过分标准化的产品和服务，未必适合加盟店当地的实际情况，也会造成加盟店的失败。

【小案例】

东北一位投资者见广东东莞某品牌时尚服饰在南方的销售不错，就投资加盟回东北开加盟店。结果，这些以南方人身材为标准设计的时尚服饰到北方后当然是看的人多、买的人少。最终，加盟店的失败是必然的。

同时，加盟店发展速度过快，总部的物流系统跟后勤服务跟不上，也是导致加盟店失败的重要原因。因此，谨慎选择好加盟总部，是加盟商避免风险的重要一环。

另一方面，加盟店的个别不法行为也会对加盟总部造成巨大损害。

【小案例】

某品牌时尚服饰加盟店看到该品牌时尚服饰销售形势不错，为了获得更高额的利润，就从地下加工厂做了一批仿制产品，混入正品中一起销售，结果给该品牌造成了很坏的影响。另外,还有的加盟店店主从根本上不能胜任店长的工作,而总部又不能像直营店一样辞退换人,这也会影响加盟事业的发展。

因此,选择合适的加盟者,并进行严格的管理是加盟总部避免风险的要点。

### 四、时尚服饰连锁店的管理

时尚服饰连锁店作为时尚服饰销售渠道的终端,是时尚服饰品牌营销成功的基础与保障。

零售终端卖场就像一面镜子,企业各个核心环节出现的问题都可以在终端卖场中体现出来。时尚服饰终端的销售好坏,直接影响到生产商和经销商的经营效益。因此,做好时尚服饰销售终端的管理工作具有十分重要的意义。

#### (一)对店铺营业员的培训

时尚服饰、营业员与购物环境三位一体,不仅能给购物者以轻松愉快的心态,更能形成完美协调的整体产品形象。在这个形象系统中,营业员的言行可以使静态的购物环境时尚服饰富于情感、动感及变化。为了搞好时尚服饰卖场的销售工作,首先要对时尚服饰营业员进行培训。

时尚服饰营业员的培训包括形象、知识和技能三个方面。形象培训包括营业员的品德修养、仪容仪表及商业用语等方面。知识培训包括作为时尚服饰营业员必须要了解的时尚服饰商品知识,如时尚服饰商品编号、品名、产地、规格、质量、服用性能、价格及维护与保管方法等方面。技能培训则包括服务要求、推销技巧等方面。

【小案例】

通过对顾客性别、年龄、服饰、语言等外表观察顾客的购物心理,从而根据顾客的购买动机及偏好,有选择地介绍适用的商品,向顾客展示商品的特色,适机推出主打商品,并对商品准确计价,熟练包装,为顾客提供必要的售后服务。

#### (二)对店长的培训

店长是店铺经营好坏的核心要素。时尚服饰连锁店的店长素质会直接影响到整店的营运状况。对店长培训的重点是对店长角色和职责的认知以及管理技能的提升。店长是店铺经营目标的执行者;是企业形象、店铺形象、店员利益的代表者;是店铺运作、店员工作的管理者;是店铺经营活动的策划者;还是相关资料的分析者。店长的职责包括执行销售任务,传达任务与反馈意见,对店员的工作业绩进行评估、考核,负责店铺人员、时尚服饰、设备、现金、财务凭证和安全卫生的管理工作,处理顾客投诉等非固定工作。

店长所应具备的基本素质包括对工作具有浓厚的兴趣;能够以身作则;具有相应的人格魅力;被绝大多数店员所信任;能够激发店员的工作热情,合理安排工作;具备相应的管理能力;对店铺经营的各个环节了如指掌;具备一定的财务知识;重视顾客的需求与感受。

### （三）时尚服饰店的设施管理

为了提高销售服务水平，时尚服饰连锁店中会配备许多专门设施，如果管理好店铺中的设备，就能减少公司的损失，在销售中发挥辅助作用。店铺中的服务设施主要有电视机、VCD、空调、传真机、验钞机、熨斗、层板、挂通等设备。这些看似平常的东西，在销售上或店铺运作中，若疏于管理就可能带来麻烦。例如空调开得过大了，顾客可能就减少了在店内逗留的时间，或者平常保养得不好，突然间坏了，店内太热，人们就不愿意进来了。店内更常见的是传真机、打印机出问题。这些都是销售和运作的重要工具。还有容易出事故的熨斗、层板不稳固等可能给人带来伤害的设备更要特别留意。如有专人去做这些工作，定期检查和保养，相信店中意外的事故会大大减少。这些必须引起管理人员的足够重视。

### （四）货品管理

货品管理主要包括货品的结构和货品的补给两部分内容。

货品结构是指店铺中各种类别时尚服饰商品在货品总构成中所占的比重。店铺经营的商品结构，按不同标准可以分为主打商品、辅助商品。主打商品是指在店铺经营中，数量或金额均占主要部分的时尚服饰商品，它经营效果决定着时尚服饰店经营的成败。如果当天销售排名前20位的时尚服饰，或销售金额占全天销售额的大部分（60%）的时尚服饰，就是店铺的主力商品。辅助商品是店铺中除了主打商品以外的时尚服饰。它可以陪衬出主打商品的优点，成为顾客选购商品时的比较对象。同时可以使时尚服饰的产品线更加丰满，丰富店铺的陈列色彩，克服商品的单调感，也可以促进主打商品的销售，提高附加推销。

### （五）时尚服饰店铺的日常管理

1. 营业前的管理要点

营业前的管理要点包括根据营业员休假和具体情况合理安排工作时间、检查营业员的出勤情况和仪表；检查卖场的时尚服饰陈列和卫生情况、商品的补货及库存、收银台的情况；通过晨会传达上级文件指示、总结前一营业日的工作情况和营业额达成率分析、介绍新货品、鼓舞员工士气、制订个人营业指标。

2. 营业中的管理要点

营业中的管理要点包括注意营业员的请假、早退情况，检查营业员的仪表情况和工作态度；每隔一段时间，去收银台查看营业情况，根据营业员的销售业绩，提醒和鼓励营业员；掌握各种时尚服饰的销售情况和补货上架情况；检查大钞是否入库、零钞是否充足；检查卖场的货品摆放情况及卖场环境的整洁、背景音乐与灯光、POP广告的摆放等；观察顾客对商品和服务的反应；注意防止盗窃，处理顾客投诉与退换货品。

3. 营业后的管理要点

营业后的管理要点包括对缺货商品及时补货；安排收银员打印各种报表，如银柜结存报表、营业额分类报表、销售状况报表、日终结算报表、调货情况报表、营业员业绩报表等；现金入库、打开收银机抽屉；打扫卫生，清点货品，关闭电源，关门等工作。

4. 其他管理工作

其他管理工作包括店铺员工的部分培训工作；店铺商品的收货、退仓管理；店铺商品的检验管理；商品折扣的管理；店铺促销管理；店铺的盘点工作（含日常、月末、季末盘点）；对失货现象的管理等工作。

## 任务5 时尚服饰零售策略

**任务提示：** 本任务将引领你了解时尚服饰零售策略。

**任务先行：** 近些年来，随着市场需求的不断变化，时尚服饰零售形式也在不断地变化，但从性质上可以将其分为店铺零售和非店铺零售两种。我们将学习时尚服饰零售的形式和时尚服饰零售的选择。

### 一、时尚服饰零售业的发展

时尚服饰零售是指包括所有向最终消费者直接销售时尚服饰和服务，以供其作个人及非商业性用途的活动。许多机构，如生产商、批发商和零售商都从事零售业务，而大部分零售业务是由零售商从事的。零售商是指那些其销售量主要来自零售的商业企业。时尚服饰零售大部分是通过商店零售销售的，但近些年来，随着市场需求的不断变化，时尚服饰零售形式也在不断地变化。

#### （一）时尚服饰零售形式

尽管时尚服饰零售的形式有很多种，但从性质上可以将其分为店铺零售和非店铺零售两种。

1. 店铺零售

（1）百货商店。百货商店可按经营商品的不同，划分为若干部门，如家电部、箱包部、时尚服饰部等。时尚服饰部又可分为男装部、女装部、童装部等。由于女装往往占百货商场销售额的比重较大，故有些百货商店又把女装按不同标准进行细分，如少女装、淑女装、职业装或保守型时尚服饰、传统型时尚服饰和现代型时尚服饰等。百货店有不同档次，如美国的（Bluemig Danis），法国的巴黎春天，北京的赛特等属于高档百货店。它们质量、服务水平好，但价格较高。而美国的西尔斯属于中档百货店；上海一百属于大众百货店。

（2）专卖店。专卖店是最早的时尚服饰零售形式。专卖店往往以特定的消费者作为目标市场，为他们提供独特的商品和服务，满足其特殊的消费需要。专卖店的顶级形式是精品店，它所针对的消费者的范围更小，一般经营时尚性、个性强的时尚服饰。许多精品店的成功在于它的唯一性，即提供全世界只有一件或几件的时尚服饰，一些著名设计师的高级成衣都是通过精品店出售的。例如路易威登专卖店、CK 专卖店等。

因为专卖店比百货商店能为消费者提供更好的选择和销售专家评价，消费者往往被专卖店品种多样、个性化的服饰所吸引。

近年来，国内也开始营建大型时尚服饰旗舰专卖店，如雅戈尔在上海南京路 2000 平方米的时尚服饰旗舰店，贝纳通在上海淮海路 4000 平方米的旗舰店。

（3）折扣店。折扣店趋于面向中低收入消费群体，通常采取低毛利率、大量销售的策略。降低成本的主要方法是低租金、装修简单和提供较少的服务等。折扣店销售的时尚服饰一般以价格较低的服饰为主，与百货商店相比，这些服饰一般不具时尚引导性。

（4）超级市场。近年来，一些大型超市为增强竞争力，时尚服饰也成为其主营商品之一，如宁波的乐购超市、欧尚超市、麦德龙超市等。这些超市以经营运动休闲时尚服饰为主，由于价格较低，品质有保障，也吸引了一部分消费者。

（5）连锁店。严格地讲，连锁店不是一种零售经营形式，而是一种零售组织形式。它由一系列（两个或两个以上的）商店组成，采取统一采购、统一经营、统一配货、每个店内的经营品种和服务都基本相同的策略。目前许多百货店、超市等采取了连锁店形式经营。连锁店的优点主要是实行集中采购，从而降低了成本，实现了规模效益。传统连锁店经营的时尚服饰一般都定位在大众消费层，但为了开拓市场，许多连锁店引名牌进店，通过大批量采购，快速周转，从而以低于百货商店的价格出售，也具有一定的竞争力。

（6）厂商直销店（Factory Outlets）。这是时尚服饰企业直接供货经营的商店。由于省却了中间流通环节，产品有特色，通常比百货店、专卖店价格低、品牌专一，往往能吸引旅游者，成为观光者购物的好去处。时尚服饰直销店应该注意防止与其他渠道（如专卖店、百货店）同一品牌的冲突。

（7）会员制仓储式商店（Warehouse Club/Wholesale Club）。通常销售中低档时尚服饰，产品线组合较广，从食品、服饰、日用品、电器电子商品、家居饰品到装潢工具材料均有。其销售模式以低价、自助、跑量、货栈式布局，一站式购物及会员制，如麦德龙（Metro）。这种零售的策略是高销售周转率，高信息化的物流配送，低成本的运营。为了充足的停车泊位和巨大的商场面积，一般设置于城郊接合部。

2. 非店铺零售

并不是所有的时尚服饰都是在商店里出售的。非店铺零售指的是自动售货、直接销售、目录零售和电子零售等零售形式，因适应消费者对方便性的要求，近些年来发展迅速。饮料、胶卷、化妆品、保健品等更适于采取这种形式销售，时尚服饰是加入这一行列的新产品。

（1）自动售货。它是利用机器向消费者提供产品。自动售货机向消费者提供 24 小时售货、自我服务等便利条件，很受消费者欢迎。

（2）直接销售。主要指销售人员挨门挨户推销，如美国的雅芳公司、玫琳凯公司等都依赖这种销售方式。由于要支付雇佣、训练、管理和激励销售人员的费用，因而直接销售的成本较高。

（3）邮购零售。零售商向消费者提供所出售商品的目录和图片，消费者通过电话、邮政等方式订购商品，零售商再将商品邮递到消费者手中的一种零售形式。邮购零售不断完善的服务和快捷的送货保障,增强了消费者对邮购的信心。在快节奏的生活下,许多人认为邮购零售比长途跋涉到百货公司购买商品更方便。如麦考林等,专业邮购公司以及某些时尚服饰品牌的邮购业务。

(4) 网络零售。电子零售包括24小时家庭购物电视网络零售、在线网上零售等。大型的网络服务供应商为订购者提供购物服务或真正的购物中心,零售商可以在网上建立自己的网址供上网的消费者查询。由于互联网的普及,越来越多的人选择网上购物。影响时尚服饰无店铺零售的关键因素是计算机网络技术的发展以及相应的物流、信用和安全体系的完善;此外,对于时尚服饰商品来说,尺寸规格标准化和一致性以及颜色、面料、质感和试穿问题是构成时尚服饰无店铺零售的主要障碍。

## 二、时尚服饰零售选择

时尚服饰零售业态和商店的选择对时尚服饰品牌和厂商而言,零售业态的选择应考虑以下因素。

### (一) 零售业态是否与时尚服饰品牌的目标市场与定位相一致

如路易威登品牌时尚服饰显然不会选择折扣店、大卖场。

### (二) 零售渠道的网络覆盖范围

对于大众服饰商品,应选择有一定覆盖面的网络渠道,如连锁专卖店或连锁百货公司以及大卖场等;而高档品牌产品往往选择时尚中心城市布点销售。

### (三) 零售渠道过程的可控性

对于大多数时尚服饰品牌,特别是中高档时尚服饰品牌,必须严密规划价格定位、品牌形象推广、商品陈列、服务规范和标准等分销策略。品牌时尚服饰如随意调价会损害品牌形象,破坏企业声誉,因此一般选择专卖柜和专卖店分销形式。

### (四) 零售业态的经济性和效益

不同零售业态的日常运营成本,各种费用、商品销售量和库存周转率有很大差异。大型超市销量大、周转快,零售价格低,有的渠道控制方除了销售扣率外,还要求各种附加费用如进场费、促销活动费等;自营专卖店易于控制,服务水平高,但相应初期投入较大;加盟连锁专卖则可以利用加盟商资源扩大销售网络。

### (五) 零售商管理水平及能力

商店的前台管理,如导购、售货、商品陈列布置整理、POS机配置等影响消费者的满意度及服饰品牌声誉,进而直接影响销售量;后台管理,如仓储、配送、货款清算、金融信用以及相应的信息平台，影响商品与市场的快速反应、销售控制，最终也将影响零售商的经济效益。

**练一练**：请自己总结如何选择时尚服饰零售商？

**任务小结**：完成本任务后，进行自我测试：你是否能够初步进行时尚服饰零售商的选择？

# 项目八 小结

最佳时尚服饰营销渠道就是营销费用少，销售效率高，使企业的产品尽快销售出去，并取得较好经济效益的渠道，这就需要时尚服饰企业根据影响渠道选择的各种因素，确定销售商的类型、数目，明确选择销售商的标准，对销售商进行科学的管理等。

**同步阅读：**

据国家统计局数据，2019年1—4月，社会品消费零售总额128376亿元，同比增长8.0%。其中，限额以上单位服装类商品零售额累计3226.5亿元，同比增长1.7%。而在网络零售方面，2019年1—4月，全国实物商品网上零售额23933亿元，同比增长22.2%。在实物商品网上零售额中，穿类商品同比增长23.7%，消费升级的社会趋势得以显现。

不可否认，电商平台对中国消费市场的升级变革发挥了重要的桥梁作用。平台+产品+服务+数据+物流……越来越多的优势在电商平台得以凸显，随之也推动了配套资源与供应链体系的提升，服装产业的驱动与变革在其中受益广泛。

线上渠道与线下渠道融合发展。近几年，我国消费品市场规模进一步扩大，商品结构也在持续优化，新兴业态和新商业模式的快速发展，不断推动传统商业模式的改良和创新。同时大数据、人工智能、移动互联网等新技术进一步向传统产业渗透，使人们以往的传统购物习惯发生改变，线上平台的优势凸显，更带动服装产业的供应链、物流反应速度的提升。在这样的环境下，线下平台除了思考怎样创新发展以外，也结合线上平台的优势进行融合。

线下零售的核心资源是门店，很多服装品牌以及渠道方在激烈竞争中，正通过升级门店形象、调整陈列布局、改善视觉效果、引入智能设备、提升服务质量等一系列措施为消费者创造多场景化消费的体验。同时，它们也为消费者提供更有温度的购物环境和更丰富的购物感受。这正好与电商的价格透明、个性化推荐、快捷支付、送货上门等优势形成互补。线上线下联动，将新兴渠道与传统渠道做更深层次的结合，更是渠道营销达成共识的发展模式。

**思考与练习**：服装零售渠道在新消费时代下为什么要转型与发展？

**同步实训：**

**一、实训目标**

本项目通过对时尚服饰企业服饰产品分销策略的评析，让学生掌握如何把产品渠道策略的理论知识运用到实践中去，掌握营销渠道网络模式，培养学生初步具备销售渠道策划的能力。

**二、实训项目**

试以你熟悉的某一时尚服饰生产厂家为例，调查了解并分析该企业产品的销售渠道模式，该企业选择了哪些中间商以及与中间商建立了怎样的分销合作关系。

## 三、实训步骤

1. 收集资料

小组通过网络、刊物、访问等途径收集某一时尚服饰企业产品的销售渠道模式、该公司选择了哪些中间商以及与中间商建立了怎样的分销合作关系。

2. 分析整理

小组根据所收集的资料进行分析、归纳、总结,为该企业初步拟订产品的销售渠道模式方案。

3. 交流讨论

小组相互交流讨论拟订的方案。

## 四、实训组织

由学生自由组合3—5人为一小组,每小组进行三种及以上方法的调查,在课前做出分析报告。

**同步测试:**

### 一、关键概念

渠道设计  渠道管理  中间商  零售商业态类型  渠道长度  渠道宽度

### 二、单项选择题

1. 不拥有商品所有权的中间商是(　　　　)。
   A. 经销商     B. 代理商     C. 批发商     D. 零售商
2. 没有中间商介入的分销渠道,称作(　　　　)。
   A. 直接分销渠道         B. 间接分销渠道
   C. 一级分销渠道         D. 二级分销渠道
3. 下列情况中,(　　　　)适宜采用最短的分销渠道。
   A. 单价低、体积小的产品     B. 技术性强、价格昂贵的产品
   C. 生产集中的产品           D. 处在成熟期的产品
4. 分销渠道不包括(　　　　)。
   A. 中间商     B. 消费者     C. 供应商     D. 制造商
5. 以大批量、低成本、低售价和微利多销的方式经营的连锁式零售企业是(　　　　)。
   A. 超级市场   B. 方便商店   C. 仓储商店   D. 折扣商店

### 三、思考题

1. 选择时尚服饰营销渠道时应考虑哪些因素?
2. 试述时尚服饰销售商数目的选择策略。

**与本项目相关的视频请扫二维码**

时尚服饰营销

# 项目九

# 时尚服饰促销策略的分析与制订

**能力目标：**
通过完成本项目，你能够：
1. 独立进行时尚服饰产品推广
2. 广告应用
3. 实施时尚服饰营业推广

**核心能力：**
1. 灵活运用时尚服饰产品推广
2. 实施时尚服饰广告运用
3. 实施时尚服饰营业推广

**具体任务：**
任务1　时尚服饰促销的认识
任务2　时尚服饰促销方式的分析与运用

【引导案例】

2013年4月22日上午，雅戈尔集团宣布，通过宁波市鄞州区红十字会向四川雅安灾区捐赠一千万元人民币的物资，包括夹克、保暖衬衫等，支持雅安抗震救灾工作。

4月20日上午8时，四川省雅安市芦山县发生里氏7.0级强震，灾难发生牵动亿万国人之心。地震发生后，雅戈尔集团密切关注灾区情况，并积极准备为受灾地区群众提供支援，救灾物资将尽快发往灾区。

这一案例可以看出时尚服饰企业如果要在激烈的条件下生存和发展，就必须树立良好的形象和信誉。形象和信誉是同一的。雅戈尔集团通过开展和赞助社会公益事业必定会赢得社会公众，使企业的知名度提高并树立了良好的形象和信誉，在较长的时期内促进产品销售。为什么这样认为呢？本项目将会给你一个答案。

## 任务1 时尚服饰促销的认识

**任务提示**：本任务将引领你了解时尚服饰促销的基本原理。

**任务先行**：在时尚服饰营销活动中，企业同时负担着信息传播者和促销者的角色，促销的目的是向消费者传递生产者所提供的产品和服务信息，以促进销售量的增长。促销策略是市场营销组合的重要组成部分，也是时尚服饰企业营销决策的重要内容。让我们先来认识促销的一些基本原理吧。

### 一、时尚服饰促销的含义和作用

#### （一）促销的含义

促销是"促进销售"的简称。它是时尚服饰企业通过一定的手段，将有关企业和产品的信息传递给消费者，促使消费者了解、偏爱和购买本企业的产品，从而达到扩大销售的目的的活动。

促销是市场营销组合的四个策略之一，是其中最富变化、最显活力的部分。

促销的实质是信息沟通。产品促销的过程就是时尚服饰企业与消费者的信息沟通过程。时尚服饰企业为了促进销售，把信息传递的一般原理运用于企业的促销活动中，在企业与中间商和消费者之间建立起稳定有效的信息联系，实现有效的信息沟通。信息沟通的过程如图9—1所示。

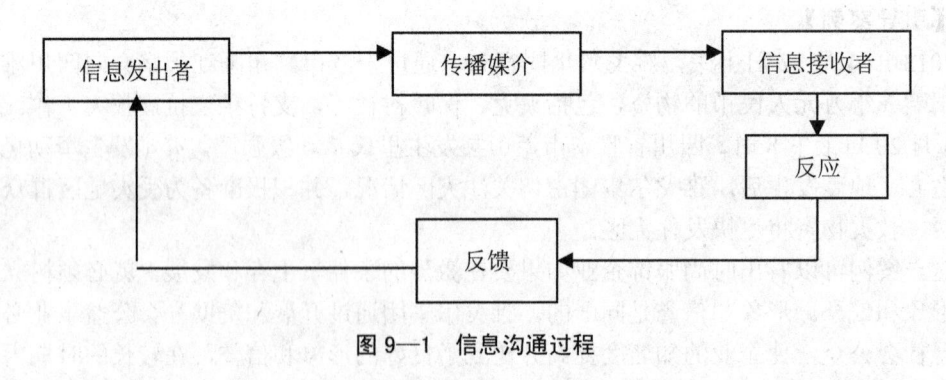

图9—1 信息沟通过程

#### （二）促销的作用

1. 传递信息

通过一定的促销手段，时尚服饰企业把有关产品的性能、特色、价格、购买地点等方面的信息传递给消费者，便于消费者取得信息，在评价替代物的基础上采取购买行为。

例如，当时尚服饰企业有新产品投放市场时，必须通过广告、免费试用等方式告知消费者或用户，这种新产品会给他们带来哪些好处，以便引起消费者和用户重视。

2. 刺激需求

消费者的需求一部分出自本能需要，如消费者感到饥渴、寒冷后就对食品和衣服产生需求。而消费者的另一些需求往往是在外部刺激下产生的。例如，时尚服饰企业可以通过富有感染力的促销活动，激发消费者的需求欲望，创造消费者的需求，吸引现实和潜在消费者购买。

3. 产生偏爱

市场上同类时尚服饰产品很多，许多时尚服饰相互间差异较少。消费者往往都缺乏认识，是非专家购买。因此，时尚服饰企业可以通过促销活动，突出本企业产品的优势和产品特点，使消费者对本企业产品产生偏爱，成为企业的顾客，提高企业竞争能力。偏爱本企业产品的顾客越多，企业的销售额也越稳定。

## 二、时尚服饰的促销组合及其影响因素

### （一）促销组合

所谓促销组合，是指时尚服饰企业根据营销目标和产品的特点，综合影响促销的各种因素，对各种促销方式的选择、编配和运用。促销组合主要包括人员促销、广告、营业推广和公共关系等。

不同的促销组合形成不同的促销策略。例如，以人员推销为主的促销策略，是采取主动的直接方式，即推式策略；以广告等非人员推销为主的促销策略，则采取的是间接的方式，即拉式策略。两者综合运用，形成了时尚服饰企业一整套促销活动，其组合结构如图9—2所示。

1. 推式策略

推式策略是指时尚服饰企业运用人员推销的方式把产品推向市场，即推向中间商或消费者。先由时尚服饰企业（制造商）推向中间商，再由中间商推向消费者。其目的是说服中间商和消费者购买企业的产品。这种策略一般适合单位价值较高，性能复杂，需要做示范的产品，以及流通环节较少、渠道较短和市场比较集中的产品等。

2. 拉式策略

拉式策略是指时尚服饰企业运用非人员推销的方式即以广告促销为主的方式，将顾客吸引过来即由消费者向零售商、零售商向批发商、批发商向制造商求购，由下至上，层层拉动。这种策略一般适合于单位价值较低、技术简单的产品，以及流通环节较多、渠道较长和市场范围较广的产品等。

【小案例】

有一家时尚服饰公司，在其成衣初上市时，批发商和零售商都不愿意经销此种产品。于是，该公司运用大众传播媒介，如电视、广播、报纸、杂志等，大肆宣传此成衣的种种优点以及特殊利益，从而创造出了消费者对此成衣的强烈需求。于是，成群的消费者涌向百货商店购买此种新产品。

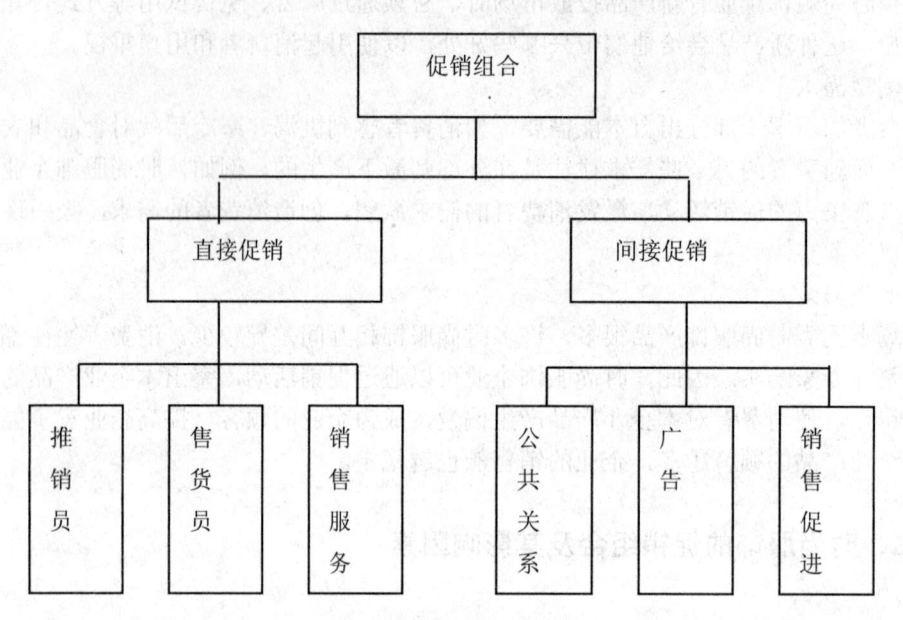

```
                    ┌──────────┐
                    │ 促销组合 │
                    └────┬─────┘
              ┌──────────┴──────────┐
         ┌────┴─────┐         ┌─────┴────┐
         │ 直接促销 │         │ 间接促销 │
         └────┬─────┘         └─────┬────┘
        ┌────┼────┐            ┌────┼────┐
       推   售   销           公   广   销
       销   货   售           共   告   售
       员   员   服           关        促
                服           系        进
                务
```

图 9-2 促销组合体系图

## （二）影响促销组合和促销策略制定的因素

促销组合和促销策略制定的影响因素较多，主要考虑以下几个因素。

1. 促销目标

它是时尚服饰企业从事促销活动所要达到的目的。在时尚服饰企业营销的不同阶段，要求有不同的促销目标，适应市场营销活动的不断变化。无目标的促销活动收不到理想的效果。因此，促销组合和促销策略的制定，要符合时尚服饰企业的促销目标，根据不同的促销目标，采用不同的促销组合和促销策略。促销的最终目标是扩大企业产品的销售。

2. 产品因素

（1）时尚服饰产品的性质。不同性质的时尚服饰产品，购买者和购买目的就不相同。因此，对不同性质的时尚服饰产品，必须采用不同的促销组合和促销策略。一般说来，在消费者市场，因市场范围广而更多地采用拉式策略，尤其以广告和营业推广形成促销为多；在生产者市场，因购买者购买批量较大，市场相对集中，则以人员推销为主要形式。

（2）时尚服饰产品的市场生命周期各阶段要相应选配不同的促销组合，采用不同的促销策略。以时尚服饰产品为例，在投入期，促销目标主要是宣传介绍商品，以使顾客了解、认识商品，产生购买欲望。广告起到了向消费者、中间商宣传介绍商品的功效。因此，这一阶段以广告为主要促销形式，以营业推广和人员推销为辅助形式。在成长期，由于产品打开销路，销量上升，同时也出现了竞争者，这时仍需加强广告宣传，但要注重宣传企业产品特色，以增进顾客对本企业产品的购买兴趣，若能辅之以公关手段，会收到相得益彰之佳效。在成熟期，竞争者增多，促销活动以增进购买兴趣与偏爱为目标，广告的作用在于强调本产品与其他同类产品的细微差别同时要配合运用适当的营业推广方式。在衰退期，由于更新换代产品和新产品的出现，使原有产品的销量大幅度下降。为减少损失，促销费用不宜过大，促销活动宜针对老顾客，采用提示性广告，并辅之适当的营业推广和公关手段。

（3）市场条件。市场条件不同，促销组合和促销策略也有所不同。从市场地理范围大小看，若促销对象是小规模的本地市场，应以人员推销为主；而对广泛的全国甚至世界市场进行促销，则多采用广告形式：从市场类型看，消费者市场因消费者多而分散，多数靠广告等非人员推销形式；而对用户较少、批量购买、成交额较大的生产者市场，则主要采用人员推销形式。此外，在有竞争者的市场条件下，制定促销组合和促销策略还应考虑竞争者的促销形式和策略，要有针对性地不断变换自己的促销组合及促销策略。

（4）促销费用。时尚服饰企业开展促销活动，必然要支付一定的费用。费用是企业经营十分关心的问题，并且企业能够用于促销活动的费用总是有限的。因此，在满足促销目标的前提下，要做到效果好而费用省。企业确定的促销预算额应该是企业有能力负担的，并且是能够适应竞争需要的。为了避免盲目性，在确定促销顶算额时，除了考虑营业额的多少外，还应考虑到促销目标的要求、产品市场生命周期等其他影响促销的因素。最好的促销组合不一定是费用最大的组合。

## 三、促销预算的确定

时尚服饰企业开展促销活动必然会发生促销费用，为了有计划地开展促销活动，企业必须制定合理的促销预算。但确定促销预算是企业最为困难的市场营销决策之一，不同行业、不同企业的促销预算差别很大，似乎没有一个标准。下面介绍四种确定促销预算的常用方法。它们既可用来确定时尚服饰企业总的促销预算（即各种促销手段所需要的费用总和），也可以用来确定单项促销预算（即某一种促销手段所需要的费，如广告预算等）。

### （一）量力而行法

量力而行法即根据时尚服饰企业的经济实力决定促销费用。经济实力强时，促销预算就较多，反之则较少。虽然这种方法十分简单，但它忽视了促销对销售额的影响，由于企业的经济状况常常会发生波动，这就必然使企业的促销预算很不稳定，从而影响企业制定长期促销计划。

### （二）销售额百分比法

销售额百分比法即根据销售额（上一年度的销售额或下一年度预计销售额）的一定百分比确定促销费用。

【小案例】

例如某时尚服饰企业以销售额的5%作为促销费费用，若该企业预计2020的销售额为1000万元。则该企业2021年的促销预算为50万元。

这种方法的优点有如下两种。第一,促销费用和销售额相联系,这就为促销预算提供了有支付能力的经济基础;第二,这种方法有利于把企业的促销成本、销售单价和单位产品的利润相联系,从而有利于开展经济核算,讲求促销效果。

该方法也有一定的缺点:第一,由于它根据销售额决定促销预算,这就颠倒了因果关系,使销售额成为决定促销预算的原因,而不是促销结果;第二,它是根据资金的可能性,而不是根据实际的需要制定促销预算,这就必然会失去一些良好的促销机会;第三,由于促销预算取决于波动性较大的年销售额,这也会影响企业制定长期的促销计划;第四,由于市场情况经常发生变化,而这种方法并没有选择合适的销售额百分比的标准,只是根据过去的或竞争者的百分比来确定销售额的比例,这往往同实际需要不符。

### (三)竞争对等法

竞争对等法即根据竞争者促销预算水平来确定本企业的促销预算方法。采用这一方法的指导思想:第一,竞争者的促销预算水平能反映整个行业的集体智慧,可资借鉴;第二,以这种方法确定促销预算,有利于防止两败俱伤的"促销之战"。但许多市场营销专家认为这种指导思想并不正确,这是因为:第一,没有理由说明竞争者比本企业更知道应该如何确定促销预算,由于两个企业的声誉、资源、促销机会和促销目标大不相同,竞争者促销预算并不能作为本企业的指南;第二,采用这种方法也没有根据能保证企业之间不发生"促销之战"。

### (四)目标任务法

目标任务法即根据时尚服饰企业的促销目标确定促销预算的一种方法。这首先要求企业明确促销目标,然后决定为实现促销目标应该开展哪些促销活动,并对每项促销活动的费用作出估计,最后进行汇总取得企业的促销预算。这种方法的最大优点是根据企业的实际需要决定促销预算,具有一定的科学性。

【小案例】

例如某一家纺企业为了增加其家纺产品的知名度,就要增加广告的收视率。如果目标设定为要增加30万消费者收看广告,经调查计算出每增加一名接收广告的消费者,平均要花费0.1元,一个月重复10次,则每月的广告费用要增加30万。

**练一练**:请找一家时尚服饰企业,调查一下该企业是如何确定促销预算的?

**任务小结**:完成本任务后,请明确时尚服饰企业在制定促销策略时,要综合考虑的因素,并选择合适的促销形式,制定相应策略。

## 任务2 时尚服饰促销方式的分析与运用

**任务提示**:本任务将引领你掌握时尚服饰各种促销手段。

**任务先行**:促销是时尚服饰企业市场营销组合的重要因素之一,也是任何公司营销

时尚服饰营销

计划的重要组成部分。它可以使企业的产品为消费者所认知和了解，引起目标顾客的购买欲望，促成其购买行为的产生。促销的方法和手段主要有人员推销、广告宣传、营业推广和公共关系，它们构成了促销策略的重要内容。

## 一、广告的运用

### （一）时尚服饰广告的概念和特点

广告的定义很多，一般认为，广告是指企业（广告主）用一定的费用，通过一定的媒介，把有关产品和企业的信息传递给广大消费者的一种非人员推销的促销手段，其目的是促使消费者认识、偏爱直至购买本企业的产品。

广告的形式多，用途广，很难概括地表述其独特之处，但要注意以下几点。

1. 公共性

广告是一种能见度最高的公共沟通方式，受众面广，并在一定范围中表现为无差异地提供信息，许多人共同接受同样的信息。同时，由于共同接受信息，能提供公共的标准。

2. 渗透性

广告可多次重复展露一项信息，能加深印象并便于接收者比较各个竞争者的信息。

3. 放大性

广告可利用印刷文字、图像、声、色的艺术手法，给本企业的产品提供戏剧化的表达机会。但有时不恰当的艺术处理会冲淡或淹没了主要信息。

4. 非人员性

广告不是公司的推销人员，观众没有必要或者说没有义务每每作出反应。广告仅能够广泛地"告知"，而无法听到告知对象的回音。

因此，广告既可为产品建立一个长期的印象，也可以刺激购买行动，它是一种能将信息送至地理上分散接收者最多的方式，而平均展露成本又最低。

### （二）时尚服饰广告的作用

在现代社会中，时尚服饰广告已成为人们日常生活中不可缺少的内容，在社会的各个方面都起到了相当重要的作用。

1. 传播信息

传播信息是时尚服饰广告最基本的功能。时尚服饰广告通过向消费者提供各种不同的信息。例如，时尚服饰产品信息、时尚服饰市场信息、时尚服饰服务信息、时尚服饰品牌信息和生活信息等进行交流沟通，从而达到时尚服饰广告发布的目的。

【小案例】

据有关报道，市面上有一种风衣，重量是普通羽绒服衣的1/3，厚度是普通防寒服1/2，却有相当于羽绒服1.2倍和普通防寒服2倍的防寒效果。原来，这正是南极科考队在第十七次和第二十一次科考中选用的面料。七匹狼出品的"捍冬风衣"使用的是全球

500 强企业 3M 公司的产品"新雪丽"。"新雪丽"拥有 2 至 5 微米直径超细纤维,比普通纤维细 10 倍,在水中吸水量小于其自重的 1%,即使是在雨雪的环境中它依然保暖和干爽,所以能够让人经受零下 58.4℃的严寒。通过报道,向消费者传播了新产品的消息。

2. 创造需求,促进消费

创造需求、促进销售、赢得市场是时尚服饰广告的主要任务。时尚服饰广告能使新产品、新式样、新的消费意识迅速流行,形成消费时尚,可以使消费者在众多的商品中选择、比较,引导消费走向文明、健康。

【小案例】

例如莱卡是美国杜邦公司于 1958 年独家发明并生产的一种人造弹性纤维,杜邦公司曾以 3000 万美金改变莱卡的广告形象,在终极消费者中建立其品牌形象。曾有人对此表示质疑,因为莱卡只是时尚服饰面料的一种辅料,和终极消费者的距离甚远。但事实上,通过广告莱卡在消费者中建立了很高的声望,正像莱卡广为人知的广告语:"舒适、舒逸、新体验",莱卡已使弹性面料时尚服饰成为席卷世界的潮流。

3. 树立信誉,开展竞争

时尚服饰广告有利于时尚服饰企业树立良好的品牌形象,提高市场占有率。我国时尚服饰企业从整体上看仍处于品牌的成长期,大部分国内知名品牌不具有国际知名度。随着竞争的加剧,时尚服饰广告不仅是一种促销手段,而且是时尚服饰企业树立品牌形象的重要手段。

4. 美化生活的作用

时尚服饰广告通常采用艺术的表现手法来传播信息。在广告中,艺术性与功利性是相辅相成的。缺乏艺术性的时尚服饰广告,引不起消费者的注目和趣味,当然就达不到广告宣传的目的。因此,提高广告的文化品位和艺术审美价值,使广告受众在接受广告信息的同时,得到美的熏陶和艺术的享受,这对于广告的传播和美化生活、陶冶情操都能起到极好的促进作用。

## (三)时尚服饰广告的常用媒介及其评价

1. 广告媒体的种类及特点

广告媒体是广告主与广告对象之间联系的物质或工具,它是信息传播的载体。一般来说,广告媒介可以分为以下几类。

(1)大众传播媒体。大众传播媒体主要是指报纸、杂志等印刷品广告。它们和广播、电视等电子媒体广告,通常被称为四大广告媒体。

印刷品广告包括报纸、杂志、电话册和火车时刻表等。其中,最为典型的是报纸和杂志两大媒体。

报纸是运用文字、图像等印刷符号,定期、连续向公众传递新闻、时事评论等信息。它传播知识,提供娱乐或生活服务,传播企业产品信息,一般以散页的形式发行。随着欧洲工业革命的兴起,1625 年,报纸广告首次在英国的《伦敦周报》刊出。我国出现报纸广告是在鸦片战争前后。现在报纸广告仍然是重要的广告媒体。报纸有一定的规格与

## 时尚服饰营销

版式、出版频率和市场读者，会影响报纸的发行量和广告的接触率。报纸作为一种广告媒体，它有发行量大、传播范围广、制作简便灵活、价格相对较低、选择性强、读者稳定、可信度高等优点，但同时也有时效性短、内容多分散注意力、质量不高、缺乏针对性等缺点。因此，在选用报纸媒体时，应注意报纸发行的对象和范围、报纸的发行量、广告刊登的情况，如版次、位置和大小等等。

杂志也是一种常见的广告媒体，它在杂志的封面、封底、内页、插页等位置刊登广告。杂志的优点是选择性强、针对性强、传导对象明确、可以长期保存查阅、记录性好、读者稳定、印刷制作精美。但是，杂志的出版周期长、传播速度慢、制作复杂、成本高、对象狭窄等缺点，也影响了信息的及时和广泛传递。在选用杂志媒体时，要注意杂志的阅读对象，以便把广告内容同阅读对象结合起来。

（2）电子广告媒体。它包括电视、电影、广播等形式，其中广播、电视最为典型。

广播是比电视更早的一种传播媒体，它通过无线电波或金属导线，用电信号向听众提供服务信息，一般可以分为有线和无线两种。广播传播及时性强、速度快、重播频率高、制作费用较低、实效性、灵活性强、不受时空限制，但同时时间短暂、保留性差、缺乏形象支持、不易主动收听。对于我国而言，近几年广播广告业务逐步增加，由于广播能覆盖广大农村地区和交通不发达地区，所以广播更有利于市场的开拓，其广告业务也更有潜力。在选择广播媒体时，应注意节目的编排情况、安排的时间、次数和播音水平等。

电视是运用电波把声音、图像、文字符号同时传送和接受的视听结合的工具。从20世纪30年代产生以来，电视已经深入千家万户，在传播领域中起着越来越重要的作用。它是传播广告信息的主要媒体之一。一般说来，它具有视听结合、说服力强、传播面广、渗透力强、形式灵活多样、针对性强、效果明显等特点。但是，由于时间限制，电视的广告传递信息少、费用高、选择性差。因此，人们一旦投入电视广告，就要有较大的广告预算。在选择电视媒体时，应注意尽量使用电视收看率的"黄金"时间（晚上七点到十一点）播出。此外，要适当集中和固定播出时间，并将广告分类播出，使观众有选择的灵活性。同时要提高广告的制作水平。

（3）促销媒体，也称小众传播媒体。这类传播媒体范围相对较小，往往直接影响消费者的购买行为，可以和大众传播媒体配合进行促销，满足消费者的整体需要。它主要包括户外广告、销售点广告、直邮广告、交通媒体广告、体育广告和馈赠广告等。

户外广告，指设置在室外的广告，包括路灯、路牌广告柱、屋顶、霓虹灯和海报等。它们是我国主要的户外媒体形式，另外还包括广告招贴画、看板等形式。户外广告是面向所有的公众，所以比较难以选择具体目标对象。但由于户外广告可以在固定的场所长时间地展示企业的形象和品牌，所以它对于提高企业的知名度很有效。

销售点广告或销售现场广告（也叫 Point of Purchase 广告，简称 POP 广告），是销售点和购物场所的广告。

POP 广告有广义和狭义之分。广义包括销售场所内外的所有促销方式，如商店招牌、霓虹灯、商品陈列和店内宣传品等；狭义仅包括购买场所内的促销方式，其主要的形式有三种：一是开放陈列，让消费者直接接触商品；二是集中提供信息，以成立专柜的形式向购买者介绍产品信息和知识；三是创造强刺激氛围，运用各种音像、图片、广播、装饰等增强消费者的购买欲望。POP 广告有利于提醒消费者，促成购买行动；有利于营造气氛，吸引消费者；实效性强、认知度高。但是，POP 广告设计要求高，还要经常保修，否则会产生脏乱，影响传播效果。

直邮广告。直邮广告是通过邮局，直接邮寄宣传品与消费者进行沟通。它是直接广告中开展最早、最为重要的形式。直邮广告的形式包括商品目录、通知函、说明书、价格表和企业介绍等。直邮广告最主要的优点是选择性强，可以根据不同的需要设计不同的形式。同时，它还具有较强的灵活性、发布速度快、情报全面的特点。直邮广告的弱点是费用较高，同时消费者比较反感。

交通媒体广告。交通媒体广告主要是指充分利用交通工具及其周围的设施将信息、传递给行驶途中或乘坐公交工具的消费者的广告形式。交通广告通常包括车内广告、车外广告和车站广告等类型。一般来说，交通广告具有动态性、稳定性、频次高和成本低等特点，但由于其流动性大，所以针对性不强，而且范围有限，设计要求也比较高。在大城市中，大部分人上下班都要利用固定的公共交通工具，这种广告因而非常有效。由于具有户外广告的一些特点，人们也通常将交通广告列入户外广告的范围。

（4）新媒体。随着科学技术的进步，近些年出现了一些新媒体，如有线电视、交互式电视、互联网以及数字化杂志等，它们越来越显示出独特的作用。与前面的媒体相比，它们更有利于加强信息、传递的时效性和增强与消费者之间的沟通。

有线电视是指利用光纤、电缆和微波作为传输工具传递信息的一种方式，它具有双向传输功能，从而为消费者提供多种服务如电视购物、节目点播等。有线电视的主要优势在于其针对性强、费用低和灵活性强。缺陷在于到达有限性，有很多家庭没有有线电视；分流，有线电视观众有 50 多个频道可供选择。因此，他们收看哪个节目的时间都不太多，若想到达某一特定市场的大部分有线电视受众，广告主必须在许多有线台播出广告。广告制作质量比无线电视台的差，受欢迎程度较低；跳跃换台，包括观众换台或跳过广告。但在我国，有线电视的收视率一般都很高。

交互式电视主要是指利用电脑、电视、电话所组成的连接系统让人们通过电视机来参与信息的双向交流，消费者可以直接通过电视屏幕与销售员交流。例如道奇携手特纳传媒集团和卫星广播公司一起合作具有互联网互动特性的新形态交互式电视广告。收看的用户，可以在一段 30 秒的广告中，像类于网页环境下浏览图片等媒体那样，通过屏幕中特定触发区来自由浏览。道奇的 Mark T. Spencer 认为，交互式电视广告可以让消费者更方便地体验产品，但这仅仅是第一次明智的推广测试活动罢了。

互联网是近几年发展最为迅猛的广告媒体形式之一。根据美国互联网广告局（IAB）和普华永道会计师事务所共同发表的一份报告显示，2006 年，美国互联网广告收入达到创纪录的 169 亿美元。其中，关键词搜索广告、弹出式广告和分类广告的收入都有不同程度增加。美国互联网广告局首席执行官兰德尔·罗滕伯格指出，互联网广告收入一直呈现稳步增长态势的主要原因在于广告商和机构逐渐认识到，互联网广告可以凭借它独特的方式影响消费者的购买行为。与传统的媒介相比，互联网广告具有巨大的优势：一是互联网广告具有很强的互动性。二是内容更加详尽、充实。三是消除了时间和空间的限制。四是价格低廉，信息量大。但是也存在一些缺点，比如受众有限、管理复杂、上网费用过高等，这些限制了互联网广告的发展。目前，网络广告的形式主要有横幅广告、图标广告、赞助广告、邮件广告、插页广告、首页广告、墙纸广告和游戏广告等，随着网络技术的发展和网络策划与创造力的增强，互联网广告的形式还会更多，更新奇。

### （四）选择时尚服饰广告媒介时应考虑的因素

由于不同的广告媒体具有不同的优势与劣势，时尚服饰企业在进行广告活动的时候，必须进行正确的选择。一般来说，广告媒体的选择需要考虑以下因素。

1. 消费者接受媒体的习惯

由于消费者的性别、年龄、收入、受教育的水平、职业及生活习惯不同、他们对广告媒体的接触有很大差别。企业针对不同消费者的特点选择广告媒体，例如，对于儿童用品选择电视可能更为合适；对女性用品一般选择女性杂志或是电视等。

2. 产品的性质和特点

不同性质的产品，其使用价值与使用范围各异，所选择的广告媒体必须适合其产品的性质与特点。比如技术性的产品多选择专业性杂志，而生活用品一般采用大众传播媒体；照相机可以采用电视作为传播媒体，而时尚服饰则应该选择有色彩的杂志广告媒体。

3. 销售的范围

广告宣传的范围要和商品销售的范围一致。一般来说，全国性销售的产品可以通过全国性的广告媒体进行传播；只在地区内销售的产品则只选择地方性的媒体。

4. 媒体的费用

各种广告媒体的收费标准不同，所以广告的成本也各不相同；即使同种媒体，也因范围、时间等而价格各异。必须注意广告费用不能只注意绝对数字上的差异，更重要的是注意目标沟通对象的人数与成本之间的对比关系。

5. 其他因素

包括媒体的知名度、竞争对手的特点以及企业的经济实力等。总之，企业在进行媒体选择时，必须考虑自身内外的各种因素，综合权衡利弊做出决策。

## 二、人员推销的运用

### （一）时尚服饰人员推销的概念和特点

人员推销就是为了达到交易，通过交谈，用口头介绍的方式，向一个或多个潜在顾客执行面对面的市场营销通报。

人员推销在购买过程的某些阶段起着最有效的作用，常用于建立购买者的偏好、信任及行动方面。其特点是广告所不能代替的，主要有以下几种。

1. 面对面的接触

人员推销涉及两人以上，是一种生动、灵活、能相互影响的方式。销售人员可就近观察对方的特征及需要调整自己的谈话内容和方式。

2. 培养关系

培养关系有利于促使各种关系产生，尤其利于销售人员与顾客之间长期关系的建立和维持。

**3. 刺激反应**

刺激反应能使顾客感到需要倾听销售人员的谈话。较之其他方式更能引起注意并刺激反应。

人员销售有其独到的优越之处，但成本也最高。

### （二）时尚服饰人员推销的形式、对象与策略

**1. 人员推销的基本形式**

一般说来，人员推销有以下几种基本形式。

（1）上门推销。上门推销是一种常见的人员推销形式。它是由推销人员携带时尚服饰产品的样品、说明书和订单等走访顾客，推销产品。人员推销是一种积极主动的推销形式，可以针对顾客的需要提供有效的服务，为顾客广泛认可和接受。

（2）柜台推销。柜台推销又称门市推销，是指时尚服饰企业在适当地点设置固定的门市、有营业员接待进入门市的顾客，推销时尚服饰产品。门市的营业员是广义的推销人员。门市里的时尚服饰产品种类齐全，能满足顾客多方面的购买要求，为顾客提供较多的购买方便，并且可以保证商品安全无损。因此，柜台推销适合于零星小商品、贵重商品和容易损坏的商品。

（3）会议推销。它指的是利用各种会议如在订货会、交易会、展览会、物资交流会等会议向与会人员宣传和介绍产品，开展推销活动。这种推销形式接触面广，推销集中，可以同时向多个推销对象推销产品，成交额较大，推销效果较好。

**2. 人员推销的推销对象**

推销对象是人员推销活动中接受推销的主体，是推销人员说服的对象。推销对象有消费者、生产用户和中间商三类。

（1）向消费者推销。推销人员要了解消费者的有一关情况，诸如年龄、性别、民族、职业、宗教信仰等，进而了解消费者的购买欲望、购买能力、购买特点和习惯以及消费者的心理反应等。对不同消费者，采用不同的推销技巧，鼓励其更多地使用商品，促使其更多地购买商品，争取消费者试用未使用过的商品，吸引竞争品牌的使用者等。

（2）向生产用户推销。销售人员要了解生产用户的有关情况，诸如生产用户的生产规模、人员构成、经营管理水平、产品设计与制作过程以及资金情况等推销人员还要能准确而恰当地介绍企业产品的优缺点，说明生产用户使用该产品后能得到的效益，帮助生产用户解决疑难问题，以取得用户信任，同用户建立长期的关系。

（3）向中间商推销。向中间商推销也需要推销人员具备相当的业务知识和较高的推销技巧。在向中间商推销产品时，要了解中间商的类型、业务特点、经营规模、经济实力以及它们在整个分销渠道中的地位；要向中间商提供有关信息，为中间商提供服务，同中间商建立良好的关系，以扩大销售，鼓励其对一种新产品或新型号建立信心，激励其寻找更多的潜在客户，刺激其推销相对滞销的产品以减少库存积压等。

对此，必须了解在购买产品或服务时起主导作用的是哪一类人，然后根据其特征，选择有针对性的促销策略和促销手段开展促销活动。

### 3. 人员推销的基本策略

在人员推销活动中一般采用以下三种基本策略。

（1）试探性策略。这种策略是在不了解顾客的情况下，推销人员运用刺激性手段引发顾客产生购买行为的策略。推销人员事先设计好能引起顾客兴趣、能刺激顾客购买欲望的推销语言。推销人员通过渗透性交谈进行刺激，在交谈中观察顾客的反应；然后根据其反应采取相应的对策，并选用得体的语言，再对顾客进行刺激，进一步观察顾客的反应，以了解顾客的真实需要，诱发购买动机，引导产生购买行为。因此，试探性策略也称为"刺激—反应"策略。

（2）针对性策略。这是指推销人员在基本了解顾客某些情况的前提下，有针对性地对顾客进行宣传、介绍，以引起顾客的兴趣和好感，从而达到成交的目的。因推销人员常常在事前已根据顾客的有关情况设计好推销语言，这与医生对患者诊断后开处方类似，故又称针对性策略为"配方—成交"策略。

（3）诱导性策略。这是指推销人员运用能激起顾客某种需求的说服方法，诱发引导顾客产生购买行为。这种策略是一种创造性推销策略，它对推销人员要求较高，要求推销人员能因势利导，诱发、唤起顾客的需求，并能不失时机地宣传介绍和推荐所推销的产品，以满足顾客对产品的需求。因此，从这个意义上说，诱导性策略也可称为"诱发—满足"策略。

## （三）人员推销的步骤

根据"程序化推销"理论，人员推销分为七个步骤，如图9—3所示。

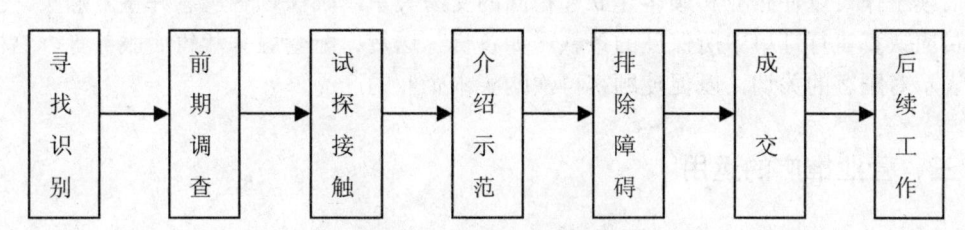

寻找识别 → 前期调查 → 试探接触 → 介绍示范 → 排除障碍 → 成交 → 后续工作

图9—3 人员推销的步骤图

### 1. 寻找识别

推销人员可以通过多种途径寻找潜在顾客，然后根据潜在顾客材料对其进行分析，以便尽早放弃没有成交可能的潜在顾客，而把精力集中成交可能性较大的潜在顾客。

### 2. 前期调查

推销人员在推销访问前需作如下调查工作。推销人员要在调查中尽可能了解潜在顾客需要什么，谁参与购买决策，其采购人员的个性特征和购买类型如何。推销人员需确定访问目标，决定最佳的接触方法，如登门推销、电话推销或书信推销等，再决定访问时间，推销人员应选择一个合适的访问时间，要避免在顾客较忙的时候去访问。同时，推销人员构思出全面的推销策略，如商品的成交策略、付款条件等的幅度。

### 3. 试探接触

在正式接触之前，推销人员可以以合适的方式，与顾客进行试探性接触。通过首次同顾客会面，为以后洽谈业务形成一个良好的开端。这要求推销人员注意以下几个方面：给对方留下一个好印象；验证在准备阶段所得到的全部情况；为后面的谈话做好准备；要选择最佳的接近方式和访问时间。

4. 介绍示范

这是推销过程的中心。推销人员向顾客介绍产品时应循序渐进，首先要引起顾客的注意，然后使顾客发生兴趣，产生购买欲望，最后采取购买行为。特别是推销人员在介绍产品的过程中要始终强调顾客的利益，并着重说明该产品能给顾客带来什么好处。

5. 排除障碍

在推销过程中，顾客往往会提出一些异议，如价格、发货时间、产品的某些特征等。推销人员必须消除推销过程中的顾客异议，排除障碍，才能完成既定的目标。因此，推销人员要精通商业谈判的技巧，事前准备应付反对意见的适当措辞和论据，做到随机应变。

6. 成交

推销人员要善于从顾客的身体动作、问题和谈话内容等方面了解顾客想要结束交谈的意向。这时，推销人员要特别注意应立即抓住时机成交，运用一定的技巧促成交易，如重述协议的要点，主动为顾客起草订单，以某种方式暗示如果现在不定购将会使顾客造成损失等。推销人员还可以通过提供一定的刺激手段促成交易。如果顾客最后还是不准备订货，推销人员也应同顾客保持良好的关系（如互留通信地址等），以便顾客需要企业的产品时向企业订货。

7. 后续工作

后续工作可以使企业和顾客建立起稳固的交易关系，确保顾客满意并重复购买。推销人员应认真执行订单中所保证的条款，如备货、送货、配套服务和售后服务等。这样可以表示对顾客的关切，以促使顾客再次购买本企业的产品。

## 三、营业推广的运用

### （一）营业推广的概念与特点

营业推广又称销售促进，是指时尚服饰企业在短期内，为了刺激需求而进行的各种促销活动。营业推广对促进销售的效果显著，为此，它是促销组合的重要方式，是促销策略研究的重点。

营业推广，包括奖励、比赛、优惠和展销等多种方法。其特点主要有以下几种。

1. 营业推广能够引起消费者的注意并能提供信息使消费者很快注意到时尚服饰产品。
2. 营业推广能够提供诱因，使用一些明显的让步、优惠、服务、提供方便等，能让消费者感到有利可图。
3. 营业推广能够强化刺激。通过特殊的手段刺激消费者立即付诸购买行动。

时尚服饰企业常利用此方式来创造较强烈、迅速的反应，以加速时尚服饰类商品的推销或刺激销售不佳的时尚服饰产品的购买。此方式见效快，但其促销效果也往往是短暂的。

## （二）营业推广的方式

根据目标市场的不同，营业推广可分为面向消费者、面向中间商和面向企业内部员工的推广三种。三种推广方式有着不同的促销方式。

1. 面向消费者的营业推广手段

（1）样品。样品是免费提供给消费者或者提供给消费者试用的产品。时尚服饰企业可以把样品直接送上门或把样品放在销售现场提供给客户，也可以附在其他产品上赠送等。赠送样品一般旨在向市场介绍新产品。

（2）优惠券。优惠券是对持有优惠券的客户提供某种程度的优惠。优惠券可以直接赠送、附在其他产品上，也可刊登在杂志或报纸广告上。优惠券的使用一般用于刺激成熟期产品的销售或者是推出新产品时促进消费者使用。

（3）特价包装优惠。一般是在商品包装或标签上加以附带标明，说明本包装产品的优惠。这种方式给消费者提供的是低于常规价格的商品或者价格不变的附赠产品。特价包装优惠是一种刺激短期销路的有效方法。

（4）赠品。赠品是低价或免费向消费者提供某种商品，刺激消费者发生消费行为；可以把赠品附在产品内，也可以免费邮寄赠品。如果消费者把产品包装的某一部分寄出或者填写某些表单就可以获得赠品。

（5）赢奖品。消费者在购买某商品后，时尚服饰企业或者销售商向其提供赢得某些奖励的机会。奖品的获取一般是借助一些活动或竞争，组织者针对一定的规则抽取获奖者的名单。这类活动往往伴有针对企业产品或者品牌的介绍和推广，可以在一定的销售范围内形成有规模的影响。

（6）免费试用。免费试用是给潜在的客户免费试用产品，以促进其购买产品或者尝试使用产品的促销方式。

（7）售点陈列。售点陈列一般多用在购买现场或者销售现场，采用模特表演、建立商品焦点、各类展架、堆头、挂旗、购买点（POP）广告等形式．并且将其和电视或者印刷品宣传等其他视觉展示手段结合起来运用的促销方式。这种方式有利于建立良好的销售气氛，吸引消费者的目光，促进消费者购买。

2. 面向中间商的营业推广手段

（1）价格折扣。在某一段指定时期或者在某些条件下，每次购货都给予低于价格定价的直接折扣。这样可以鼓励中间商去购买一般情况下不会购买的数量或者新的产品种类。

（2）免费商品。企业提供免费产品给一些特定的中间商，这些中间商是对企业的销售有特别贡献的，一般是购买规模较大或者对某种产品的销售贡献很突出的中间商。这时，企业会按一定的规则额外赠送一些产品、礼品及附有公司名称的特别广告赠品等。

3. 面向企业内部员工的营业推广手段

（1）展览会。例如时尚服饰行业协会或者相关机构组织的年度或者非定期的商品展览会的推广行式。行业内的企业在商品展览会上租用摊位，陈列和展示自己的产品。参加的企业可以在展会上找到新的销售机会，维持与老客户的接触，介绍新产品，结识新客户。

（2）销售竞赛。销售竞赛的目的在于刺激企业的销售人员和渠道成员在某一段时期内增加销售量，用奖品作为鼓励的方式。当销售竞赛的目标与可以达到的销售目标结合在一起时，竞赛的效果会十分显著。

（3）纪念品广告。纪念品广告是指由销售人员向潜在消费者或客户赠送一些有用而价格不贵的物品，同时换取对方的姓名、地址等联系方式，或者请消费者发表对产品的看法和建议。纪念品广告的使用使潜在客户记住公司名字，并由于这些物品而引起对企业或者品牌的好感。

### （三）营业推广的方案制定

在时尚服饰企业营业推广的方案一般包括以下几个方面。

1. 确定推广目标

营业推广目标的确定，就是要明确推广的对象是谁，要达到什么样的效果。只要知道推广的对象是谁，才能有针对性地制定具体地推广方案。例如，推广目标是达到培育品牌忠诚度的目的，还是鼓励大批量购买？推广目标不同方案也要随之发生变化。

2. 选择推广工具

营业推广的方式很多，但如果使用不当，则适得其反。因此，选择合适的推广工具是取得营业推广效果的关键因素。时尚服饰企业一般要根据目标对象的接受习惯和产品特点、目标市场状况等来综合分析选择推广工具。

3. 推广的配合安排

营业推广要与营销沟通其他方式如广告、人员销售等整合起来，相互配合，共同使用，从而形成营销推广期间的更大声势，取得单项推广活动达不到的效果。

4. 确定推广时机

营业推广的市场时机选择很重要，例如季节性产品、节日、礼仪产品，必须在季节前做营业推广，否则就会错过时机。

5. 确定推广期限

确定推广期限即营业推广活动持续时间的长短。推广期限要恰当，过长，消费者新鲜感丧失，产生不信任感；过短，一些消费者还来不及接受营业推广的实惠。

### （四）营业推广的评估

评价推广效果是营业推广管理的重要内容。准确的评价有利于时尚服饰企业总结经验教训，为今后的营业推广决策提供依据。常用的营业推广评价方法有两种：一是阶段比较法，即把推广前、中、后的销售额和市场占有率进行比较，从中分析营业推广产生的效果，这是最普遍采用的一种方法；二是跟踪调查法，即在推广结束后，了解多少参与者能知道此次营业推广，其看法如何，多少参与者受益，以及此次推广对参与者今后购买的影响程度等。

### 四、公共关系的运用

#### （一）时尚服饰企业公共关系的概念和特点

公共关系是时尚服饰企业通过公关传播和对特殊事件的处理，使自己与公众保持良好关系的活动。时尚服饰企业常用公共关系报道来作为促销手段之一。其特点主要有以下几点。

1. 可信度高，由记者撰写的新闻使人感到比广告更真实可信。
2. 没有防卫，公共报道能接近许多有意避开销售人员或广告的顾客。
3. 新奇，公共报道利用新、特、奇的手法宣传时尚服饰企业的产品或服务。

在使用公共关系报道时往往配合使用其他促销方式效果更好。

#### （二）时尚服饰企业公共关系的内容

公共关系的主要任务是沟通和协调时尚服饰企业与社会公众之间的关系，以争取公众的理解、认可与合作，实现扩大销售，这一任务决定了其工作的主要内容是正确处理企业与公关对象的关系。它的主要内容包括以下几种。

1. 正确处理时尚服饰企业与消费者的关系

消费者是时尚服饰企业的最终服务对象，对任何企业都是最重要的评判者。消费者对企业的印象和评价，决定着企业能否保持和扩大市场占有率，决定着企业的生存和发展。因此，公共关系工作要树立以用户为中心的思想，积极主动地争取顾客，处理好双方的关系。其具体内容是以下三种。

（1）做好消费者的需求调查，加强与消费者的沟通。企业的营销目的是满足消费者需求，因此，应主动地研究消费者，收集消费者信息，切实地把握需求动向，同时要积极向消费者传播企业的信息，包括企业的宗旨、历史、企业产品的品质、功效等信息，企业的经营特色及人员素质等方面的信息，与消费者保持沟通。

（2）在销售服务中推进公共关系。产品销售被称为"第一次竞争"，而售后服务被称为"第二次竞争"。企业应重视销售服务，包括售前服务、售中服务和售后服务。例如一家家纺企业就应该从产品设计、生产、销售等环节严格把关，并努力为顾客提供优质服务。长此以往，就能树立起企业良好的形象，赢得顾客的信任。

（3）协助企业解决与处理同消费者的矛盾。时尚服饰企业公关人员无论遇到消费者的何种投诉，都应认真对待和处理。重视消费者投诉，保护消费者权益，虚心接受批评，妥善处理各种纠纷，消除企业与消费者间的误会和摩擦，增进相互了解，建立持久的合作关系。

2. 正确处理时尚服饰企业与相关企业的关系

现代企业市场营销，无时无刻不与相关企业发生联系。这些相关企业一般可分为两大类，一类是与本企业生产同类产品的竞争企业，一类是与企业有业务往来的协作单位。

企业在处理与竞争企业的关系时，公关工作要树立公平竞争的思想，正确处理竞争过程中的各种经济纠纷和冲突，不能采取价格竞争、诽谤、贿赂等不正当竞争手段，以免损害自身形象和信誉，造成两败俱伤。在处理与协作单位的关系时，应当加强与原料供应商、中间商等其他协作单位的联系，互通信息，相互协商和体谅，合理分利，共同发展。

**（三）时尚服饰企业公共关系的对象**

公共关系工作的对象是公众。所谓公众是指企业经营管理活动发生直接或间接联系的社会组织和个人，主要包括顾客、供应厂商、新闻媒体单位、社区、上级主管部门和企业内部职工等。企业通过与顾客的公共关系，能够不断吸引现有的和潜在的顾客。企业通过与报纸、杂志、电台、电视台等新闻机构的公共关系，一方面可以争取舆论对企业营销政策的支持，另一方面可以利用新闻媒介扩大企业的影响。而企业通过与银行、物资、商业、劳动人事部门等协作单位的公共关系的处理，则可保证企业经营活动的正常进行。与上级主管部门的公共关系能争取给予企业经济的和政策的倾斜。而通过与企业内部职工的公共关系处理，能创造和谐的人际关系环境，激发职工的积极性、主动性和创造性。

**（四）时尚服饰企业公共关系的主要方式**

公共关系在时尚服饰企业促销活动中占有重要的地位。对于企业内部而言，公共关系部门负责协调决策者、各职能部门、职工之间的相互关系；对于企业外部而言，公共关系部门负责协调企业与公众之间的关系。一般来说，企业在进行公共关系活动时主要采取以下几种方式。

1. 密切与新闻界的关系

它是指运用正式的形式，即运用报纸、杂志、广播、电视等广告媒介和新闻报道等形式，向社会各界传播企业有关信息。

2. 进行产品的宣传报道

它是指对产品功能、特性、价格、质量等的宣传。

3. 协调立法机关与政府官员

它主要指为自己企业的发展创造一个有利的法律政策环境。

4. 咨询活动

它主要包括对公共事件的调查等。通过开展各种咨询业务、制定调查问卷等形式，形成良好的信息网络，分析研究获取的信息，为经营决策者提供依据。

5. 公司信息的传播

它主要包括服务性公关，如提供消费指导、维修等服务以获得公众的了解；交际性公关，如宴会、招待会、座谈会、安排特别活动等形式；社会性公关，如体育、文化赞助等形式。通过这种内外信息的传播的形式促使公众对本企业的了解。

### （五）公共关系的实施步骤

公共关系活动的基本程序包括以下步骤。

1. 公共关系调查

公共关系的调查是开展公共关系工作的起点和基础。通过调研，企业一方面可以了解与实施的政策有关的公众意见和反映，反馈给管理高层，以提高企业决策的正确性；另一方面可以将企业的决策传递给公众，使之加强对本企业的了解。

2. 确定公共关系的目标

一般来说，企业公共关系的目标是促使公众了解企业，改变公众对企业的认识，最终目的是通过传播信息，唤起消费者的需求与购买行为。

3. 编制公共关系计划

公共关系是一项长期的工作，必须有一个长期的连续性计划。公共关系计划必须依据一定的原则，来确定公共关系的目标、工作方案、具体的公关项目、公关策略等。

4. 公共关系计划的执行与实施

在公共关系的实施过程中，需要依据公共关系的目标、对象、内容、企业自身条件、不同的发展阶段等来选择适当的公共关系媒介和公共关系的方式。

5. 公共关系的效果评价

公共关系评价的指标通常有三种：一是曝光频率，即计算出现在媒体上的次数；二是反响，分析由公共关系活动引起公众对产品的知名度、理解、态度前后的变化；三是可以通过公共前后的销售额和利润的比较来评估。

**练一练**：请找一家时尚服饰企业，分析一下该企业运用了哪些促销策略。

**任务小结**：完成本任务后，请参加并观察时尚服饰企业促销活动，认识促销活动对企业营销的重要性。

## 项目九　小结

根据时尚服饰市场营销职业分析，本项目是时尚服饰市场营销的第九个项目，共分为两个任务：时尚服饰促销的认识和时尚服饰促销方式的分析与运用。

本项目的学习目标是学生能够灵活运用时尚服饰产品推广，实施时尚服饰广告运用和实施时尚服饰营业推广。

**同步阅读：**

2020年的春天注定与以往都不一样。突如其来的疫情对各行各业造成了严重冲击，对于广东传统的服装商贸产业尤甚。然而疫情期间"直播带货"以前所未有的力度与服装产业深度融合，为广州传统的服装商贸产业转型升级展示了一条新路。

广州东部的新塘服装商贸城是全国知名的牛仔服装批发市场，本次疫情期间这里是广东最早复市的服装批发市场之一。疫情期间这里很多传统的档口和电商都转型为"直播带货"直播间。

工作人员说："尝试直播以来我们都忙不过来，真没想到会有这么多单。"在广州东部的新塘服装商贸城2幢男装部以品牌男装批发档口，店长小敏正在给每一件准备发出的牛仔外套加注收货人地址信息。现在他们每天发货少则五六百件，多则 1000 多件，比平时旺季还好。

很多商销是疫情期间转型做直播的，疫情期间"直播带货"异常火爆。新塘服装商贸城就是小敏的大本营，他们每收到一个单，就过来拿一件货，家里一件货也不积压。小敏甚至直接把发货地址给批发档口代发也可以。

专营女装的档主梁小姐介绍说，他们有自己的工厂，目前还没有做直播，但下游的电商中有数百家转型做了直播。她认为电商"直播带货"为新塘服装产业聚集地带来了新气象。

以新塘服装商贸城为龙头，新塘地区强大的服装生产配套物流能力及附近九条淘宝村数万电商从业人员为支撑，"直播带货"让新塘服装商贸焕发了活力。如果说广州正在打造"直播之都"，新塘服装产业俨然已成广州服装商贸产业的"直播高地"。其中，最具标志性事件是，不久前刚结束的 2020 广东服装周，原本广东新塘服装商贸城不过是时装周的一个电商分会场，由于疫情原因，"直播电商"走向舞台中央，新塘服装商贸城成为时装周主会场。

**思考与练习：**广州东部的新塘服装商贸城是如何成为 2020 广东服装周的主会场的？

**同步实训：**

**实训一**

以某一品牌时尚服饰公司为对象，以某个节日为背景，为该公司策划一次大型促销活动，要求可操作性强，有一定的创新。

要求：

1. 制作策划 ppt 宣讲并集体投票出最佳策划方案。
2. 每个学生参与策划案的制作，并标出每部分是谁执笔。

**同步测试：**

**一、关键概念**

促销策略　人员推销　广告　营业推广　公共关系

**二、单项选择题**

1. 制造商推销价格昂贵、技术复杂的机器设备时，适于采取（　　）方式。

　　A. 人员推销　　　　　　　　B. 广告宣传
　　C. 营业推广　　　　　　　　D. 公共关系

2. 以下不属于网络广告优点的是（　　）。

　　A. 传播范围广，速度快　　　B. 广告费用低廉
　　C. 广告受众明确　　　　　　D. 形式多种多样

3. 下列不属于面向中间商的营业推广方式的是（　　）。

　　A. 批发回扣　　　　　　　　B. 优惠券
　　C. 销售竞赛　　　　　　　　D. 业务会议

4. 某时尚服饰企业与某模特公司联系，让模特们在某商场进行时装表演，以扩大企业产品的销售，这种方式是（　　）

　　A. 广告　　　　　　　　　　B. 销售促进
　　C. 人员推销　　　　　　　　D. 公共关系

时尚服饰营销

5. 当产品处于其生命周期的引入期，促销策略注重（　　）
   A. 认识了解商品，提高知名度　　B. 促成信任购买
   C. 增进信任与偏爱　　　　　　　D. 满足需求的多样性

### 三、思考题
1. 时尚服饰企业如何制定广告决策？
2. 调查一家时尚服饰企业，了解其促销的主要手段，并分析促销前后时尚服饰销售量的变化情况。

**与本项目相关的视频请扫二维码**

# 项目十

# 时尚服饰市场营销新发展

**能力目标**

通过完成本项目,你能够:

1. 认识网络营销的定义、特点和职能
2. 理解几种常见的网络营销方法
3. 理解现代企业如何把握信息时代的特征并充分发挥网络营销的优势

**核心能力**

了解时尚服饰市场营销发展新趋势

**具体任务**

任务1　网络营销

任务2　新媒体营销

任务3　大数据营销

【引导案例】

根据贝恩报告,2020年,中国内地奢侈品消费占全球的市场份额几乎翻了一倍。毫不夸张地说,中国风景独好,中国电商正一步步拯救全球奢侈品。阿里、京东除了共同都投资全球时尚购物平台(Farfetch)以外,也在积极引进奢侈品牌的入驻,推动奢侈品在自己平台进行首发等。这个行业一向对电商保持警惕,早在2018年,古驰(Gucci)的CEO还对京东和阿里进行无差别吐槽,认为中国电商平台假货泛滥,他们不愿意进行深度合作。

但在疫情的冲击下,这些过去高冷的奢侈品行业也撑不住了。先是线下门店关闭,再到整个全球市场的萎缩,贝恩咨询发布的报告《2020年中国奢侈品市场:势不可挡》显示,2020年全球奢侈品销售额减少23%。与此同时,中国境内奢侈品消费却逆势上扬48%,全球线上份额也从12%增加到23%。买路易威登(LV)、古驰(Gucci)包包的消费者,5人中就会有1人在网上完成交易,这背后体现的正是奢侈电商在2020年独一无二的大爆发。12月28日,奢侈品电商平台寺库(Seco)发布了第三季度财报,在2020年行将结束之际,这份财报或许可以成为观察这个行业的一个切口。

根据贝恩咨询的报告,2020年,中国内地奢侈品消费占全球的市场份额几乎翻了一倍,从2019年的约11%上涨到了2020年的20%。

众多奢侈品集团的财报数据也佐证了这一点：意大利奢侈品集团盟可睐（Moncler）首次出现全球亏损，只有中国市场保持双位数增长，卡地亚（Cartier）母公司历峰集团第二季度全球业绩萎缩，仅中国逆势上涨49%；蒂芙尼（Tiffany）则在中国市场5月同比增长90%。

2020年1月到10月，天猫奢侈品销售额同比增长120%，全年增速预计在130%到140%。双11期间，天猫平台上，首次参与奢侈品交易的巴黎世家（Balenciaga）开售仅十分钟成交额就超过618全天。而在京东，2020年11月11日前10分钟，奢侈品成交额同比增长超500%，前30分钟超130个奢侈品品牌成交额同比增长100%。

## 任务1　网络营销

**任务提示**：本任务将引领你了解时尚服饰营销网络营销的定义、特点和主要使用的工具。

**任务先行**：什么是时尚服饰网络营销？它有什么特点？主要使用什么工具？解决这些问题请往下学习。

在网络信息时代，网络技术的应用改变了信息的分配和接收方式，改变了人们的生活、工作和学习、合作与交流的环境。企业如何在潜力巨大的市场上开展网络营销，占领新兴市场，对企业既是机遇又是挑战。利用网络这一科技制高点为消费者提供各种类型的服务，是取得未来竞争优势的重要途径。

### 一、时尚服饰网络营销的定义

时尚服饰网络营销是随着互联网的产生与发展而逐渐形成的新的时尚服饰营销方式。它是在传统营销基础上整合形成的新的营销形式。它既不是传统市场营销的简单延续，也不是简单的营销网络化。时尚服饰网络营销是时尚服饰企业整体营销策略的一个重要组成部分，网络营销活动不可能脱离传统营销环境而独立存在，网络营销是传统营销在互联网环境中的应用与创新。

从广义的角度分析，时尚服饰网络营销就是时尚服饰企业以互联网为基础，利用数字化的信息和网络媒体的交互性来辅助营销目标实现的一种新型的市场营销方式。时尚服饰网络营销是以企业实际经营为前提，以网络营销应用为基础，系统研究网络营销的理论和方法，提高网络营销的实用性，让互联网在企业经营中真正发挥应有的作用。时尚服饰网络营销是企业整体营销战略的一个组成部分，是为实现企业总体经营目标所进行的，以互联网为基本手段营造网上经营环境的各种活动。

【小案例】

如今，越来越多的在校大学生热衷于网购时尚服饰，通过天猫、淘宝、京东商城以及QQ网购等平台，选购感兴趣的时尚服饰商品，以支付宝等信用担保中介进行支付结算，借助社会日益发达的快递物流配送体系，方便快捷地获得自己喜欢的时尚服饰商品，从而使大学校园成了物流快递包裹的重要目的地。同时，越来越多的在校大学生通过淘宝或天猫等平台开展国内时尚服饰网上零售创业实践，通过阿里巴巴的速卖通等平台开展跨境电商，一股网上创业潮正在兴起。

对时尚服饰网络营销的正确理解需要注意以下的问题。一是避免对网络营销的极端认识，既不能视网络为不成熟的新媒体，采用观望态度；也不能单纯地认为互联网很神奇，能作出与传统营销完全不一样的东西。二是要避免将网络营销与传统营销对立起来的认识。三是要避免将网络营销与网上销售视为等同。四是要避免将网络营销与电子商务等同起来的认识。

## 二、时尚服饰网络营销的内容体系

互联网上进行营销活动的基本营销目的和营销工具是一致的，只不过在实施和操作过程中与传统方式有着很大区别。时尚服饰网络营销作为一个活动过程，有其研究对象和管理过程。时尚服饰网络营销的主要内容包括以下几种。

### （一）网上市场调查

要利用互联网的交互式的信息沟通渠道来实施时尚服饰调查活动。可以直接在网上通过问卷进行调查，还可以通过网络来收集市场调查中需要的一些二手资料。利用网上调查工具，可以提高调查效率。因此，在利用互联网进行市场调查时，重点是如何有效地利用工具和手段实施调查和收集整理资料，并分析出有用的信息。获取信息不再是难事，关键是如何在信息海洋中获取想要的。

### （二）网上消费者行为分析

网络用户作为一个特殊群体，有着与传统市场截然不同的特征。因此，要开展有效的时尚服饰网络营销活动必须深入了解网上用户群体的需求特征、购买动机和购买行为模式。互联网作为信息沟通工具，正吸引着许多兴趣爱好趋同的群体聚集交流，并且形成了一个特征鲜明的网上虚拟社区，了解这些虚拟社区的群体特征和偏好是网上消费者行为分析的关键。

### （三）网上产品和服务策略

网络作为有效的信息沟通渠道，可以成为一些无形产品如软件和远程服务的载体，改变了传统产品的营销策略，特别是渠道的选择。网上时尚服饰产品的营销，必须结合网络特点重新考虑产品的设计、开发、包装和品牌定位，传统市场上的优势品牌在网上市场并不一定是优势品牌。同时，企业在制定时尚服饰网络营销策略时，还应该考虑到时尚服饰产品周期对网络营销策略制定的影响。

### （四）网上价格营销策略

网络作为信息交流和传播的工具，从诞生开始即实行自由、平等和信息免费的策略，因此，网上市场的价格策略大多采取免费或者低价策略。制定时尚服饰网上价格营销策略时，必须考虑到互联网对时尚服饰企业定价的影响。

### （五）网上渠道选择与直销

互联网对时尚服饰企业营销影响最大的是对其营销渠道的影响。如戴尔（Dell）公司借助网络的直接特性建立的网上直销模式获得巨大成功，改变了传统渠道中的多层次选择、管理与控制问题，最大限度地降低了渠道中的营销费用。但企业建设自己的网上直销渠道必须进行一定投入，同时还要改变传统的经营管理模式。

### （六）网上促销与网络广告

互联网作为一种双向沟通渠道，最大优势是可以使沟通双方突破时空限制直接进行交流，而且简单、高效、费用低廉。因此，时尚服饰企业在网上开展促销活动是最有效的沟通渠道，但开展网上促销活动必须遵循网上的信息交流与沟通规则，特别是遵守一些虚拟社区的礼仪。

### （七）网络营销管理与控制

网络营销作为在互联网上开展的营销活动，必将面临许多传统营销活动无法碰到的新问题，如网络产品质量保证问题、消费者隐私保护问题，以及信息安全与保护问题等。

## 三、时尚服饰网络营销的特点

市场营销中最重要也最本质的是企业和个人之间进行信息传播和交换，如果没有信息交换，交易也是无本之源。时尚服饰网络营销具有许多传统营销根本不具备的独特鲜明的特点。

### （一）跨时空

在此之前，任何一种营销理念和营销方式，都是在一定的范围内去寻找客户。而网络营销，是一种无国界的、开放的、全球的范围内去寻找目标客户。互联网的开放性，决定了网络营销的跨国性，决定了网络营销市场的全球性。由于互联网具有超越时间约束的时间和更大的空间进行营销，可以24小时随时随地提供交易成为可能，时尚服饰企业能有更多的时间和更大的空间进行营销，可以24小时随时随地提供全球性营销服务。

### （二）多媒体

在互联网平台上可以传输多种媒体信息，如文字、图像、声音、视频等，使得为达成交易进行的信息交换以多种形式存在，可以充分发挥时尚服饰营销人员的创造性和能动性。

### （三）交互式

互联网通过展示商品目录、商品信息资料库提供有关商品信息的查询，时尚服饰企业可以实现与客户之间的双向沟通，可以收集市场情报，进行产品测试与消费者满意度调查等活动。

### （四）个性化

互联网上的促销是一对一的、理性的、消费者主导性的、自愿的、循序渐进式的，而且是一种低成本与人性化的促销，避免了推销员强势推销的干扰，并通过信息提供和交互式交谈与消费者建立长期良好的关系，营销从"推动"向"拉动"转变。

### （五）整合性

互联网上的营销贯串全程，可由商品信息至收款、售后服务一气呵成。因此，也是一种全程的营销渠道。一方面，时尚服饰企业可以借助互联网将不同的传播营销活动进行统一设计规划和协调实施，以统一的传播咨询向消费者传达信息，避免不同传播的不一致产生的消极影响。另一方面，客户也可以主动便捷地获取信息，如下载专区、客户论坛等，这类对多种资源进行整合的多样性、包容性、变动性和增值性具有丰富的理论内涵。

### （六）高效性和经济性

互联网可储存大量的信息供客户查询，可传送的信息数量与精确度远超过报纸、广播、电视等其他媒体，并能适应市场需求，及时更新产品或调整价格。因此，能及时有效地了解并满足顾客的需求。时尚服饰企业通过互联网进行信息交换来代替以前的实物交换，一方面可以减少印刷与邮递成本，可以无店面销售，免交租金，节约水电与人工成本；另一方面可以减少由于中间环节多而带来的成本损耗。

## 四、时尚服饰网络营销的发展

### （一）网络营销产生的基础

网络营销的产生是由科技激发消费者价值观变革、商业竞争等综合因素促成的。它的产生有其技术基础、观念基础和现实基础。

**时尚服饰营销**

1. 互联网的发展是网络营销产生的技术基础

现代计算机技术、网络技术和通信技术的应用和发展是网络营销产生的技术基础。互联网是一种集通信技术、信息技术、计算机技术为一体的网络系统,它将入网的不同类型网络和不同类型的计算机互联在一起,构成一个整体,从而实现网上资源的共享和网络信息的共享。

2. 消费者消费观念的变化是网络营销产生的观念基础

消费者主导的营销时代已经来临,当今企业正面临着前所未有的激烈竞争,这一变化使得当代消费者心理与以往相比呈现出种新的特点和趋势。消费者消费观念的变化主要体现在这几个方面。

(1) 个性消费回归。随着市场经济的发展,如今的产品不论是在数量上还是在品种上都已经做到极为丰富了。消费者能够以个人的心理愿望为基础挑选和购买商品或服务。消费者不仅能够自主选择,而且还有自己的准则,向商家不断提出挑战。

(2) 消费者的主动性增强。随着商品多样化,消费者购买的风险随着商品购买选择的增多而上升。为了追求心理平衡,减轻购买后的后悔感,消费者喜欢自主选购,尽管其标准可能不够科学和专业,但是消费者可以从中获得安稳和平衡。

(3) 对购买方便性的需求与购买乐趣的并存。部分消费者由于工作压力大,长期处在高度紧张的状态下。所以他们形成了相对固定的需求和品牌选择,为了节省时间而又满足基本生活需求。另外有些消费者可供支配的时间较多,尤其是自由职业者和家庭主妇们,他们希望通过购物来消遣时间,寻找生活的乐趣,保持与社会的联系,减少心理的孤独感。

(4) 价格仍然是影响消费者心理的重要因素。虽然营销工作人员倾向以各种差别化来削弱消费者对于价格的敏感度,但价格始终对消费者的心理有重要影响。即使是在当代发达的营销技术面前,价格作用仍然不能忽视,只要价格降幅超过消费者的心理界限,消费者也难免会怦然心动,改变既定的购物原则。

3. 商业竞争的日益激烈化是网络营销的现实基础

各时尚服饰企业为了在日趋激烈的网络竞争中占据优势位置,都想方设法地吸引顾客。

然而短时间内都能吸引顾客,也不一定就意味着竞争是能够取得可持续性发展的优势。时尚服饰企业通过开展网络营销既可节约昂贵的店面租金,可以介绍库存商品的资金占用,可以使得经营规模不受场地限制,可以采集客户的信息等。这些都使时尚服饰企业经营的成本费用降低,运作周期变短,从根本上增强企业的竞争优势,增强企业的利润。

**【相关链接】**

随着中国电子商务的快速发展,一方面大规模的订单量对快递企业的营运能力提出了更大的挑战,另一方面电子商务对快递企业的需求又不完全等同于传统的快通业务,例如代收货款等都是电子商务产生的新需求。而由于缺乏相应的运营经验,以及自身能力的制约,快递公司在这些服务上的欠缺逐渐成为阻碍电子商务发展的短板。

## （二）网络营销的产生与发展

网络营销是伴随互联网进入商业应用和信息技术的发展逐渐诞生与发展的。尤其是万维网、电子邮件、搜索引擎等得到广泛应用之后，网络营销的价值才越来越明显。电子邮件虽然早在1971年就已经诞生，但在互联网普及应用之前，并没有被应用于营销领域。

1994年，美国著名的《连线》杂志推出世界上最早的网络广告。在网络版主页上开始有客户的横幅广告，这标志着网络营销的诞生。同年，基于互联网的著名搜索引擎雅虎等也相继出现。1995年7月，全球最大的网上商店亚马逊成立。1994年，这是网络营销发展的重要一年。此后，随着企业网站数量和上网人数的日益增加，各种网络营销方法也开始陆续出现，网络营销进入了快速发展时期。

【相关链接】

**移动互联网时代带来的商务旅行新体验**

在移动互联网时代，进行商务旅行或者出差的人士可以通过智能手机非常方便地购买到机票，完成酒店客房预订等行程服务。比如乘客可以通过南方航空公司的手机客户端，进行航班选择、手机支付和在线订座等服务；他们还可以从网上直接打印登机牌，也可以通过手机微信公众号完成上述流程，然后在航班起飞前30分钟凭有效证件轻松方便地直接登机，从而免去到航空公司服务台（或自动值机设备）办理业务的麻烦，提高出行效率。此外人们还可以通过携程网的手机客户端访问酒店网站或微信公众号，完成客房预订等业务。

## （三）我国网络营销的发展历程

相对于互联网发达国家，我国的网络营销起步相对较晚，到目前为止，我国的网络营销大致可以分为三个发展阶段：播种期、萌芽期和应用发展期。

1. 播种期（1997年之前）

1994年4月20日，我国国际互联网正式开通，网络营销是随着互联网的应用而逐渐开始为企业所采用的。在1997年之前，我国的网络营销并没有清晰的网络营销概念和方法，也很少有企业将网络营销作为主要的营销段。

2. 萌芽期（1997—2001年）

1997年是我国网络营销的诞生年，部分事件标志着我国网络营销进入萌芽阶段。

（1）互联网营销和网络广告产生于1997年2月，比特网（ChinaByte）开通免费新闻邮件服务。

（2）电子商务网站推动了网络营销的发展。1995年4月，中国黄页（www.chinapages.com）开通，我国最早的供求信息发布平台出现。

（3）企业网站建设开始接地气。

（4）市场上出现了许多中文搜索引擎。

（5）互联网泡沫破裂刺激网络营销的应用。

3. 应用发展期（2001年之后）

进入2001年之后，网络营销已不再是空洞的概念，而是进入了实质性的应用和稳步发展阶段，其特征主要表现在六个方面。

（1）网络营销服务市场的初步形成。
（2）网站建设已成为企业网络营销的基础。
（3）网络广告形式和应用不断发展。
（4）互联网策略在困境中期待曙光。
（5）搜索引擎策略向深层次发展。
（6）网上销售环境日趋完善。

## 五、网络营销使用的主要工具

### （一）网络营销工具的含义

网络营销工具是企业或个人为实现营销目标而是用的各种网络技术、方法和手段，包括基于搜索引擎工具、邮件群发工具、网站视频在线客服工具，同时也包括微博、微信工具等。网络营销工具具有以下含义。

1.这种工具是企业以及个人为了实现营销目标而使用的，而不是所有的网络工具。这些工具都能最大限度地满足顾客需求、开拓市场、增加盈利能力、实现企业市场目标，其他诸如杀毒工具、浏览工具等，由于与营销活动没有紧密的关系，所以不是网络营销的工具。

2.这种工具的表现形式是软件技术或网络服务，而不是硬件形式。例如，网站是网络营销工具，而电脑或者服务器则不是。

3.这种工具在互联网上才能使用。例如，客户关系数据库，信息统计软件等虽然不是很重要的营销工具，且与信息技术紧密相连，但其可以脱离互联网而独立运行，所以都不属于网络营销工具。

此外，移动营销技术虽然不一定在互联网上使用，但由于其利用了现代通信技术，也是高技术含量的现代营销工具，在实际应用过程中往往和互联网结合起来，是新型有效并且得到广泛使用的营销工具。

在现阶段的网络营销活动中，常用的网络营销工具包括企业网站、搜索引擎、电子邮件、网络实名通用网址、即时通信、浏览器工具条等客户端专用软件、电子书、博客等。借助这些手段，才可以实现营销信息的发布、传递，与用户之间的交互，为实现销售营销创造有利环境。

### （二）网络营销工具的类型

1.企业网站营销

在所有的网络营销工具中，企业网站是最基本的、最重要的一个。没有企业网站，许多网络营销方法将无用武之地。为了能反映企业网站与网络营销的直接关系，这里按照企业网站的功能,将企业网站分为两种基本类型:信息发布型和网上销售型。采取哪种形式取决于企业的经营战略、产品特性、财务预算以及策划者对于企业网站的理解等因素。因此,并不是所有的网站都采用在线销售的模式。

网站建设为网络营销的各种职能实现打下基础,从企业网站与其他网络营销方法的关系看,网站的功能决定着哪些营销方法可以被采用而哪些不能,一些重要的网络营销方法如搜索引擎、邮件列表营销、网络会员制营销等才具备了基本条件。从网络营销信息来源和传递渠道来看,企业网站内容是网络营销信息源的基础。

2. 搜索引擎营销

搜索引擎的基本功能是为用户查询信息提供方便。它是常用的互联网服务之一,具体是指根据一定的策略,运用特定的计算机程序从互联网上搜集信息,在对信息进行组织和处理后,为用户提供检索服务,将用户检索的相关信息展示给用户的系统。搜索引擎按其工作方式可以分为三种,分别是全文搜索引擎(Full text search engine)、目录搜索引擎(Directory index engine)和元搜索引擎(Meta search engine)。

3. 电子邮件营销

电子邮件作为有效的网络营销信息传递工具,与企业的经营活动密不可分。电子邮件营销是网络营销手法中最古老的一种,比绝大部分网站推广和网络营销手法都要早。电子邮件营销,是在用户事先许可的前提下,通过电子邮件的方式向目标客户传递价值信息的一种网络营销手段。电子邮件营销有三个基本因素:用户许可、电子邮件传递信息和信息对用户有价值。三个因素缺少一个,都不能称之为有效的电子邮件营销。电子邮件营销是利用电子邮件与受众客户进行商业交流的一种直销方式,广泛地应用于网络营销领域。

【小案例】

### 优衣库电子邮件营销案例

优衣库是世界服装零售业名列前茅的跨国服装厂商,在全球拥有众多的连锁门店。2002年,优衣库进驻中国,目前已成为中国年轻消费者青睐的休闲品牌。

随着国内网民规模的急剧扩大,网络购物正逐步成为年轻一代的购物主流。为了加强对国内二、三线城市的覆盖,2009年4月,优衣库淘宝旗舰店正式上线。销售额节节攀升,短短半年,优衣库迅速成为服装企业网络销售的领头羊。优衣库不仅在网站建设方面下功夫,更是采用了高效的网络营销方式——电子邮件营销。

优衣库结合实际制定了一系列电子邮件推广的营销方案,将电子邮件推广确定为企业重要的营销渠道。通过发送电子邮件邀请函,将对优衣库感兴趣的淘宝会员转化为优衣库的活跃用户。定期向新老会员发送电邮杂志,开展电子邮件营销,定期向客户推荐新产品,提高了客户的品牌忠诚度,通过半年的电子邮件运营,优衣库的活跃用户增长了近70%,电子邮件营销渠道产生了约20%的销售额。

精准的电子邮件推广正成为优衣库开展产品网络推广和客户维护服务的利器。

4. 博客营销

博客也称为网志或者网络日志。当博客以名词形式出现时,通常指在网络上发表博客文章的人或文章内容;当作为动词时,则指写博客文章。现在博客不仅被用于发表个人的网络日志,也成为企业发布信息的工具。因而,博客营销成为一种新型的网络营销工具。

5. 其他网络营销工具

（1）软件（网站）捆绑营销。软件（网站）捆绑营销与友情链接相似，推广已经占有一定市场份额的常用工具等实用软件进行宣传营销。

（2）即时通讯营销。即时通迅营销又叫 IM 营销，是企业通过即时通信工具 IM 帮助企业推广产品和品牌的一种手段，主要有以下两种情况。

第一种，网络在线交流。中小企业建立了网点或者企业网站时一般会有即时通信在线，这样潜在的客户如果对产品或者服务感兴趣自然会主动和在线的商家联系。

第二种，广告。中小企业可以推广 IM 营销工具，发布一些产品信息、促销信息，或者可以通过图片发布一些网友喜闻乐见的表情，同时加上企业要宣传的标志。

# 任务 2　新媒体营销

**任务提示**：本任务将引领你了解时尚服饰新媒体营销的定义、优势及方式。

**任务先行**：什么是时尚服饰新媒体营销，它有什么优势，主要有几种方式？解决这些问题请往下学习。

伴随着网络营销的发展，以及 Web2.0 带来巨大革新的年代，营销思维也带来巨大改变。例如，营销的体验性（Experience）、沟通性（Comunicate）、差异性（Variation）、创造性（Creatity）、关联性（Relation）等特征。互联网进入新媒体传播 2.0 时代后出现的网络杂志、博客、微博、微信、TAG、SNS、RSS.、WIKI 等新兴媒体，与之同时，也伴随了新媒体营销等模式的出现。

## 一、新媒体营销的定义

传统营销模式（广告以及公关）追求的是所谓的"覆盖量"（或者叫到达率），在报纸杂志上就是发行量，在电视广播上就是收视（听）率，在网站上便是访问量。创作者将广告或者公关文章加载到覆盖量高的媒体上，便可以收获较多的注意。这个模式称之为登高一呼式的传播模型。这种传播方式本质上属于宣传模式，基本上传播路径是单向的。但缺点也很明显，这种传播方式很难探测受众看到广告后有何反应。一方面，广告代理公司递交了厚厚的媒体覆盖量报告的数字以证明这个广告被很多人看到；另一方面，商业公司用短期内的销量是否提升来决定这个广告是否达到了目的。但是，一场营销行为和短期销量之间究竟有何关系，至今并没有答案。

新媒体营销是指利用新媒体平台进行营销的模式，它是将宣传模式向参与度改变。新媒体营销借助于新媒体中的受众广泛且深入的信息发布，达到让他们卷入具体的营销活动中。比如说，利用博客所完成的话题讨论：请博客作者们就某一个话题展开讨论，从而扩大商业公司想要推广的主题或品牌的影响范围。

总体来说，新媒体营销是基于特定产品的概念诉求与问题分析，对消费者进行针对性心理引导的一种营销模式。从本质上来说，它是企业软性渗透的商业策略在新媒体形式上的实现。通常借助媒体表达与舆论传播使消费者认同某种概念、观点和分析思路，从而达到企业品牌宣传、产品销售的目的。

【小案例】

红牛"五环变四环"的微博营销

2014年2月8日，俄罗斯索契冬奥会开幕式出现了戏剧性的一幕，奥运五环中有一环没有打开，"五环"变成了"四环"。以"能量"诉求而深入人心的红牛抓住了这个机会，在微博中为自己尽情营销了一把。红牛借势在微博中排出"五环变四环，打开的是能量，未打开的是潜能"的互动话题，并联络众多微博大V参与话题讨论。此次互动活动的用户参与数量当天就过千，总覆盖用户919万人次，正面评论95%以上，而且众多微博大V的参与为其进行了二次传播。微博集合帖覆盖粉丝约为595万。

新媒体营销的渠道，或称新媒体营销的平台，主要包括但不限于门户、搜索引擎、微博、微信、SNS、RSS、WIKI、手机、移动设备、APP等。新媒体营销并不是单一地通过上面的渠道中的一种进行营销，而是需要多种渠道整合营销，甚至在营销资金充裕的情况下，可以与传统媒介营销相结合，形成全方位的立体式营销。

## 二、新媒体营销的优势

新媒体营销已经开始逐渐成为现代营销模式中最重要的部分。它们利用互联网、移动终端设备、智能手机、VR设备等一系列在高新科技承载下展现出来的媒体形态进行营销，被人们称为新媒体营销。

由于技术不断革新，在媒体领域里总有很多争论，每种媒体都争着说自己是最有效的广告媒介。移动互联网已经成为营销者的必争之地，依靠新媒体开展各类营销活动，正渐渐转变为营销者的创意舞台。新媒体营销的优势主要包括以下方面。

### （一）新媒体营销有效降低了营销成本

新媒体不仅使企业宣传品牌的方式多元化，而且更好地降低了营销的成本。比如过去很多企业以为花很多钱建一个官方网站，定期或不定期发布一下企业动态和产品信息，不停地新建网站和推广，但效果往往并不理想。而新媒体提供了更多免费的开放平台，并且资源共享。比如在豆瓣建立兴趣小组，在新浪微博建立官方微博，在百度百科建立品牌词，在腾讯QQ上建立粉丝群，在自己的官方网站上建立互动有奖商城。这些基本上都是免费的。

新媒体不仅提升低成本的平台，而且提供了低成本的传播。很多品牌的信息，在传统媒体时代，要花巨资去推广。而在新媒体时代，只要你的内容有创意，网民觉得有趣或有价值，就愿意帮你免费传播。

### （二）新媒体营销提升了广告的创意空间

新媒体发展使病毒营销、社区营销、数据库营销、反向沟通、互动体验、口碑传播、

### 时尚服饰营销

精准营销、焦点渗透和事件营销等各种新的广告形式和营销方法不断出现。在社会化营销中，创意就是我们的弹药，新媒体营销就会发挥出巨大的力量。创意可遇不可求，但是一旦拥有了创意，并通过用户的参与，其整个营销的效果就有极大的提升。

新媒体不断拓展新的营销传播方式和手段，通过新媒体这个载体，将更多创造性的元素融入整合营销传播当中，对于企业战略转型和整合营销的传播完善以及发展都具有关键意义。而创意经济自身蕴含着巨大的能量，创意元素称为当今企业和产品竞争中最为重要的一环。

1. 新媒体营销让消费者自主选择并有效互动

在新媒体之前，过去的营销方式是硬性推广，而新媒体营销则不同，新媒体使得与消费者沟通的互动性增强，有利于取得更有效的传播效果。企业要做的就是让目标用户参与，让品牌融入消费者的互动活动当中，融入口碑当中，形成另一种传播源，不断向下扩散，那么营销事半功倍。相反，如果让消费者置身事外，他们将永远无法体味个中滋味，更无法成为营销的"病毒载体"。

在网络时代，泛滥的信息让人们的决策成本空前提高，简单的信息告知传播，显然已经无法满足企业的营销期望。因此，让用户成为你营销计划中的一部分，变成营销的"病毒载体"，一并来完成企业的营销拼图，就成了每个企业都望穿秋水的期待。通过它，企业能够与受众实现更多的互动，也可以收集到更多的反馈信息。新媒体营销让消费者占据了主导的地位，在这个崇尚体验参与和个性化的时代，消费者的个性化需求更容易得到满足。

2. 新媒体营销能实现与用户的共创价值、共同分享

新媒体能引导用户创造产品并分享利润。

【小案例】

苹果公司的 App Store 就是个典型的例子。苹果公司允许用户上传自己编写的应用程序并由平台来统一进行销售和下载。每成功出售一次，作者便会得到一定比例的分成。于是，苹果公司和应用程序作者实现了让人难以想象的共赢。短短几年光景，App Store 中经过认证的应用程序就接近 20 万，总下载次数超过 15 亿次。其中，收费的应用程序平均价格约为 2.85 美元。正是凭借着 App store 中大量的应用程序和作者们自发的推广，苹果出售终端 iPhone 和 Touch 才赚得盆满钵满。

3. 让用户创造内容或产品。

企业提供销售平台，与用户共同分享利润。在保证了产品的多元化和创造力的同时，也拥有了大量忠实、可靠的宣传者。他们热情地希望旁人认可，更加希望能够把自己的作品向全世界公开。于是，能够展示其作品的平台或终端会备受他们的推崇。口口相传之下，企业成了最大的受惠者。因为每一个人都期望得到别人的认可。所以，没有比传播自己的内容还要有驱动力的方式了。新媒体能让用户在参与过程中将一成不变的产品信息打上自己的烙印，进而再次传递。这样的效果更进一步说明：企业在传递过程中，因为用户的参与而获利。并慷慨地与该参与的用户分享利润，那么这种共赢的模式将会进一步提高营销的效果。

### 三、新媒体营销的方式

网络杂志、微博营销和微信营销等都是新媒体营销的代表，而以他们为代表新媒体营销已经走出了商业化的步伐。他们所独具的营销模式，已经显露出来无限的商机。只是模式的不承受让其尚无法实现更快的飞跃。而在新媒体的不断挖掘和完善下，新媒体营销模式一旦成熟，必然能够在互联网商业大潮中形成和构建属于自己的一片商业和营销空间。

#### （一）网络杂志

网络杂志在经过多年的沉浮，无论是在技术上还是在表现形式上都趋于成熟。以 VIKA 网络杂志平台为例，在从 2005 年短短的一年时间里，他们所发行的百种网络杂志，凭借着精彩的内容、多媒体的表现形式、全新的阅读感受、准确及时的杂志派发，聚集了 700 多万的用户，并仍处于不断地增长之中。这样庞大的用户数量和人气指数自然不会为寻找商机的企业所忽视，网络杂志成了他们看中的新的营销渠道。他们将通过与网络杂志平台合作，将自身及客户品牌、形象、产品和服务等进行全方位的推广。而各个网络杂志平台也借此为各个企业提供了独具特色的营销推广服务，品牌企业专刊、杂志内页广告等是主要的形式。

由网络杂志平台专门为企业制作的杂志，依托杂志平台的用户量和人气，推广发行下载的形式进行企业的推广和宣传。如 VIKA 平台的《豹之舞》杂志，便是为高端汽车品牌捷豹量身定做的一本企业品牌专刊。刊名表现捷豹汽车灵动高贵的身姿，内容涵盖企业背景介绍、捷豹最新车型介绍、企业动态报道、时尚车迷生活方式等方面，寓企业产品咨询与时尚感性的笔触，结合多媒体手段，更加炫目迷人。对于企业专刊，像 VIKA 这样的平台都建立了专门的部门或小组，力求通过策划、编辑到发行一站式的精心制作，为企业提供最具效果的营销服务，即通过在热门杂志中加入企业广告的形式，实现广告信息在杂志用户中的传播。

除此之外，各个网络杂志平台仍然在不断对网络杂志进行挖掘，如 DIY 杂志、社区服务等，力求提供更多的营销服务，挖掘出网络杂志更大的营销价值。

#### （二）微博营销

微博营销是指通过微博平台为商家、个人等创造价值而执行的一种营销方式，也是指商家或个人通过微博平台发现并满足用户的各类需求的商业行为方式。微博营销以微博作为营销平台，每一个听众（粉丝）都是潜在的营销对象，企业利用更新自己的微博向网友传播企业信息、产品信息，树立良好的企业形象和产品形象。每天更新内容就可以跟大家交流互动，或者发布大家感兴趣的话题，这样来达到营销的目的，这样的方式就是互联网新推出的微博营销。

该营销方式注重价值的传递、内容的互动、系统的布局、准确的定位，微博的火热发展也使得其营销效果尤为显著。微博营销涉及的范围包括认证、有效粉丝、朋友、话题、名博、开放平台、整体运营等。自2012年12月后,新浪微博推出企业服务商平台,为企业在微博上进行营销提供了一定帮助。

### (三)微信营销

微信是腾讯公司与2011年1月21日推出的一个为智能终端提供即时通信服务的免费应用程序。微信支持跨通信运营商、跨操作系统平台通过网络快速发送免费(需消耗少量网络流量)语音短信、视频、图片和文字,同时也可以使用通过共享媒体内容和基于位置的社交插件"摇一摇""朋友圈""公众平台""语音记事本"等服务插件。

微信营销简单来说就是一种营销模式,主要是通过微信的方式来宣传自己的产品,进行营销活动。微信不存在距离的限制,用户注册微信之后,可与周围同样注册的"朋友"形成一种联系,订阅自己需要的信息,商家通过提供用户需要的信息,推广自己的产品,从而实现点对点营销。

微信营销主要体现在以安卓系统、苹果系统的手机或者平板电脑中的移动客户端进行的区域定位营销。商家通过微信公众平台,结合转介率微信会员管理系统展示商家微官网、微会员、微推送、微支付、微活动等内容。微信营销已经形成了一种主流的线上线下微信互动营销的方式。

伴随着互联网技术的深入发展,无线网络日渐覆盖千家万户。在今后的社会实践发展中,新媒体营销必将还会迎来新的模式、新的发展平台以及更广阔的发展空间。

【小案例】

#### "脸萌"微信营销

"脸萌"是一款拼脸APP,在推出之际一夜爆红,跃居下载量排行榜榜首,当时的朋友圈一度被脸萌头像"刷屏"。这款软件有多种发型、脸型、五官、衣服、背景、文字和气泡等素材,用户可以自由组合,制作专属于自己的卡通形象。"脸萌"之所以能在短时间内和刷屏朋友圈,主要在于两者在功能特点上的完美契合。首先,微信是目前使用人数最多的社交工具之一,而且其用户年龄段广泛。朋友圈的特点就在于轻松的表达方式,图片恰好满足了这一特点。其次,朋友圈和"脸萌"都满足了现在互联网用户喜欢的呆萌、简单、参与感及个性化的需求。朋友圈的理念其实非常简单,即利用图片引起视觉共鸣,而"脸萌"这种卡通图片形象契合了这一特点,而且它的制作过程又相当简单。再次,朋友圈"多对多"的传播方式加快了"脸萌"的传播速度。

## 任务3 大数据营销

**任务提示:** 本任务将引领你了解时尚服饰大数据营销的基本原理。

**任务先行:** 随着数字生活空间的普及,全球的信息总量正呈现爆炸式增长。基于这个趋势之上的,是大数据、云计算等新概念和新范式的广泛兴起。他们无疑正引领着新一轮的互联网风潮,在时尚服饰营销活动中,目前进行大数据营销是时尚服饰企业营销决策的重要内容。让我们先来认识大数据营销的一些基本原理吧。

## 一、大数据营销的定义

在市场竞争激烈的环境下,数据营销在企业中越来越被广泛应用。一个成功的商业行为,其前提是正确地搜集了合适地资料和信息。大数据营销是基于多平台的大量数据,依托大数据技术,应用于互联网广告行业地营销方式。大数据营销衍生与互联网行业,又作用于互联网行业。依托多平台的大数据采集,以及大数据技术的分析与预测能力,能够使广告更加精准有效,给品牌企业带来更高的投资回报率。随着数字生活空间的普及,全球的信息总量正呈现爆炸式增长。基于这个趋势之上的,是大数据、云计算等新概念和新方式的广泛兴起,它们无疑正引领着新一轮的互联网风潮。

大数据营销是指通过互联网采集大量的行为数据,首先帮助广告主找到目标受众,以此对广告投放的内容、时间、形式等进行预判和调配,并最终完成广告投放的营销过程。大数据营销是基于大数据分析的基础上,描绘、预测、分析、指引消费者行为,从而帮助企业制定有针对性地商业策略。大数据营销的核心在于让网络广告在合适的时间,通过合适地载体,以合适的方式投放给合适的人。

## 二、大数据营销的特点

### (一)多平台化数据采集

大数据的数据来源通常是多样化的,多平台化的数据采集能使对网民行为的刻画更加全面而准确。多平台包含互联网、移动互联网、广电网、智能电视,未来还有户外智能屏等。

### (二)强调时效性

在网络时代,网民的消费行为和购买方式极易在短时间内发生变化。在网民需求点最高时及时进行营销非常重要。曾经全球领先的大数据营销企业泰一传媒对此提出了时间营销策略。它可通过技术手段充分了解网民的需求,并及时响应每一个网民当前的需求,让他在决定购买的"黄金时间"内及时接收到商品广告。

### (三)个性化营销

在网络时代,广告主的营销理念已从"媒体导向"向"受众导向"转变。以往的营销活动须以媒体为导向,选择知名度高的、浏览量大的媒体进行投放。如今广告主完全以受众为导向进行广告营销,因为大数据技术可让他们知晓目标受众身处何方,关注着什么位置的什么屏幕。大数据技术可以做到当不同用户关注同一媒体的相同界面时,广告内容有所不同,大数据营销实现了对网民的个性化营销。

### （四）性价比高

和传统广告"一半的广告费被浪费掉"相比，大数据营销在最大程度上，让广告主的投放做到有的放矢，并可根据实时性的效果反馈，及时对投放策略进行调整。

### （五）关联性强

大数据营销的一个重要特点在于网民关注的广告与广告之间的关联性。由于大数据在采集过程中可快速得知目标受众关注的内容，以及可知晓网民身在何处，这些有价信息可让广告的投放过程产生前所未有的关联性，即网民所看到的上一条广告可与下一条广告进行深度互动。

## 三、大数据营销的发展契机

### （一）企业重点客户筛选

许多企业家纠结的是在企业的用户、好友与粉丝中，哪些是最有价值的用户？有了大数据，或许这一切都可以更加有事实支撑。从用户访问的各种网站可以判断其最近关心的东西是否与你的企业相关；从用户在社会化媒体上所发布的各类内容及与他人互动的内容中，可以找出千丝万缕的信息，利用某种规则关联并综合起来，就可以帮助企业筛选重点的目标用户。

### （二）改善用户体验

要改善用户体验，关键在于真正了解用户及他们使用产品的状况，做最适时的提醒。例如，在大数据时代或许你正在驾驶的汽车可救你一命。只要通过遍布全车的传感器收集车辆运行信息，在你的汽车关键部件发生问题之前，就会提前向你或4S店预警，这绝不仅仅是节省金钱，而且对保护生命大有裨益。事实上，美国的UPS快递公司早在2000年就利用这种基于大数据的预测性分析系统来检测全美60000辆车辆的实时车况，以便及时地进行防御性修理。

### （三）用户行为与特征分析

只有积累足够的用户数据，才能分析出用户的喜好与购买习惯，甚至做到"比用户更了解用户自己"。这一点，才是许多大数据营销的前提与出发点。大数据营销能够引导产品及营销活动投用户所好，甚至能够让厂商在产品生产之前了解潜在用户的主要特征，以及他们对产品的期待，有助于让产品生产即可投目标顾客所好。

### （四）精准营销信息推送支撑

精准营销总在被提及，但是真正做到的少之又少，反而是垃圾信息泛滥。究其原因，主要就是过去名义上的精准营销并不怎么精准,因为其缺少用户特征数据支撑及详细准确的分析。

### (五)市场预测与决策分析支持

对于数据对市场预测及决策分析的支持,过去早就在数据分析与数据挖掘盛行的年代被提出过。沃尔玛著名的"啤酒与尿布"案例即是那时的杰作。更全面、速度更及时的大数据,必然对市场预测及决策分析提供更好的支撑,而似是而非或错误的、过时的数据对决策者是灾难。基于大数据的分析与预测,对于发现新市场与新趋势,对于向企业家提供洞察新市场与把握经济新走向都是极大的支持。

### (六)社会化客户关系管理中的客户分级管理支持

面对日新月异的新媒体,许多企业通过对粉丝的公开内容和互动记录分析,将粉丝转化为潜在用户,激活社会化资产价值,并对潜在用户进行多个维度的画像。大数据可以分析活跃粉丝的互动内容,设定消费者画像的各种规则,关联潜在用户与会员数据,关联潜在用户与客服数据,筛选目标群体做精准营销,进而可以使传统客户关系管理结合社会化数据,丰富用户不同维度的标签,并可动态更新消费者生命周期数据,保持信息新鲜有效。

### (七)品牌危机监测及管理支持

新媒体时代,品牌危机使许多企业谈虎色变,然而大数据可以让企业提前有所洞悉。在危机爆发过程中,最需要的是跟踪危机传播趋势,识别重要参与人员,方便快速应对。大数据可以采集负面定义内容,及时启动危机跟踪和报警,按照人群社会属性分析,聚类事件过程中的观点,识别关键人物及传播路径,进而可以保护企业、产品的声誉,抓住源头和关键节点,快速有效地处理危机。

### (八)竞争对手监测与品牌传播

竞争对手在干什么是许多企业想了解的,对方一般不会告诉你,但你却可以通过大数据监测分析得知。品牌传播的有效性亦可通过大数据的分析找准方向。例如,可以进行传播趋势分析、内容特征分析、互动用户分析、正负情绪分析、口碑品类分析、产品属性分布等,可以通过监测掌握竞争对手传播态势,并可以参考行业标杆用户策划,根据用户声音策划内容,甚至可以评估微博矩阵运营效果等。

**练一练:** 收集时尚服饰市场营销新发展资料,并写出报告

**任务小结:** 完成本任务后,请参加并观察时尚服饰新媒体营销活动。

## 项目十 小结

根据时尚服饰市场营销职业分析,本项目是时尚服饰市场营销的第十个项目,共分

## 时尚服饰营销

为三个任务：网络营销、新媒体营销、大数据营销。

本项目围绕时尚服饰市场营销的新发展，体现了对一些重要理论知识的重组。

本项目的学习目标是：完成本项目后，学生能够理解网络营销方法、特点及市场营销新发展。

**同步阅读：**

深圳歌力思服饰股份有限公司是中国服装协会副会长单位，数字化提升是歌力思进一步提升发展的重要手段。

2020年9月15日，歌力思董事长夏国新与腾讯智慧零售商务总经理叶剑在深圳腾讯总部签署了《歌力思集团&腾讯战略合作框架协议书》，双方将开展全面深入的合作，以及共同推进品牌数字化运营的新阶段。

2020年，新冠肺炎疫情对国内外消费市场造成了巨大冲击，如何逆势而上无疑是各大品牌急需攻破的课题。与此同时，以直播、社群运营为代表的新型营销模式正在逐渐显现优势，数字化升级更是成为企业破局突围的重要一环。在此市场背景下，腾讯智慧零售以数字化架构方案为核心，与中国高端女装企业代表歌力思牵手合作，助力后者在智慧零售市场释放新活力，在精准触达消费者的同时构建起全新的有效连接，加快品牌数字化升级的步伐。

歌力思董事长夏国新在签约仪式中表示："数字化提升是歌力思进一步提升发展的重要手段，依靠传统零售的提升已经不够，我们要切换赛道，用科技赋能，让企业形成更大的竞争力。"

此番，双方将在流量层、导购层、数据层、组织层及产业赋能等各方面深度合作，借助腾讯的大数据营销平台和广告后台技术，构建品牌与用户的美好链接，从而实现精准营销、全域营销、数字营销。双方通过优势资源互补与融合，着力为歌力思将"智慧"融入服装行业，共同推进智慧零售与产业智慧升级的落地。

**思考与练习：** 歌力思为什么要牵手腾讯，开启智慧零售新阶段？

**同步实训：**

**实训一**

**一、实训目的**

结合之前项目所学内容，结合网络营销要求，通过实训让学生掌握网站推广策划的思路，学会撰写网站推广策划执行方案。

**二、实训内容**

1. 寻找一款服饰产品并为其撰写网站推广策划思路，总结网站推广策划思路，重点包括网站推广环境分析、网站目标用户分析、网站推广方法和策略、工作进度和人员安排等内容。

2. 根据上述策划思路撰写服饰产品官网推广执行方案，重点包括执行时间推广格式、发布内容、发布途径和人员分配。

**三、实训成果要求**

完成服饰产品的网络推广执行方案。

**同步测试：**

**一、关键概念**

网络营销特点　新媒体营销　微博营销　微信营销　大数据营销

**二、单项选择题**

1. 网络营销产生的观念基础是（　　）
   A. 消费者价值观的变革　　　　　　　　B. 网络的普及
   C. 把产品和营销组合整合到网络营销活动中　D. 充分考虑企业的利益

2. 下列哪点不属于网络营销带来的市场营销环境的改变？（　　）
   A. 市场不确定性大大减少　　　　B. 改变了中间商的作用
   C. 企业营销环境变差　　　　　　D. 市场更趋自由化

3. "企业可以向客户展示商品和服务信息，而用户也可以通过网络查询相关商品的详细信息"，这体现了网络营销的（　　）特点。
   A. 互动性　　　　　　　　　　　B. 整合性
   C. 跨时空性　　　　　　　　　　D. 成长性

4. 关于网络营销和传统营销的说法准确的是（　　）
   A. 网络营销暂时还是一种不可持续的营销方式
   B. 网络营销不可能冲击传统营销方式
   C. 网络营销最终将和传统营销相结合
   D. 网络营销将完全取代传统营销的一切方式

5. 大数据的最显著特征是（　　）
   A. 数据规模大　　　　　　　　　B. 数据类型多样
   C. 数据处理速度快　　　　　　　D. 数据价值密度高

**三、思考题**

当前时尚服饰企业是如何利用新媒体进行营销的？

**与本项目相关的视频请扫二维码**

# 主要参考文献

[1] 杨以雄. 服装市场营销[M]. 上海：东华大学出版社，2004.

[2] 尹庆民. 服装市场营销[M]. 北京：高等教育出版社，2003.

[3] 罗德礼. 服装市场营销[M]. 北京：中国纺织出版社，2002.

[4] 刘小红. 服装市场营销[M]. 北京：中国纺织出版社，1998.

[5] 李雪枫. 服装市场营销[M]. 北京：中国传媒大学出版社，2011.

[6] 潘金龙、任滨、闻学. 市场营销学（第2版）[M]. 北京：教育科学出版社，2018.

[7] 魏明、闫春荣. 市场营销策划实务（第2版）[M]. 北京：科学出版社，2019.

[8] 吴勇. 市场营销（第5版）[M]. 北京：高等教育出版社，2017.

[9] 冯英健. 网络营销基础与实践（第3版）[M]. 北京：清华大学出版社，2011.

[10] 谢桂袖，汤东. 移动电商：营销方向（第5版）[M]. 北京：人民邮电出版社，2016.

[11] 谢刚. 网络营销（第2版）[M]. 上海：华东师范大学出版社，2014.

[12] 李玉清，魏明. 网络营销实务[M]. 北京：电子工业出版社，2018.

[13] 黄睿. 网络营销基础与创业实践实务[M]. 北京：人民邮电出版社，2018.

[14] 王红蕾，安刚. 移动电子商务（第2版）[M]. 北京：机械工业出版社，2018.

# 后 记

　　本书从入选浙江省普通高校新形态教材（首批）到出版，几经风雨，后得到学校的支持，终于得以出版，非常不易。此书出版主要的目的是用于教学，为培养时尚服饰产业高技能营销人才服务。在教材的筹划和编写过程中，编写组成员走访和调研了多家时尚服饰企业。他们通过各种途径、利用各种工具翻阅并参考了大量国内外时尚服饰和市场营销的相关书籍、文件、期刊和电子文献等资料，力图呈现给读者最新、最具前瞻性的时尚服饰营销知识与研究成果。但是，由于时间和渠道关系，对编书过程中参考的有些资料没有办法一一和原作者联系，如有问题，欢迎原作者和笔者联系。

　　本书借鉴了国内外学者的最新研究成果，在此谨向学界的前辈、师友表示衷心的感谢。由于水平有限，本书难免存在疏漏与不足之处，敬请广大读者批评、指正。